Les Défis de l'œuvre

Les Défis de l'œuvre

ACTES DU COLLOQUE INTERNATIONAL
DE L'INSTITUT DE LANGUES, LITTÉRATURE ET CULTURE
UNIVERSITÉ D'AARHUS

Recueillis et publiés par
Steen Bille Jørgensen
et Axel Rüth

AARHUS UNIVERSITETSFORLAG

Les Défis de l'œuvre
Textes recueillis et publiés par Steen Bille Jørgensen et Axel Rüth
© Aarhus University Press 2007
Illustration : Brody Neuenschwander
Imprimé par Narayana Press, Gylling, Danemark
Imprimé au Danemark 2007

ISBN 978 87 7934 307 8

Publié avec le soutien financier de *Landsdommer V. Gieses Legat*,
de *Birthe og Knud Togebys Fond*, de *Forskningsrådet for Kultur og
Kommunikation* et de *Aarhus Universitets Forskningsfond*

Aarhus University Press
Langelandsgade 177
DK-8200 Aarhus N
Danemark
www.unipress.dk

Table des matières

Préface

par Steen Bille Jørgensen et Axel Rüth

Avec un léger retard par rapport à la notion d'auteur, c'est le thème de l'œuvre littéraire qui revient à l'ordre du jour dans les débats théoriques depuis quelques années. Si la dimension esthétique de la littérature avait été quelque peu bannie de la réflexion théorique dans la perspective scientiste du structuralisme, certains signes d'un retour aux études de l'œuvre apparaissent sous la forme de publications diverses[1]. Quel est le potentiel de l'œuvre dans la perspective de la théorie littéraire, et quelle importance faut-il lui accorder pour la lecture, l'interprétation, l'expérience esthétique ? En posant de telles questions lors d'un colloque consacré au thème des « défis de l'œuvre » qui s'est déroulé à l'Université d'Aarhus les 3 et 4 novembre 2004, nous avons voulu, au-delà de toute considération d'ordre idéologique, souligner la complexité de l'œuvre en tant que notion-limite pour tenter de faire face à la complexité des questions d'ordre poétologique.

De notre point de vue, un des premiers défis de l'œuvre à soulever, dans le contexte universitaire actuel de plus en plus marqué par les conséquences du tournant culturaliste, est celui qui consiste à se ressaisir pour accorder de nouveau une place à l'objet littéraire comme tel. Le regain d'intérêt que connaissent les approches (souvent stylistiques) de l'œuvre a sans doute à voir avec un désir intellectuel de retrouver les valeurs esthétiques des textes – après plusieurs décennies consacrées avant tout à la théorisation des phénomènes littéraires – et ainsi de reconsidérer le dynamisme et l'ambiguïté qui marquent la relation entre lecteur et texte. Si des notions telles que *l'autono-*

---

1 En 1997 Karlheinz Stierle publie son livre *Kritische Rationalität. Kunstwerk und Werkbegriff* (Fink : Müchen 1997). Dans le domaine français on peut mentionner le numéro 125 (mars 2002) de la revue *Littérature* consacré à « l'œuvre illimitée » De parution encore plus récente *Le Style en mouvement* (Belin, 2005) d'Anne Herschberg Pierrot qui comporte un chapitre s'intitulant « Style et singularité de l'œuvre ».

mie de l'œuvre et *l'œuvre ouverte* ont acquis leur place dans la terminologie critique, on a plus ou moins cessé de s'interroger sur leurs implications spécifiques. En essayant de prendre avec du recul le débat sur l'œuvre afin d'éviter toute bi-polarisation en termes d'immanence ou de transcendance de l'œuvre, nous voudrions donc aborder l'objet littéraire du côté de sa genèse spécifique et de celui de ses traits formels singuliers.

Si nous ajoutons aux approches formelles du texte le point de vue des théories de provenance herméneutique, comme la théorie de la réception, cela ouvre sur la dimension de l'expérience esthétique, sur la littérarité et sur le sens de la littérature comme telle. Comme en témoignent les articles de ce volume, les approches de l'œuvre et de la notion d'œuvre n'ont rien d'uniforme et pourtant ces articles partagent tous le souci d'interroger le littéraire à partir de ses limites, qu'elles soient textuelles, formelles, existentielles ou autres.

Compte tenu d'une telle pluralité de défis, il nous a justement, paru important d'examiner plus précisément le caractère de la relation complémentaire entre l'objet littéraire et les différentes approches rigoureuses qu'on peut en avoir. La problématique consiste à savoir comment s'articule par rapport à la lecture l'analyse du texte avec son langage spécifique. Quelle est l'interprétation que recquiert telle ou telle œuvre précise et quels sont les chemins qu'il faut prendre pour arriver à soutenir telle ou telle approche dans son rapport à un texte littéraire précis ?

La structure de ce livre, avec ses deux grandes parties, reflète un tel souci de mettre en avant d'un côté des préoccupations historico-théoriques et de l'autre des études concrètes et exemplaires de différents aspects des œuvres littéraires. Il n'est guère étonnant que toutes les contributions évoquent non seulement l'œuvre, mais autant la modernité. Certes, le terme « œuvre » existe depuis l'Antiquité, mais une véritable problématique de l'œuvre n'apparaît qu'au XIXe siècle. Au milieu du XXe siècle, l'œuvre ouverte devient l'idéologie dominante, non seulement dans le discours critique mais aussi, et peut-être surtout, dans la théorie et la philosophie de l'art : l'œuvre d'art adéquate à la modernité ne peut être qu'ouverte, mais dans le discours critique l'idée d'achèvement garde une valeur herméneutique ; l'opposition « ouverture – achèvement » devient un des concepts-phare de la réflexion littéraire.

A l'exception du texte d'Andreas Kablitz, qui poursuit l'histoire de l'œuvre de l'Antiquité jusqu'au XXe siècle en soulignant ses implications problématiques, cette opposition joue un rôle important dans toutes les contributions de la première partie : dans la perspective de « révisions critiques » des cultural studies (Schilling) et du structuralisme (Rüth) ; dans la perspective des genres de texte mettant à l'épreuve l'opposition même, tels que les textes trouvés (Varga), les avant-textes (Lund) et la poésie moderne (Ægidius) ; dans la perspective des effets de lecture (Jørgensen).

Les études d'œuvres individuelles réunies dans la deuxieme partie traitent à part entière des thèmes fondamentalement modernes : le sujet chez Gide (Due) ; l'avant-garde surréaliste et la destruction du culte de l'œuvre (Lübecker) ; la relation entre forme et motif (Meiner) et entre le texte et l'image (Castant) ; l'opposition de la vie et de l'œuvre (Collomb) ; spiritualisme et lecture dans une perspective phénoménologique (Pouilloux).

En rassemblant dans ce volume les contributions des participants, nous entendons donc présenter les différentes propositions, théoriques et « pratiques », ainsi que les différentes prises de position par rapport aux difficultés que pose le phénomène littéraire. Les participants se sont tous prêtés au jeu en assurant le pluriel des questions que nous avons tenu à soulever avec le titre.

Le paradigme de l'œuvre

L'œuvre et les œuvres. Quelques remarques historiques à propos de la notion d'œuvre

par Andreas Kablitz

La notion d'œuvre, ce fait n'est que trop bien connu, a été vivement discutée depuis un certain temps déjà. Les arguments avancés contre sa légitimité ou au moins contre sa pertinence pour l'analyse du texte littéraire sont, eux aussi, bien familiers. Ils ont été formulés surtout dans le cadre de la théorie appelée postmoderne ou déconstructiviste. Ce qui a suscité plus que tout autre chose leur critique, c'était l'idée d'une œuvre autonome, sinon close, renfermée sur elle-même. La perfection de l'œuvre même semblait dépendre de cette autonomie. Or, nous savons que les postmodernes ont opposé à l'idée de l'autonomie celle du fragment. Tout texte, de quelque ordre qu'il soit, y compris le texte littéraire, a, toujours selon leur théorie, un caractère irrémédiablement fragmentaire. Ce postulat du fragment résulte de la conception du signe sur laquelle repose plus ou moins toute la théorie postmoderne. Car elle est une théorie foncièrement sémiotique. En développant et, en même temps, en radicalisant les prémisses structuralistes, c'est avant tout la notion d'opposition et son rôle pour la description du fonctionnement du langage qui a changé considérablement chez les post-structuralistes. Car la notion d'opposition, chez eux, met en question la conception même du système. Puisque tout signe renvoie à d'autres signes à cause de ses relations d'opposition d'où il tire sa signification, il en résulte une chaîne infinie de renvois dans laquelle toute signification délimitée, et par conséquent indéfinissable, se perd aussi bien que toute possibilité de constitution d'un système. Et, ce qui vaut pour le niveau du signe est vrai aussi pour le niveau du texte entier. Le concept d'intertextualité développé par Julia Kristeva n'en est que l'expression la plus connue. Tout texte, en tant que tel, renvoie à un réseau de textes précédents qu'il évoque et dans lequel son autonomie, voire son identité, se perd. D'autres métapho-res, chères aux post-structuralistes, représentent des conceptions semblables. Par exemple, la notion de palimpseste, figurant incontestablement parmi les images les plus répandues pour désigner la conception post-moderne du tex-te, implique, elle aussi, au moins telle qu'elle a été conçue dans ce contexte, l'idée d'un texte qui se greffe sur un autre, en rendant lisible cet autre texte qui n'a disparu qu'en apparence. Dans le cadre d'une telle théorie la perte de prestige de la notion d'œuvre était inévitable. Toutes ses implications y sont plus ou moins explicitement niées. La notion d'œuvre fut donc remplacée dans une très large mesure par celle d'écriture, une notion dans laquelle au moins deux des piliers, pour ainsi dire, de la théorie littéraire traditionnelle sont neutralisés. Car, outre l'idée d'œuvre, c'est aussi celle de l'auteur de cette œuvre qui est irrévocablement mise en question. L'écriture, disons de Balzac ou de Proust ou de qui que ce soit, se présente bien moins comme le résultat d'une opération de ces auteurs, l'écriture a apparemment moins d'implications temporales, cette notion évoque plutôt des implications spatiales ; l'écriture se présente comme un lieu, un lieu d'entrecroisement de différents discours. Mais, le fait même de cet entrecroisement, qui fait de chaque texte comme un carrefour, rend impossible la constitution d'une œuvre qui doit sa qualité, voire son existence, surtout à son organisation interne et, par là, implique l'idée de clôture. Retenons de ce petit résumé de la critique post-structura-liste de la notion traditionnelle d'œuvre littéraire une chose qui me paraît être capitale pour la compréhension de cette critique. Elle a été développée dans le cadre d'une théorie du discours, dans le cadre d'une théorie sémiotique, par contre, elle n'a pas été formulée dans le cadre d'une théorie esthétique. D'une part, cette critique ne serait donc valable que dans la mesure où cette théorie linguistique elle-même ne serait pas mise en question. Certainement, notre colloque ne nous offre pas la possibilité de discuter en détail les prémisses aussi bien que les conséquences de la théorie linguistique postmoderne, bien qu'une telle entreprise paraisse assez séduisante. Mais, en tout cas, la validité de la critique de l'œuvre dépend en très large mesure de la validité de la théo-rie respective. D'autre part, il s'agit de savoir, d'une façon plus générale, si une théorie linguistique est, à elle seule, en mesure d'établir une telle critique. Ne serait-il pas nécessaire de s'appuyer sur des arguments d'ordre esthétique pour formuler une telle critique ? C'est pourquoi je vais essayer au cours de ces quelques réflexions de reconstruire, en effet, certaines prémisses esthétiques de l'usage traditionnel de la notion d'œuvre, tout en reconnaissant que je ne suis pas convaincu qu'une telle révision nous permette de maintenir une catégorie qui nous est devenue si chère, un résultat qui va peut-être apparaître un peu hérétique dans le cadre de notre colloque.

Or, en bons philologues, commençons par l'étymologie. Le terme français *œuvre* dérive d'un verbe latin *operare*, et il en est de même des mots respectifs dans d'autres langues : l'idée d'œuvre est étroitement liée à celle de travail. L'œuvre est un produit qui naît du travail de celui qui le produit, d'où, en même temps, le lien étroit entre l'œuvre et l'auteur, deux notions, qui, au fond, s'impliquent, mutuellement. Un tel usage du mot *œuvre* est tout autre que neuf. Comme les dictionnaires nous en informent, ce terme est employé dans ce sens, c'est-à-dire pour désigner la production littéraire en tant que telle, dès le douzième siècle. Cette appartenance au langage déjà médiéval, n'est pas seulement intéressant du point de vue d'un historien de la langue ; mais, elle est bien significative à l'égard de la constitution même de la notion d'œuvre. Car, l'idée de l'œuvre définie comme résultat d'un travail appartient à une conception essentiellement prémoderne de l'art, à une conception de l'art où la distinction entre l'art et l'artisanat n'est pas encore faite, où l'art n'est pas réservé à des produits esthétiques. C'est le mot grec, *technè*, qui est peut-être le plus apte à traduire cette conception. En ce sens, tout travail visant à produire une chose qui n'existe pas dans la nature, appartient à l'art. Cet art comprend donc la poésie, la musique et peinture tout aussi bien que la menuiserie ou la mécanique. Dans le cadre de cette théorie la relation entre l'œuvre et son auteur est d'ordre technique, ou, pour utiliser un terme de la rhétorique, est de nature métonymique. C'est précisément la nature de cette relation entre l'auteur et l'œuvre qui va changer dans la conception moderne du texte littéraire, et j'oserais même avancer la thèse que la redéfinition de cette relation constitue l'essence même de la conception moderne de l'œuvre.

Or, pour me servir, une fois de plus, d'un argument philologique, c'est le changement dans l'usage du mot *œuvre* qui révèle la transformation survenue dans sa valeur sémantique. Il en va différemment de l'emploi prémoderne du terme, le mot *œuvre* désigne maintenant deux choses différentes. D'une part, l'œuvre se réfère à un texte, une pièce de musique, une image etc. singulières, d'autre part, ce terme désigne l'ensemble des œuvres d'un seul auteur. A y regarder de plus près, on va remarquer que ces significations différentes ne sont pas tout à fait congruentes. Car on peut parler de l'œuvre de quelque auteur sans que l'on nomme 'œuvre' chacun ou même aucun de ces textes singuliers. Par exemple, on peut très bien parler de l'œuvre de Kant, sans pour autant appeler aucun des ses textes philosophiques une œuvre. Quelle serait la conclusion à tirer de cet emploi du mot 'œuvre' ? L'usage du mot employé pour désigner un texte singulier, pour ne parler que de textes, me paraît être réservé plutôt à des textes de caractère esthétique. Ce n'est pas sans raison que j'ai dit *plutôt* réservé à des textes de caractère esthétique, car il ne me paraît pas du tout exclu, dans certaines conditions, de se servir de ce terme pour désigner un texte qui, de prime abord, ne soit pas esthétique. Par exemple, il me paraît être bien possible d'appeler la *Kritik der reinen Vernunft* de Kant une œuvre parue pour la première fois en 1781. Mais, en se servant de ce terme, on se réfère bien moins au contenu de ce livre qu'à sa qualité, à son caractère de livre plutôt qu'à la théorie épistémologique qui y est développée. D'ailleurs, il me paraît aussi tout à fait légitime, dans le cadre d'une théorie moderne de la conception de l'œuvre, de se servir de ce terme pour désigner l'ensemble des textes d'un auteur bien qu'il soit impossible d'appeler *œuvres* certains ou même tous les textes qui constituent l'œuvre de cet auteur. Prenons, par exemple, le cas d'Einstein. Rien ne nous empêcherait de parler de son œuvre, entendue comme l'ensemble de ses écrits, sans pouvoir pour autant appeler l'article, dans lequel il a formulé sa théorie de la relativité, si importante soit elle, *une œuvre*. Donc, l'usage du mot en question révèle des différences assez nettes, des différences tellement grandes entre les différentes acceptions du mot qu'il paraît nécessaire de se demander si dans le cas de ces usages différents il ne s'agit pas plutôt d'un phénomène d'homonymie que de polysémie.

Soulever la question respective de cette façon semble équivaloir, inévitablement, à une réponse négative et, pourtant, il sera mon intention de chercher disons le *tertium comparationis* de ces différents usages du terme *œuvre*. Ce qui, selon la thèse que je voudrais avancer ici, constitue la base des ces différents emplois typiques de la notion moderne de l'œuvre, est une relation spécifique entre le texte et son auteur, une relation qui n'est plus d'ordre technique ou métonymique, comme dans l'usage prémoderne du terme, mais qui est d'ordre symbolique. L'œuvre devient l'expression de son auteur. Elle n'est plus seulement le résultat de son travail, mais elle apparaît comme le reflet de sa personnalité. C'est pourquoi un texte singulier tout aussi bien que l'ensemble des textes d'un auteur méritent d'être désignés par le même mot, car, dans les deux cas, la relation entre l'auteur et son œuvre est de même nature. Peut-être, l'ambivalence ou l'ambiguïté de la notion d'œuvre entendue soit comme un texte (ou peinture, ou compositions etc.) singulier soit comme l'ensemble des œuvres d'un auteur, l'ambivalence entre le singulier et le pluriel signale de la façon la plus saillante la spécificité de l'acception moderne du terme impliquant une relation symbolique entre l'auteur et son produit artistique. Citons une phrase de Maupassant. «Une œuvre d'art n'est supérieure que si

elle est, en même temps, un symbole et l'expression exacte d'une réalisation»
(Larousse, 1976, p. 3746). Mais ce qui, chez Maupassant, ne paraît être que
la condition de la supériorité d'une œuvre par rapport à d'autres, à savoir son
statut symbolique, au fond, constitue l'essence même de l'œuvre.

Déjà le paradigme prémoderne de l'œuvre avait établi une relation d'im-
plication mutuelle entre l'auteur et son œuvre. Toute œuvre présuppose un
auteur et vice versa. Il en est de même pour l'acception moderne du terme.
Mais, ne méconnaissons pas les différences. Là où l'œuvre s'acquiert grâce à
un travail continuel, cette œuvre apparaît comme la manifestation de la *compétence* de l'artiste. Elle est, pour ainsi dire, la preuve du maître. En revanche,
la relation symbolique établie entre l'artiste et son œuvre dans l'acception moderne de ce terme est d'une nature différente. Ici, l'œuvre constitue bien davantage qu'une simple preuve de la compétence de l'artiste, car la relation symbolique plutôt que métonymique entre l'artiste et son œuvre devient de nature
essentielle, voire existentielle. L'artiste en tant que tel n'existe pas en dehors de
ses œuvres, et ce sont les œuvres qui lui confèrent l'identité d'artiste. L'œuvre
devient, par conséquent, une forme d'auto-représentation de l'artiste.

Considérons un peu plus en détail un certain nombre de conséquences
de ce changement survenu dans la sémantique du terme *œuvre*. Tout d'abord,
l'idée de travail, qui bien au-delà de sa motivation étymologique était étroitement liée à la notion prémoderne de l'œuvre, se perd de plus en plus. Au fond,
elle est remplacée par la notion de la création. Maintenant, les œuvres d'art
seront créées. L'une des différences fondamentales qui séparent les notions de
travail et de création sont leurs implications temporelles divergentes. Le travail
présuppose le temps, ici, l'œuvre se forme dans un procès lent et continuel,
un procès qui permet des révisions et des corrections. Il n'en est point ainsi si
l'œuvre est entendue comme l'effet d'une création. La création se fait hors du
temps, elle est immédiate, voire même, elle nie le temps. Ici se manifeste l'une
des raisons pour lesquelles, contrairement à la conception du travail artistique,
la création inclut nécessairement l'idée d'auto-représentation de l'artiste. Car
la création ne naît pas à travers une technique que les maîtres de l'art permettent d'apprendre et que chaque artiste a la chance de perfectionner. Celle-ci
demande le génie, qui s'investit dans sa création. Dans ces conditions, l'artiste
est forcément l'unique origine de son œuvre. D'une façon bien logique, elle
n'est donc plus seulement la manifestation de sa compétence, mais la représentation de sa personne. Il serait impossible de s'aviser de ces implications de
la notion de création sans tenir compte de son origine théologique. Bien sûr,
c'est l'idée de la création du monde par un dieu tout-puissant qui constitue le

modèle de toute création artistique. C'est, d'ailleurs, d'où la conception de la création artistique tire en grande partie son aura, et je dirais même son aura toujours religieuse qu'elle n'a pas perdue jusqu'à nos jours. L'idée du dieu tout-puissant qui se manifeste dans sa création reste l'idée fondatrice de la création artistique, et de même notre conception de l'œuvre en dépend en grande partie. Il ne peut donc étonner personne si, dans la poétologie du XIXe siècle et plus précisément chez certains auteurs romantiques tels que Victor Hugo on a fait recours expressément à l'histoire de la création racontée dans l'Ancien Testament, dans le premier livre de Moïse. Le monde créé par la parole reste le phantasme plus ou moins implicite de toute idée de création artistique. Cette idée, d'ailleurs, n'est point limitée à la seule poétologie romantique, elle est devenue, par contre, un élément constitutif de l'idéologie de l'œuvre.

Si la conception de la création du monde constitue l'un des modèles de référence de la notion moderne de l'œuvre, il y en a au moins un second, à savoir un concept philosophique, et plus précisément, le concept de subjectivité. Ce concept de subjectivité est devenu, pour ainsi dire, la forme théorique de penser le moi dans la philosophie depuis, au moins, le XIXe siècle. Or, à y regarder de plus près, il y a des convergences assez saillantes entre le concept de subjectivité et la notion d'œuvre. Le concept de subjectivité présuppose l'idée que toute reconnaissance du monde passe à travers la référence à soi-même. Par conséquent et en même temps, tout discours, tout acte constitue une sorte d'auto-représentation. Au fond, le moi n'existe que grâce à cette auto-représentation, c'est à elle seule qu'il doit son identité, voire son existence. Or, il en est de même quant à la notion d'œuvre. Car l'artiste, en tant que tel, affirme son identité à travers son œuvre. Ce n'est que grâce à elle qu'il existe en tant qu'artiste. À titre d'exemple, je voudrais citer quelques phrases d'un article de Martin Heidegger. L'article s'intitule *Über das Kunstwerk, À propos de l'œuvre d'art*, et, dès le début Heidegger constate :

Wodurch aber und woher ist der Künstler das, was er ist? Durch das Werk; denn, dass ein Werk den Meister lobe, heißt : das Werk erst lässt den Meister der Kunst hervorgehen. Der Künstler ist der Ursprung des Werkes. Das Werk ist der Ursprung des Künstlers.[2]

---

2 « Comment l'artiste est-il ce qu'il est? Par son œuvre. Que l'œuvre soit la louange de son maître, veut dire seulement que ce n'est que l'œuvre qui crée le maître. L'artiste est l'origine de l'œuvre. L'œuvre est l'origine de l'artiste. »

Les traits communs entre cette conception de l'œuvre et la conception de la subjectivité ne me paraissent être que trop évidentes. C'est à travers son auto-représentation, à travers son œuvre que se constitue le moi tout aussi bien que l'artiste. Oserait-on même dire que la notion d'œuvre constitue l'un des paradigmes de la subjectivité ? N'est-ce donc pas l'artiste qui représente de la façon la plus authentique l'essence même de la vie humaine ? A cet égard, il me paraît très significatif que la réflexion sur l'art devient une part aussi intégrale qu'importante de la philosophie du XIXe siècle. En tout cas, les convergences évidentes entre les deux notions d'œuvre et de subjectivité signalent qu'apparemment elles relèvent d'une origine théorique commune.

Quoiqu'il en soit de cette solidarité théorique, il reste à savoir quelles sont les conséquences de cette conception de l'œuvre, entendue comme une production artistique singulière, pour l'œuvre entendue comme l'ensemble des œuvres d'un auteur. Si j'ai dit que l'idée de création nie le temps, il n'en est certainement pas ainsi de l'œuvre, pour ainsi dire, au pluriel, de l'œuvre englobant toutes les œuvres d'un artiste. Cette œuvre se constitue dans le temps, elle présuppose le temps. Mais de quelle façon ce temps se manifeste-t-il dans l'œuvre ? A titre d'exemple, je voudrais citer une phrase de Mauriac, une phrase significative, d'ailleurs, à bien des égards :

> Le progrès de l'écrivain s'affirme dans la mesure où cette œuvre née de lui, sortie de lui, et qui ne pouvait pas n'en pas sortir, de livre en livre se décante, se purifie de l'existentiel. (Larousse, 1976, p. 3746)

Le temps représente donc la dimension de l'épanouissement de l'auteur, c'est encore la dimension de son auto-représentation, de sa constitution comme auteur. Bien sûr, on peut se servir du terme d'œuvre dans une acception purement technique. Je pense par exemple au *Köchelverzeichnis* des œuvres de Mozart ou au *Deutschverzeichnis* des œuvres de Schubert. Dans les deux cas, l'œuvre, au fond, ne représente qu'un registre. Mais, en général, on a recours à des notions différentes, des notions plus précises, et, de préférence, à des métaphores naturelles pour désigner l'essence d'une œuvre. L'œuvre apparaît comme le devenir d'un organisme, d'un organisme qui s'épanouit, qui se développe de plus en plus, qui tend à sa perfection. Si l'œuvre, aux temps modernes, constitue un singulier aussi bien qu'un pluriel, c'est l'œuvre au pluriel, l'œuvre constituant l'ensemble des œuvres qui révèle d'une façon évidente la relation symbolique, voire existentielle entre l'artiste et l'œuvre.

Cette exploration des différentes implications de la notion d'œuvre a été aussi, à vrai dire, la recherche d'une base théorique qui nous permette, au-delà de la critique postmoderne de cette notion, de conserver la conception de l'œuvre qui nous est devenue si chère. Mais, je dois reconnaître que j'ai échoué dans ma tentative de trouver une telle base. Au fond, je ne vois pas de possibilité d'établir la notion d'œuvre comme catégorie théorique pour les études littéraires. Pourrait-on la définir, peut-être, comme une structure spécifique, comme l'ensemble des structures qui constituent un texte? Mais, quel serait l'avantage explicatif par rapport à la notion du texte lui-même? Pour en finir, je n'ai pas réussi, tout en me donnant de la peine, à trouver cette base théorique de l'œuvre, et je ne peux qu'espérer que notre colloque va me donner cette réponse que j'ai tant cherchée.

BIBLIOGRAPHIE

Heidegger, M. (1950) : *Holzwege*. Klostermann, Frankfurt a.M.

Le Grand Larousse de la langue française (1976), t. 5 Librarie Larousse, Paris.

Le désœuvrement culturaliste

par Derek Schilling

I. Fermeture, ouverture

Ce n'est pas l'un des moindres paradoxes de notre modernité finissante qu'au moment même où n'importe quel artefact culturel semble être susceptible d'une *lecture* plus ou moins disciplinée, l'impression que nous souffrons d'une carence d'œuvres atteint son stade critique. Nous voici entrés, depuis peu, dans un état prononcé de *désœuvrement* : en proie à l'ennui, mais aussi en manque d'œuvres. Or cette situation, imputable d'après certains à un retrait historique de l'esthétique au profit de la notion, plus ajustée aux temps cyniques que nous vivons, de *production culturelle*, nous l'aurons appelée de nos vœux. Car le désœuvrement qui nous hante, loin de se résumer à l'inoccupation que ce mot désigne d'ordinaire, résulte de notre affairement même, d'un empressement à brasser des matériaux de plus en plus abondants et diversifiés : des livres, bien sûr, encore et toujours, mais aussi tableaux, installations, spectacles, films, émissions télévisuelles, documents d'archive divers, objets industriels, paysages.

Le tournant culturel qu'a pris récemment la critique, qui n'ose plus se dire littéraire seulement, exige que l'on entende sous un jour nouveau le mot de désœuvrement, soit dans la perspective de cette *œuvre* que le vocable semble vouloir nier et préserver à la fois. *Désœuvrement* se donnera ainsi à lire sur deux modes, le passif et l'actif. D'une part, il peut caractériser l'état, subi ou bien librement consenti, consécutif à l'abandon de l'œuvre comme horizon, quand l'utilisation des textes, au sens qu'Umberto Eco donne à ce terme, vient remplacer le travail de l'interprétation proprement dite (Eco, 1985, p. 73). D'autre part, le désœuvrement apparaît comme l'action déstabilisatrice qu'exerce contre un corps tel agent individuel ou collectif, par le fait d'imposer le manque d'œuvre ou, mieux, le manquement à l'œuvre comme norme. L'agent, en l'occurrence, c'est la nouvelle critique culturaliste, qui rabat sur le monde sociohistorique les artefacts culturels sans se préoccuper outre mesure de leur éventuelle autonomie signifiante ; le corps agi, c'est la communauté des lecteurs, qui sont privés des conditions nécessaires au plein exercice de l'activité même qui devrait les définir. Que nous le souhaitions ou non, nous sommes bien « désœuvrés », dépossédés d'une idée que longtemps nous tenions pour acquise, à savoir qu'à nos lectures, entreprises à corps perdu comme si la vie en dépendait, succéderaient des relectures non moins intensives que les premières. L'œuvre ayant esquissé un pas de retrait, il nous incombe de faire un pas en avant et de la débusquer sur les lieux de son effacement, là où se disséminent de nouvelles logiques et pratiques d'explication.

Jamais, nous suggère-t-on pourtant, du moins dans le monde anglo-saxon, la recherche n'a-t-elle connu une telle ouverture : les *cultural studies* auraient chassé des études littéraires les derniers relents de métaphysique et de textolâtrie, balisant un champ d'investigation pluridisciplinaire à plein titre. Encore faut-il savoir ce que l'on entend par ouverture, parfois obtenue au prix d'un laisser-aller méthodologique. Or, aux débuts de la révolution structuraliste le mot ouverture pouvait revêtir un sens plus précis et autrement plus radical. Dans *L'Œuvre ouverte*, ouvrage qui se fait l'écho de la refonte des règles de composition artistique au sortir des années cinquante (sérialisme, *action painting*, polyphonie joycienne), Umberto Eco en propose deux acceptions. La première désigne cette liberté d'intervention accordée à l'interprète qui « accomplit [l'œuvre] au moment où il en assume la médiation » (Eco, 1965, p. 17) ; de valeur diagnostique, l'ouverture renvoie ici à l'inachèvement constitutif d'objets esthétiques dont la structure manifeste (l'ordre et la durée des éléments) est déterminée par une participation active. Une partition musicale signée Karlheinz Stockhausen ou John Cage en serait l'exemple type, les procédés aléatoires préconisés par le compositeur donnant lieu au moment de l'exécution à des manifestations dont ni le compositeur ni l'exécutant ne pouvaient entrevoir la forme exacte. Mais il est un second sens du mot-clé que retient le sémiologue, sens dit « restreint » puisque caractéristique des œuvres artistiques en général, mêmes les plus formellement conservatrices :

> *toute* œuvre d'art, alors même qu'elle est forme achevée et « close » dans sa perspective d'organisme exactement calibré, est « ouverte » au moins en ce qu'elle peut être interprétée de différentes façons sans que son irréductible singularité en soit altérée. Jouir d'une œuvre d'art revient à en donner une interprétation, une exécution. (Eco, 1965, p. 17)

A retenir, d'abord, le fait que la clôture de l'objet esthétique – son achèvement dans une forme – ne s'oppose pas à la création de grand nombre de possibles interprétatifs. Tout au contraire, l'œuvre accueille une pluralité d'interprétations grâce à sa clôture, qui en est la condition de possibilité. En deuxième lieu, le plaisir que procure l'œuvre d'art serait indépartageable de l'acte d'interprétation ; ce n'est pas une qualité gisant dans l'objet à interpréter, mais le résultat d'une exécution. Eco renchérira sur sa première hypothèse, à savoir que l'ouverture est un trait constitutif de tout objet esthétique, en affirmant plus loin qu'« aucune œuvre d'art n'est vraiment 'fermée', chacune d'elles comporte, au delà d'une apparence définie, une infinité de 'lectures' possibles » (Eco, 1965, p. 43). On pourra trouver abusive cette description dans la mesure où les œuvres ne naissent ni ne demeurent égales : invoquer l'infini dans le fermé, comme autrefois les romantiques allemands l'universel dans le singulier, n'est-ce pas montrer un excès de zèle ? C'est oublier toutefois que l'œuvre n'est pas pour Eco un objet ou une valeur réifiée, mais un « modèle hypothétique » qui se profile à l'horizon de l'acte de lecture ; suivant l'idée de la prétention phénoménologique, l'œuvre sera perçue ou reçue comme une série de manifestations dont la synthèse est sans cesse différée (Eco, 1965, pp. 31-32).

En faisant de l'œuvre un modèle hypothétique de la communication esthétique, Eco débarrassait cette notion de ce qu'elle pouvait encore charrier de muséographie ou de philologie, suivant la vieille formule scolaire de *l'homme et l'œuvre*. Contre l'institution critique, investie dans la tradition de l'exégèse, l'auteur de *L'Œuvre ouverte* rappelait avec insistance que l'œuvre existe continûment sous forme de défi, comme une invitation à sortir de notre désœuvrement et, partant, du déplaisir, par le contact avec un objet que le sujet percevant ne saurait figer. Le nouveau culturalisme anglo-américain sur lequel porteront les pages à suivre a, nous semble-t-il, souvent ignoré la nature de ce défi et s'est du même coup privé des outils nécessaires au traitement de ses objets, pour ne rien dire du droit à la jouissance esthétique. À quelles conditions peut-on affirmer qu'il y a, dans un régime critique donné, *reconnaissance* plutôt que *méconnaissance d'œuvre* ; et, plus spécifiquement, à quoi s'expose le critique culturaliste en abordant, sur un mode documentaire qui se rapproche de celui de l'historien, des objets qui, eux, sont explicitement soumis à une appréciation esthétique ? Pour le dire un peu brutalement, si l'on fait avec Flaubert des *cultural studies*, que risque-t-on au juste ?

II. Genèse de la critique culturaliste

Ce n'est pas ici le lieu de s'appesantir outre mesure sur les mutations dans le discours critique anglo-américain qui ont peu à peu évincé l'œuvre et son interprétation au profit d'une mise en relation de produits avec leur contexte socio-culturel. Il sied néanmoins de récapituler les étapes qui ont préludé à ce désœuvrement que nous tenons pour représentatif de la situation présente. Le risque, bien entendu, est de faire apparaître le culturalisme comme l'aboutissement d'un processus linéaire alors qu'en réalité il ne peut être qu'un dérivé conjoncturel issu de multiples courants. Puisque nous sommes condamnés, en examinant la « préhistoire » de l'attitude culturaliste, à reproduire l'illusion *a posteriori*, partons donc franchement de l'état des choses présent.

Deux mots s'imposent pour décrire l'état de l'institution critique anglo-américaine depuis une vingtaine d'années : accélération et diversification. Les multiples *studies* issues de l'éclatement des études littéraires (une critique d'œuvres qui se disait et se voulait tel) se succèdent à une vitesse sans précédent, leur inventaire ayant déjà quelque chose d'une encyclopédie chinoise à la Borges : *post-colonial, gay, gender, spatial, suburban, mobility, border, performance*, etc. Sans doute ces tendances marquées du sceau de l'interdisciplinarité sont-elles soumises à des rythmes plus rapides aux Etats-Unis qu'en Grande Bretagne, où l'ancienneté des institutions permet un renouvellement périodique des discours sans encourager la révolution quasi permanente que l'on connaît outre-Atlantique. Aux Etats-Unis en effet, il peut sembler qu'à peine a-t-on ouvert le chantier d'une nouvelle école que les curieux, arrêtés un instant pour voir ce qui se trafique à l'intérieur, reprennent leur chemin, en quête de quelque autre endroit où faire leurs classes. Le temps d'une critique esthétique dégagée des aléas du monde est définitivement enterré : enlever le « e » final pour faire l'accord avec « Le temps » au profit d'une fuite en avant qui peut laisser perplexe l'observateur européen, moins habitué à l'incursion de la mode ou à plus forte raison de la politique dans ce qui relève de l'Université. Certes, cette impression de rapidité cache le fait que chaque tendance connaît une genèse complexe et plus longue que ne le laisse croire la rumeur journalistique ; celle-ci nous fait percevoir de l'extérieur une succession de modes là où la règle est plutôt celle de la coexistence d'approches sur une durée moyenne. Il n'empêche, la critique comme tout produit qu'on tente d'écouler sur un marché est sujette à la loi de la diversification et de l'habillage pour le consommateur. De la sorte, la relève constante des tendances découle d'une exigence structurelle du monde académique tout autant que d'un dynamisme interne à la recherche.

A l'heure actuelle, non seulement aucune approche critique ayant les textes littéraires pour point de mire ne semble faire école, mais aucune ne paraît même en mesure de s'imposer au-delà d'un périmètre très réduit. Le statut, par exemple, de la critique génétique des manuscrits ou de la théorie des mondes possibles est sans commune mesure avec celui dont bénéficiaient, il n'y a pas si longtemps, divers modes d'approche du texte littéraire. En revanche, les *cultural studies* semblent tenir le haut du pavé (signe du temps : cette désignation a désormais remplacé celle de *literary studies* sur les quatrième de couverture des livres universitaires). Comment en serions-nous arrivés là ? Les trente ou quarante années précédant la libéralisation culturaliste des années quatre-vingt-dix montraient, en dépit d'une diversité certaine, des dominantes critiques claires, lesquelles incitaient à la lecture intensive. Dans l'après-guerre, le *New Criticism*, dont les maîtres-mots furent l'ambiguïté et l'ironie, valorisait l'œuvre à l'exclusion de tout autre facteur, biographie, milieu et contexte intellectuel compris ; le déchiffrement d'une *intentio operis* exigeait seule une compétence grammaticale dans la langue. Quand les séjours d'étude à l'étranger restaient l'exception, on ne pouvait apparemment exiger des étudiants des littératures modernes de plus amples connaissances culturelles, leur « bagage » se réduisant souvent à ce qui pouvait s'acquérir par la seule lecture. La fascination dont témoignait le New Criticism envers la dynamique du sens explique pourquoi, au milieu des années soixante, le structuralisme de Barthes, traduit avec régularité en anglais à partir de 1964, a pu si bien prendre. Les méthodes descriptives de la nouvelle critique française confirmaient l'œuvre comme espace structuré d'exploration et de questionnement ; que Barthes ait fini par déprécier le terme d'œuvre au nom du « champ méthodologique » qu'est le Texte changea peu à sa démarche, toujours axée sur les processus de signification (Barthes, 1971). La sémiotique proprement dite, par contraste, fut une greffe mal réussie, à cause sans doute de ses airs de scientificité qui rebutaient des enseignants inféodées au modèle humaniste du *well-rounded individual* (l'individu cultivé). Quant à la lecture déconstructive qui émergea vers la fin des années soixante-dix, elle ne présenta pas de solution de continuité avec certaines approches structuralistes et encore moins avec la *close reading* rhétorico-interprétative des *New Critics*. Relayée par Paul de Man et Geoffroy Hartman entre autres, la déconstruction reste la dernière approche à avoir fait école (*the Yale School*) parmi celles qui rappellent la pratique de l'exégèse. Mais sa recherche de l'aporie et du paradoxe – pour de Man, la distinction entre *grammar* et *rhetoric* – dans la perspective d'une « sémiosis illimitée » aurait précipité, suivant l'explication courante, le tournant historique qui caractérise la deuxième moitié des années 1980. On revalorise alors le rôle de l'organisation sociale dans la production et la réception des œuvres ; on ressuscite les notions de période et de genre ; surtout, on réhabilite le référent, grand absent de la théorie textualiste. Dans ce passage de la déconstruction, vilipendée dans certains secteurs comme pratique mystifiante et inflexible, au New Historicism, et du « il n'y a pas de hors-texte » derridien au « contexte par-dessus tout », il y aurait bien eu réaction, plutôt qu'un léger recadrage de présupposés antérieurs. Encore l'approche néohistoriciste reste-t-elle débitrice d'une pensée de l'œuvre : est évaluée non plus, certes, une *intentio operis* mais les conditions de possibilité historiques de la lecture d'œuvres considérées dans leur singularité.

Il n'en ira pas de même des *cultural studies*. Si celles-ci ont d'abord puisé leurs outils dans la sociologie, la critique des idéologies et le marxisme (voir les travaux de E.P. Thompson et surtout de Raymond Williams), aujourd'hui elles admettent une très grande variété tant dans le choix des objets que dans celui des outils, adaptés de domaines aussi divers que la sociologie du goût, l'anthropologie culturelle, la sémiologie, l'histoire des techniques, la communication, la démographie et la politique de l'identité (*identity politics*). Fonctionnant depuis le moment de la *high deconstruction* sur le principe que la critique ne saurait être unitaire (fuyons tout monologisme au nom de la différence…), l'institution a encouragé un bricolage méthodologique que seule l'étiquette de *cultural studies* paraît en mesure de contenir. Dans la nébuleuse des études culturelles, tout se passe en effet comme si l'éclectisme qui s'est d'abord présenté dans le choix des objets d'étude était ensuite, passée une certaine frayeur, devenu la règle : une approche de phénomènes culturels qui tiendrait compte des seules œuvres écrites, œuvres picturales ou sources audio-visuelles serait en quelque sorte trop peu démocratique pour prévaloir.

Jusqu'à très récemment, les *cultural studies* devaient leur existence à des migrations ponctuelles d'individus qui délaissaient l'enclos de la discipline où ils s'étaient formés pour le terrain plus vaste de la culture. Un littéraire, pour nous en tenir à ce seul cas, pouvait en élargissant son champ de vision et son choix d'objets passer culturaliste. Dans ce premier mouvement d'ouverture, l'œuvre littéraire représente encore pour le chercheur un horizon privilégié, les autres sources écrites ou visuelles étant conçues comme un appoint : illustration, point de comparaison ou information supplémentaire. Que l'œuvre suscite encore un commentaire détaillé n'est pas le seul fait de l'habitude, mais répond aussi à l'exigence d'une légitimation, l'œuvre (et le poids cumulé de ses exégèses) demeurant aux yeux de l'institution l'étalon de toute valeur culturelle. À ce *culturalisme restreint* à dominante littéraire correspondrait par exemple un ouvrage réunissant quatre ou cinq développements autour d'un même motif (le dandy, la guerre de 14, l'orphelin, le fétichisme, etc.) et portant sur une tranche historique définie. La parenté d'avec l'étude thématique est encore pleinement visible ; l'en distingue surtout la place plus grande donnée aux sources d'appoint extra-littéraires (gravures, traités philosophiques, arrêtés ministériels, articles de la grande presse). La hiérarchie fondamentale des sources n'est pas mise en cause, puisque le but reste celui d'élaborer une lecture de telle œuvre, parfois même canonique, mais reconstituée à la lumière d'un *discours*, au sens que Michel Foucault donna à ce terme.

Au cours des années 90, nombreux furent les chercheurs à passer de ce culturalisme restreint à une variante plus agressive, que l'on pourrait appeler le *tout médiatique*. Fort de sa liberté, le critique – et surtout celui qui s'occupe de l'ère de la reproductibilité mécanique ou numérique – se plaît à étreindre des objets de médias divers, au mépris des classements esthétiques qui dans un premier temps avaient tenu l'œuvre d'art à l'écart des produits de la raison instrumentale. Très souvent, l'objectif sera de montrer l'interpénétration de la culture d'élite et de la culture de masse, la circulation des représentations par-delà les barrières sociales ou les modes de production. Ce culturalisme sans dominante, où la littérature n'est en principe qu'un objet parmi d'autres, exige un type d'exposition nouveau. Plutôt que d'aligner par blocs relativement autonomes des commentaires de texte (*close readings*), le chercheur adoptera la voix de l'historien pour passer en revue un choix de *représentations*. Son horizon n'est plus, à l'évidence, la circulation locale du sens autour d'un motif que l'on replace ensuite dans l'histoire, comme cela l'avait été pour le lecteur-interprète, mais l'évolution d'un contenu historique tel qu'il est saisi par différents modes de communication. On écumera ainsi livres, films, hebdomadaires, émissions radiophoniques ou télévisées dans l'espoir de révéler les transformations du rapport entre le vécu et le perçu.

On a pu faire grief aux *cultural studies* d'une trop grande inclusivité, d'avoir bafoué la tradition en mélangeant textes littéraires et non-littéraires, objets artistiques et artefacts utilitaires. Le problème réside pourtant ailleurs que dans la compromission d'une supposée pureté esthétique du « littéraire », catégorie qui vient remplacer la « littérarité » des formalistes russes et leurs héritiers. Bien plus urgent est de savoir si ou non le critique se réserve les moyens de reconnaître l'œuvre *en tant que défi* et d'agir en conséquence, notamment en se dotant d'une théorie de la médiation qui lui permette d'enregistrer la résistance sémiotique que toute œuvre oppose au monde. Si l'expérience d'un culturalisme restreint a été somme toute salutaire, celle aujourd'hui en cours d'un culturalisme sans dominante paraît plus difficile à défendre, pour les raisons que l'on verra à présent.

III. Analyse des présupposés culturalistes

Il convient d'examiner de plus près le culturalisme en rapprochant son mode opératoire d'une pratique qui lui est voisine, celle de l'histoire culturelle. L'un et l'autre disent avoir affaire à des représentations : de la mort, de la ville, du vêtement, de différents types sociaux (le bas-bleu, le couple) ou de métiers (la prostituée, le poilu, le cadre), de « l'image » d'une période (l'Empire, les années 1920, l'après-Mai). Mais le rapprochement est trompeur, vue la disparité dans ce que l'on entend par représentations dans l'un et l'autre cas. Là où l'historien tient à préserver la valeur d'abstraction que revêt la représentation dans la psychologie collective et la sociologie de la mémoire (d'Emile Durkheim à Maurice Halbwachs), le culturaliste met l'emphase sur sa matérialité : une représentation sera presque toujours une *figuration de* quelque chose, matérialisée en un objet. Cette distinction entre idéalité mentale partagée par les membres d'une communauté et figuration verbale ou picturale d'une chose a une incidence directe sur la façon dont le chercheur traitera ses sources, qu'elles aient été élaborées dans la perspective de la raison administrative, comme les documents d'archive ; en vue d'une contemplation esthétique, comme les tableaux ou les romans ; ou encore d'une raison mixte (contes de fées, fêtes révolutionnaires et spectacles, etc.). L'utilisation précise que l'on fait de ces sources trahira une disposition quant à l'œuvre.

Les historiens modernes, pas plus que les anciens qui ne faisaient pas toujours la différence, n'ont pas dédaigné les textes littéraires. Même ceux qui ont récusé dans le sillage des Annales une histoire trop narrative ou imagée au nom de la statistique n'ont pu écarter les fictions, sans lesquelles le discours historique manque d'épaisseur. Plus encore que le théâtre ou la poésie, difficilement maniables à ce qu'il y paraît, c'est la littérature narrative qui jouit chez l'historien d'une réelle faveur, le roman bien sûr mais aussi autobiographies, mémoires, récits de voyage et autres témoignages fictionnalisés. Ces textes sont censés donner accès à des formes concrètes d'expérience historique, filtrées par la conscience d'individus à qui il fut donné d'observer et d'imaginer le monde dans ses transformations. L'opération historique paraîtra d'autant plus objective qu'elle se sera montrée capable d'intégrer aux schémas explicatifs ces fictions, qui se donnent pour plus ou moins vraisemblables mais aucunement pour véridiques.

Le risque que l'historien fasse contre-emploi d'un texte littéraire est réel : tel extrait teinté d'ironie peut être lu comme un reflet des choses telles qu'elles sont, et telle description allégorique solliciter une lecture trop rudimentaire pour convaincre. Mais en faisant appel exceptionnellement à des sources de ce type, l'historien publie un précieux démenti : « ce n'est là qu'un exemple littéraire, dit-il en substance, et si cet exemple dévoile un aspect de l'imaginaire historique, il ne saurait, du fait même de sa vocation esthétique, devenir document à plein titre ». Jamais aucun chercheur n'a pris *Guerre et paix* pour un registre de naissances et de décès de la Russie impériale. Dans la mesure où l'historien reconnaît cette consultation orientée comme une utilisation, plutôt qu'une lecture, il se préserve de toute accusation de mauvaise foi ; *il reconnaît l'œuvre par le fait même de renoncer à l'interpréter*. Et en la reconnaissant formellement, c'est-à-dire en acceptant la fiction comme un lieu autre du discours, l'historien se dispense de s'interroger sur les couches de sens ou autres subtilités stylistiques dont s'occupe le critique littéraire. Tout au plus l'historien se fera-t-il un devoir d'enquêter sur la biographie de l'auteur et sur les mobiles circonstancielles qui avaient pu engendrer telle vision particulière de l'expérience historique. Cette attitude de respect vaudra négativement pour une préservation de l'horizon esthétique de l'œuvre : l'utilisation du texte littéraire s'effectuant en connaissance de cause, l'interprétation interviendra au niveau de l'explication historique de la série des faits seulement. On ne pourra parler ici de désœuvrement, mais d'une mise à distance d'une œuvre dont l'altérité est reconnue d'entrée de jeu.

On ne saurait nier que l'historien qui se dégage prestement de tout devoir interprétatif envers l'œuvre abuse quelque peu de son public. En effet, toute utilisation d'un texte littéraire préjuge d'une interprétation minimale, sans quoi ce dernier reste lettre morte. Contrastons cependant la position historienne, où l'objet esthétique illustre plus qu'il n'invite à lire, avec celle du culturaliste, qui en abordant la culture *à travers* des objets esthétiques entretient avec la notion d'œuvre des rapports plus ambigus. Si le nivellement culturaliste des hiérarchies ne pose pas problème en soi (les valeurs esthétiques sont relatives et changeantes), il entraîne tout de même un important déséquilibre au niveau de la méthode. Alors que le culturalisme restreint faisait encore place à des raisonnements formels, fondés par exemple sur des homologies de structure (de Goldmann à Bourdieu), le culturalisme sans dominante ne sait plus guère opérer qu'*au niveau des contenus*. Sous ce deuxiè-

me régime, l'on convoquera simultanément, par exemple, la photographie in-
dustrielle, l'article de journal et le roman pour confronter les représentations
qu'ils recèlent. L'équivalence de ces objets ne pouvant être établie au niveau
des structures signifiantes (complexes en certains cas, pauvres en d'autres), le
commentateur cherchera un commun dénominateur du côté du référent. Telle photo montre une voiture, tel article de journal parle de voitures, tel roman
évoque des voitures, *ergo…* La présumée identité du référent sert à lier les
unes aux autres des représentations (photographiques, journalistiques, littéraires) qui n'ont pas forcément le même signifié. On voit d'emblée la faiblesse
logique de cette approche contenutiste qui ne reconnaît l'œuvre en principe
que pour la méconnaître dans les faits, soit en maquillant aux yeux du lecteur
une utilisation des plus orientées, parce que rivée au référent. Aussi le culturaliste tend-il à répondre à des questions dont l'œuvre, elle, se désintéresse
dans la mesure où la « structure d'horizon » de cette dernière, pour reprendre
le mot de Jauss, se rapporte à une totalité et non à une logique du fragment.

Prenons un exemple ; qu'il soit fabriqué pour les besoins de la démons-
tration ou pris dans le réel importe peu. *L'Éducation sentimentale*, chacun s'en
souviendra, s'ouvre sur le départ du jeune Frédéric Moreau pour Nogent, à
bord du paquebot Ville-de-Montereau. Imaginons qu'un commentateur affirme, avec le plus grand sérieux d'ailleurs, que les premiers paragraphes du
livre montrent l'effacement progressif des signes du travail des berges de la
Seine, processus déjà bien en cours au milieu du XIXe siècle. Si telle chose se
passait, nous serions en droit d'être quelque peu étonnés : *L'Éducation sentimentale*, document sur le travail manuel dans les ports fluviaux ? Combien de
lecteurs conviendraient de la justesse de cette appréciation, hétérodoxe pour
le moins ? En extrapolant du passage inaugural du roman un énoncé sur l'état
du monde à l'époque que décrit Flaubert, le commentateur reste en deçà
des limites inférieures de l'interprétation. Nous pourrions même dire, suivant
Eco, qu'il verse dans l'utilisation sauvage, car en dépistant le référent dans le
réel socio-historique il passe à côté d'un motif propre au *Bildungsroman* qui
organise tout le passage cité et qui lui donne une fonction narrative, à savoir
le départ du jeune héros, placé au seuil d'une vie nouvelle.

Mais, me répondra-t-on a contrario, de quel droit accréditer une lecture
proprement littéraire du passage ? Cette dernière ne serait-elle pas une utilisation tout autant que dans le cas du culturaliste qui fait état de ce que la fiction emprunte au monde ? Nous sommes en droit de répondre que l'horizon
romanesque non seulement appartient de droit au passage cité, mais s'institue
dans l'acte de la nomination même. Dire « dans le roman de Flaubert », c'est

reconnaître que l'objet que l'on a devant soi est membre d'une classe particulière d'écrits relevant de l'imagination, et non quelque gribouillage trouvé sur le bureau d'un employé aux écritures concernant le trafic fluvial à Paris. Aussi le discours culturaliste est-il habité par une contradiction : tout en s'autorisant des prestiges culturels de l'œuvre dont il continue de faire sa pâture, il en méconnaît l'horizon esthétique au gré d'une réduction documentaire. Réduction, c'est bien le mot, car dans l'exemple cité, le statut générique de la source (le roman de formation) s'efface derrière un contenu (le travail sur la Seine) qui est peu représentatif de l'ensemble du texte de Flaubert. L'ouverture de *L'Éducation sentimentale* a beau mentionner la Seine, elle n'est pas « à propos » du travail dans les ports fluviaux, pas plus qu'elle n'est « à propos » de la forme du bastingage sur le pont des paquebots. On peut faire dire beaucoup de choses au roman de Flaubert, mais à condition que ces choses aient un niveau de généralité telle qu'un autre lecteur puisse arriver à des conclusions similaires. Le désœuvrement s'installe lorsque, face à un texte, nous lui faisons dire une chose et une seulement, sans écouter tout ce qu'il aurait à dire. Le culturaliste, à force de contextualiser son objet, se condamne à des utilisations des plus décontextualisantes – des plus *désœuvrantes* pourrait-on dire.

De quelque manière qu'on le traite, un texte littéraire survivra à toute utilisation particulière, l'œuvre en tant qu'idéalité restant indifférente à ses utilisations. Où serait donc le mal à miner les textes littéraires, ou tout autre objet esthétique (tableau, affiche, composition musicale), pour des fragments d'histoire et de culture que l'on peut aligner en une belle chronologie ? Rien ne nous empêche de le faire ; mais encore moins ne nous encourage à le faire. Le défi de l'œuvre, qui persiste même dans une culture éprise d'utilisations de toute sorte, est un défi total puisque portant sur une totalité expressément soumise à l'appréciation esthétique et où clôture et ouverture se déterminent mutuellement. S'il est vrai que, dans les confins du commentaire, l'on ne peut atteindre cette totalité qu'indirectement, par le fragment (la rhétorique du *pars pro toto*), il est aussi vrai que le fragment ne peut en être détaché sans certaines précautions. « L'œuvre d'art », écrivent Adorno et Horkheimer dans *Dialektik der Aufklärung*, « a toujours quelque chose en commun avec l'enchantement : elle suppose son domaine propre et fermé sur soi (*einen eigenen, in sich abgeschlossenen Bereich*), qui est retiré du contexte de l'existence profane et dans lequel s'applique des lois particulières (*besondere Gesetze*) » (Adorno et Horkheimer, 1969, p. 25). Les exemples que le culturaliste prélève allègrement dans les textes sont détachés de leur contexte pour être aussitôt réintégrés dans une totalité de type tout différent de l'œuvre, puisque non-finie : appelons cette totalité « histoire » ou « culture ». Le culturaliste méconnaît ainsi l'horizon de l'œuvre au profit d'une vision supposée objective des choses qu'autorise le référent historique, plus *vrai* que la fiction paraît-il. Il peut arriver que les termes de l'appréciation esthétique eux-mêmes valorisent le référent, comme c'est le cas dans le roman réaliste ou naturaliste ou encore de l'ontologie de l'image photographique. Mais tout dans la création artistique ne se réduit pas à la référentialité. Curieusement, en misant sur la différence et la diversité les études culturelles auront fini par imposer la loi inflexible du Même : tout peut se comparer puisque tout ne reflète plus qu'un aspect du monde, soit sa réalité incontrovertible. D'une critique historique d'œuvres, nous passons à une histoire des représentations qui spectacularise l'histoire, réifiant celle-ci plus qu'elle ne la comprend.

IV. Réponses

Les effets de la dérive culturaliste – allant du choix des sujets de colloque ou de thèse aux changements dans la politique éditoriale des presses universitaires – sont là pour nous rappeler que l'idéalité de l'œuvre, sa définition comme champ de possibles et ouverture, n'est pas une donnée immuable au regard de l'histoire de la critique, même si cette idéalité est garantie philosophiquement.

Le désœuvrement culturaliste appelle toutefois sa propre négation dans la mesure où, même sous le règne productiviste de l'échangeabilité et de la reproducibilité, des objets proposés à une appréciation esthétique existent en abondance et se refusent à un nivellement indiscriminé. Or, jusque-là, à l'image d'un dandy qui ne peut malgré lui s'empêcher de travailler, le culturalisme n'a pas su assumer pleinement son désœuvrement : il souffre non pas tant de ce qu'elle s'éloigne trop de l'œuvre, mais de ce qu'elle ne s'en éloigne pas assez pour ne pas en garder la nostalgie. Viser le désœuvrement intégral, la suppression de toute velléité interprétative au nom d'une sociologie de la production culturelle ou d'un matérialisme culturel serait pourtant non moins utopique qu'espérer le retour en force d'une communauté de lecteurs où chacun se réinvestit corps et âme dans le travail de l'interprétation. Cela dit, il peut être souhaitable d'encourager, par nos forces cumulées, une plus grande reconnaissance de l'œuvre comme horizon au moyen de quelques contrôles de lecture. Un passage dans un texte littéraire ne devrait être isolé à titre d'exemple qu'à condition qu'il corresponde à une isotopie significative (ce n'est pas une occurrence unique) ou qu'il remplisse une fonction narrative précise. « Miser sur l'isotopie est un bon critère interprétatif », dit en ce sens Umberto Eco dans *Les limites de l'interprétation* (Eco, 1992, p. 128). En d'autres mots, la pertinence de l'extrait dans une éventuelle utilisation se mesure à la structure thématique ou narrative de l'œuvre dans son ensemble. La notion de *aboutness* (l'« à-propos-de ») rappelle, de même, qu'un texte, si pluriel que soit son signifié, ne peut être *à propos de tout* (n'en déplaise à Joyce) ni *à propos de rien* (idem Flaubert). Plus d'un lecteur devrait pouvoir déduire que l'ouverture de *L'Éducation sentimentale* est à propos de l'effacement des signes du travail de la Seine pour que cette preuve puisse être mise à l'appui. Un texte n'est pas en premier lieu une collection de signes se rapportant chacun à différents éléments de la « réalité » historique, mais, pour reprendre la définition de *L'Œuvre ouverte*, un ensemble « étroitement calibré » (Eco, 1965, p. 17) ; thématiser, c'est mettre en relation les éléments de cet ensemble dans la perspective de la totalité idéale qu'ils composent. On ne peut donc surestimer l'importance de la structure artistique des œuvres, car seule la forme singulière que l'œuvre oppose au monde peut assurer sa mise en rapport avec le contexte historique. Pour contrer la réduction contenutiste – ce court-circuitage de la forme qui en appelle quasi maladivement au référent –, il faut donc insister sur le rôle de la médiation, comme le faisait Fredric Jameson lorsqu'il définissait le récit comme un acte idéologiquement porteur dont la fonction est d' « inventer des solutions imaginaires ou formelles à des contradictions sociales elles-mêmes insolubles » (Jameson, 1981, p. 79). Les œuvres littéraires réécrivent un sous-texte politico-historique qui, pour Jameson, ne peut être appréhendé au moyen d'une identification « directe » de motifs ou thèmes mais qui exige la reconstruction a posteriori d'un non-dit au niveau de la forme (Jameson, 1981, p. 81). Matérialisme et formalisme composeraient ainsi les deux côtés d'une même démarche critique qui ne peut espérer faire l'économie d'une interprétation.

Le bilan des années *studies* ne peut être entièrement négatif, et, de toute évidence, le tableau esquissé ci-dessus force les traits peut-être plus qu'il n'en convient. Il n'empêche que les œuvres sont mal en point. Mais il se peut aussi que la période de désœuvrement que nous traversons est justement ce dont nous avions le plus besoin. En 1965, Eco – toujours lui – faisait remarquer dans *L'Œuvre ouverte*, à propos de l'accoutumance progressive de l'observateur aux stimulis que lui envoie l'objet esthétique, que « pour donner à la sensibilité une fraîcheur nouvelle, il faut lui imposer une longue quarantaine. Nous retrouverons alors notre étonnement devant les suggestions de l'œuvre » (Eco, 1965, p. 57). Il est permis d'espérer qu'après avoir défié l'esthétique au nom d'un culturalisme pluriel, l'on saura de nouveau relever, et savourer à chaque instant, les défis de l'œuvre.

Bibliographie

Adorno, T., M. Horkheimer (1969) : *Dialektik der Aufklärung*. Fischer, Francfort.

Barthes, R. De l'œuvre au texte (1971), in : Barthes, R (1984). : *Le Bruissement de la langue*. Ed. du Seuil, Paris, pp. 69-77.

Eco, U. (1992) : *Les Limites de l'interprétation*. Tr. Myriem Bouzaher, Grasset/Le Livre de Poche, Paris.

Eco, U. (1985) : *Lector in fabula : le rôle du lecteur ou la Coopération interprétative dans les textes narratifs*. Tr. Myriem Bouzaher, Grasset/Le Livre de Poche, Paris.

Eco, U. (1965) : *L'Œuvre ouverte*. Tr. Chantal Roux de Bézieux, Ed. du Seuil, Paris.

Jameson, F. (1981) : *The Political Unconscious : Narrative as a Socially Symbolic Act*. Cornell University Press, Ithaca, New York.

« De l'œuvre au texte » revisited

par Axel Rüth

Aucun doute : la notion d'œuvre est tombée en discrédit, elle a été remplacée par la notion de texte. Cette dernière a connu une belle carrière, de sorte que l'on ne s'est même pas vraiment rendu compte de la disparition de la notion d'œuvre – contrairement au destin d'un autre terme, très étroitement lié à l'œuvre, celui de l'auteur, dont traitent une grande quantité de publications depuis les fameux articles de Roland Barthes et Michel Foucault. Mais pendant que la notion d'auteur a connu une certaine réhabilitation, le même projet se révèle plus difficile dans le cas de l'œuvre[3]. On ne peut que spéculer sur les raisons, peut-être est-ce dû au fait que le terme « œuvre » mène une double vie : outre sa dimension « théorique » ou « épistémologique » il mène une vie plus ou moins sans danger ; tout le monde, même ceux qui le refusent (dans sa dimension théorique) l'utilisent, sans éprouver le moindre besoin de le discuter, dans un sens très général (produit d'un travail artistique, ensemble des travaux d'un peintre/compositeur/écrivain).

Le but de cet article sera de retracer d'abord à l'exemple de la critique de l'œuvre prononcée par Roland Barthes dans plusieurs publications des années 1960, les raisons de ce déclin afin de définir plus précisément la notion d'œuvre qui est en jeu dans ses écrits. Dans une deuxième étape, on abordera ce qui reste de l'œuvre. Puisque la notion d'œuvre, telle qu'elle est conçue par Barthes, n'est pas du tout exhaustive mais, au contraire, assez restreinte, il est nécessaire de rappeler les significations et les emplois du terme « œuvre » dans une critique littéraire plutôt herméneutique que structuraliste, qui ne sont guère touchées par la critique structuraliste. Cette démarche me semble d'autant plus légitime qu'il faut mettre les écrits de Barthes dans leur contexte historique : Ils ne présentent pas d'arguments recourant à des « vérités »,

---

3 Voir à ce sujet le numéro spécial de la revue *Littérature* 125 (mars 2002).

mais des prises de position relatives à d'autres prises de position au sein du discours universitaire sur la littérature à une certaine époque. Il s'agit de réponses et de défis prononcés à l'adresse d'une critique universitaire considérée comme traditionnelle et conservatrice.

Ces deux étapes en mènent directement à une troisième et dernière question : A quoi sert aujourd'hui la notion d'œuvre ? Est-elle encore productive, est-elle, malgré sa mauvaise réputation, encore un défi, voire une condition de la critique littéraire ?

Œuvre et texte

D'où vient le discrédit de l'œuvre ? L'article « De l'œuvre au texte » de Roland Barthes, écrit en 1971 pour la *Revue d'Esthétique*, est le témoignage le plus explicite contre l'œuvre.

> […] il ne faut pas se laisser aller à dire : l'œuvre est classique, le texte est d'avant-garde, il ne s'agit pas d'établir au nom de la modernité un palmarès grossier et de déclarer certaines productions littéraires *in* et d'autres *out* en raison de leur situation chronologique : il peut y avoir « du Texte » dans une œuvre très ancienne, et bien des produits de la littérature contemporaine ne sont en rien des textes. (Barthes, 1994, p.1212)

Selon Barthes, l'opposition entre œuvre et texte n'est donc pas une opposition historique, mais systématique. Les deux termes se trouvent apparemment aux deux extrêmes d'une échelle. Il ne s'agit pas, pour Barthes, d'abolir entièrement la notion d'œuvre, de la remplacer par la notion de texte, mais texte et œuvre sont apparemment des qualités différentes que l'on peut attribuer à quelque chose qui soit écrit. On pourrait appeler cette argumentation « immanentiste », dans le sens qu'elle ne tient pas compte de la réception. « Texte » et « œuvre » ne désignent pas deux pratiques de lecture différentes, mais des qualités propres aux écrits.

Quelles sont donc les différences entre œuvre et texte selon Barthes ? Je ne fais que reprendre quelques formules de Barthes tirées de l'article déjà cité, mais qui se retrouvent dans d'autres de ses articles des années 60 et 70, comme « La mort de l'auteur », « Ecrire la lecture », « Texte (théorie du) » ou bien S/Z, tous réunis dans le deuxième tome des *Œuvres complètes*.

La différence est la suivante : l'œuvre est un fragment de substance, elle occupe une portion de l'espace des livres (par exemple dans une bibliothèque). Le Texte, lui, est un champ méthodologique. [...] l'œuvre se voit (chez les libraires, dans les fichiers, dans les programmes d'examen), le texte se démontre, se parle selon certaines règles (ou contre certaines règles) ; l'œuvre se tient dans la main, le texte se tient dans le langage [...] ; le texte n'est pas la décomposition de l'œuvre, c'est l'œuvre qui est la queue imaginaire du Texte. Ou encore : *le Texte ne s'éprouve que dans un travail, une production.* Il s'ensuit que le Texte ne peut s'arrêter (par exemple à un rayon de bibliothèque) ; son mouvement constitutif est la traversée (il peut notamment traverser l'œuvre). (Barthes, 1994, p. 1212)

On pourrait facilement prolonger la liste d'attributions à l'œuvre et au texte : le texte a une « force de subversion », son champ est « celui du signifiant », pendant que l'œuvre « se ferme un signifié ». Le texte est « décentré, sans clôture », « pluriel », « passage, traversée ; il ne peut donc relever d'une interprétation, même libérale, mais d'une explosion, d'une dissémination » (Barthes, 1994, p. 1211-1217)[4].

On retrouve facilement les primats classiques du structuralisme et du post-structuralisme, selon lesquels le sens, la signification et l'interprétation sont remplacés par le « flottement » des signes. La notion d'œuvre y apparaît comme un pilier idéologique de la pensée littéraire « bourgeoise », laquelle est surtout caractérisée par des substantialismes. Ceux-ci concernent surtout la signification. Barthes reproche à la philologie son scientisme qui consiste à prendre le signifié comme « apparent », pendant qu'il dénonce l'herméneutique de traiter le signifié comme quelque chose de secret, ce qui ferait de l'interprète un initié et de son activité une pratique ésotérique. Cela fait penser à la distinction « Ecrivain – Ecrivant » qui semble être construite selon le même schéma que la distinction « Œuvre/Texte ». On pense également, en lisant cet article, à la distinction « écrire quelque chose – écrire verbe intransitif », d'autant plus que l'œuvre est considérée avoir un « père » et « propriétaire », son auteur, pendant que « [l]e Texte, lui, se lit sans l'inscription du

---

4   Il serait d'ailleurs intéressant de savoir si la majuscule fréquente de « texte » se retrouve déjà dans les manuscrits et scripts de Barthes. Elle ressemble curieusement au grand « H » de l'histoire - privilège refusé, d'ailleurs, à l'œuvre.

Père » (Barthes, 1994, p. 1215), car « l'écriture est destruction de toute voix, de toute origine » (Barthes, 1994, p. 491). Là ou l'interprète cherche les filiations d'une œuvre (dans l'Histoire, la biographie, dans d'autres œuvres – Barthes parle aussi du « mythe de la filiation »), le lecteur structuraliste, « sujet désœuvré », se donne à la « pluralité stéréographique des signifiants qui le [le texte] tissent », c-est-à-dire à l'intertextualité.

Pour finir, l'œuvre est « ordinairement l'objet d'une consommation » (Barthes, 1994, p. 1215), ce qui fait de son appréciation une question de goût, pendant que « le texte, lui, est lié à la jouissance » (Barthes, 1994, p. 1217). Il est évident que la thématique de la notion d'œuvre chez Barthes s'inscrit dans un contexte plus large : le remplacement du trias « auteur – œuvre – interprétation » par le trias « écriture – texte – lecture ». Ni l'auteur ni l'œuvre ne sont compatibles avec le concept de jouissance.

On peut dire que tous les travaux de Barthes à cette époque font partie d'un projet général, un projet rationaliste qui consiste à dénoncer le mythe dans tous les domaines de la société, mais aussi et surtout dans le discours littéraire (Voir aussi à ce sujet « Ecrire la lecture », publié dans le *Figaro littéraire* en 1970 et surtout *Critique et vérité* de 1966. Le premier document de ce programme reste évidemment *Mythologies* de 1957). D'une certaine manière, les auteurs dits d' « avant-garde », c'est-à-dire l'« école » de Minuit et le milieu de *Tel Quel*, ont développé un projet similaire. La critique de termes considérés comme démodés se retrouve dans la critique autant que dans la pratique littéraire (curieusement, l'œuvre ne figure pas parmi les « quelques notions périmées » dans *Pour un nouveau roman* de Robbe-Grillet). Le désaveu de la notion d'œuvre revendiqué par Barthes vise à part entière l'objet de culte de la critique bourgeoise dans sa matérialité.

Mort de l'œuvre, mort de l'auteur

Dans cette querelle des Anciens et des Modernes du XXe siècle, Gustave Lanson doit passer pour un critique universitaire représentatif de la tradition philologique critiquée par Barthes. Examinons un passage d'un essai critique :

> [...] toute idée de roman ou de poème qui n'est pas réalisée en sa forme parfaite n'est qu'un projet ou une ébauche d'idée, enfin une intention sans valeur.
>
> Rien n'est plus funeste à la littérature que cette sorte de matérialisme qui fait subsister l'idée indépendamment de la forme, et qui

fait abstraction du travail artistique pour regarder l'objet dans sa réalité physique, extérieure et antérieure à l'art. Et rien n'est plus fréquent. Il ne faudrait pas presser beaucoup d'honnêtes gens de ce temps-ci, et des gens instruits, voire académiciens, pour leur faire avouer que la forme dégrade l'idée, que la littérature est chose puérile et déshonnête, et qu'enfin l'idéal est réalisé quand un brave homme dit bonnement ce qu'il pense. La vogue des Voyages, des Mémoires et des Journaux prouve précisément combien nos contemporains aiment dans la littérature ce qui proprement dit n'est pas littéraire. (Lanson, 1965, p. 115)

Ce texte semble être un fort bon exemple pour un terme étouffé sous une couche épaisse de poussière idéaliste et immanentiste.

Quelles sont les implications de ces phrases ? Selon Lanson, il y a trois genres de textes littéraires : ceux qui méritent d'être appelés des œuvres parce que l'idée y trouve sa « forme parfaite », groupe de textes littéraires qu'il faut bien distinguer d'un groupe consistant en des textes que l'on ne peut appeler des œuvres. Ces non-œuvres se divisent en deux groupes : d'un côté les textes qui ne veulent pas être des œuvres (les Voyages, les Mémoires, les Journaux), de l'autre côté les textes que l'on pourrait appeler « œuvres ratées », c'est-à-dire des textes qui, toujours selon Lanson, ne sont pas réalisés en leur « forme parfaite ». Cette répartition accorde beaucoup d'importance à une autre instance de la communication littéraire, sans que le terme apparaisse de manière explicite : il s'agit de l'auteur, dans la conscience duquel naît l'œuvre réussie comme acte intentionnel. On reviendra plus tard sur l'auteur, mais approfondissons d'abord l'aspect de composition. Il serait trop aisé de réduire la position de Lanson à son organicisme prônant l'harmonie et la correspondance entre l'idée et la forme. Quand il oppose les œuvres au sens propre du terme aux Voyages, Mémoires et Journaux, Lanson se révèle théoricien littéraire dans la tradition d'Aristote. Celui-ci traite dans la poétique, dans les chapitres 9 et 23, de la différence entre la poésie et l'historiographie. Le trait caractéristique de la poésie est de parler de ce qui pourrait arriver selon la vraisemblance et la nécessité, pendant que l'historiographie fournit « l'exposé […] d'une seule période chronologique » (ch. 23). Seul le poète, selon Aristote, est un « faiseur de fables ». Et il ajoute : « Parmi les fables et les actions simples, les plus mauvaises sont les épisodiques » (ch. 9). Or Voyages, Mémoires et Journaux appartiennent tous au genre de l'historiographie. Selon la poétique d'Aristote, ils ne sont pas des fictions. Mais cela n'est pas le point crucial, car ce qui est considéré comme de la poésie change avec le temps – Lanson et le

Stagyrite convergent dans un autre point, plus important : « Parmi les fables et les actions simples, les plus mauvaises sont les épisodiques », écrit Aristote, tout en ajoutant :

> Or j'entends par « fable épisodique » celle où la succession des épisodes ne serait conforme ni à la vraisemblance, ni à la nécessité. Des actions de cette nature sont conçues par les mauvais poètes en raison de leur propre goût, et, par les bons, pour condescendre à celui des acteurs. En effet, composant des pièces destinées aux concours, développant le sujet au delà de l'étendue possible, ils sont forcés de rompre la suite de l'action (ch. 9).

Les acteurs ne sont pas d'intérêt dans notre contexte, mais la critique des fables trop épisodiques l'est d'autant plus. Voyages, Mémoires et Journaux racontent, mais ils racontent des épisodes seulement, ils ne sont pas des compositions narratives. Ce qui leur manque, c'est la rigueur de la forme que Lanson n'accorde qu'aux « vraies » œuvres. Leur configuration textuelle par contre ressemble à une chronique du type : et puis… et puis… et puis…etc. suivant le fil des jours ou un itinéraire – pas la peine de mettre en relation l'élément individuel avec la composition totale, c'est le règne de l'épisodique, la configuration du tout est une figure ouverte, et non pas fermée comme l'est l'histoire. Retenons surtout ceci : le paradigme de la notion d'œuvre de Lanson, avec l'idée centrale de l'achèvement, est bel et bien le récit.

Il est évident que beaucoup d'aspects de la notion d'œuvre ne sont plus concevables aujourd'hui (par exemple l'autonomie de l'œuvre, de même l'œuvre telle qu'elle est présentée aux jeunes Français dans le Lagarde et Michard, c'est-à-dire comme le résultat du travail créateur d'un esprit génial, ainsi que « harmonie intérieure parfaite », « grandes œuvres », « trésors d'une littérature nationale »). Pourtant, l'apothéose bourgeoise de l'œuvre et de son auteur est une chose, mais, au-delà de celle-ci, la notion d'œuvre est d'une valeur herméneutique, qui passe inaperçue chez Barthes. Il est étonnant que le critique (post)structuraliste ne dit rien sur l'œuvre dans sa qualité de composition, indépendamment de sa matérialité. Cet aspect de composition présuppose, en effet et à juste titre, une « intentionnalité au double sens du contenu de conscience et du projet » (Jenny, 2002, p. 10), mais celle-ci n'a rien à voir avec la bonne vieille intention de l'auteur (et on ne parle pas non plus ici de ce qui est appelé parfois « chef-d'œuvre »). Il est évident que le mépris de l'œuvre chez Barthes est né d'une autre négation, celle de l'auteur. Une phrase comme celle citée ci-dessus (« L'écriture est destruction de toute voix, de toute origine ») contient une triple « mort » : de la littérature, de l'auteur, et de l'œuvre – et le refus total de la prémisse fondamentale de toute communication. Pourtant, il me semble légitime de poser la question si le terme « texte » est vraiment suffisant pour expliquer le fonctionnement d'un récit, d'une pièce ou d'un poème, bref, d'un texte littéraire.

Apologies de l'œuvre

Il y a donc deux utilisations du terme « œuvre » : l'une est normative, l'autre concerne le fonctionnement de la communication littéraire. La première permet de parler d'œuvres réussies, ratées ou même de chef-d'œuvres, et relève souvent d'une auto-affirmation du discours littéraire « bourgeois ». Quant à la deuxième utilisation, l'œuvre garde son importance dans pratiquement tous les courants de la réflexion littéraire. Dans l'herméneutique, c'est-à-dire la théorie de la réception (Jauss, 1978 ; Iser, 1972), dans la sémiotique (Eco, 1965) et même dans le structuralisme (Lotman, 1973). Puisqu'il manque de place ici pour distinguer et comparer le statut de l'œuvre dans chacun de ces courants, je me restreins à une notion très élémentaire mais, pour cette raison, partagée par les dits auteurs. Cette démarche offre du reste l'avantage d'écarter des hypothèses idéalistes comme celle de Jauss disant qu'une « grande » œuvre est celle qui rompt avec les formes préétablies et avec l'œuvre commerciale.

Parmi les nombreuses définitions de l'œuvre que l'on trouve dans les dictionnaires spécialisés comme dans les dictionnaires courants, c'est celle-ci qui est ici en jeu : « Résultat sensible (être, objet, système) d'une action ou d'une série d'actions orientées vers une fin; ce qui existe du fait d'une création, d'une production » et « Ensemble organisé de signes et de matériaux propres à un art, mis en forme par l'esprit créateur, production littéraire ou artistique » (Le Robert). Dans la perspective de celui qui écrit, l'idée d'œuvre s'impose comme quelque chose qui va de soi puisqu'il ne veut pas seulement écrire un texte, mais un texte qui est organisé selon certaines règles. De même, le lecteur s'attend à une composition, par exemple narrative, dans laquelle le début et la fin entretiennent une relation particulière suivant une certaine nécessité et une certaine vraisemblance (qui peuvent différer fortement selon le code dominant).

Le monde de fiction, l'univers diégétique peuplé par les personnages fait partie de cette composition, laquelle on voudrait appeler avec la terminologie de Jurij Lotman un « système modélisant secondaire ». Contrairement au système primaire, le langage, il s'agit d'un « espace d'une certaine façon délimité, reproduisant dans sa finitude un objet infini, un monde extérieur par rapport à l'œuvre » (Lotman, 1973, p. 300). Ce qui sépare l'œuvre du texte, c'est que celle-là présente un univers diégétique, un monde livresque dans le monde, tandis que la notion de texte met l'accent sur un autre aspect, l'organisation du syntagme, tout en refusant d'accepter la différence entre usage premier et usage secondaire du langage. Qui s'intéresse à la question comment fonctionnent les mondes fictionnels ou mondes mis en récit, qui existent comme modèles du monde que nous habitons, ne peut se passer d'une quelconque idée de l'œuvre. Peut-être la prédilection pour le texte ou pour l'œuvre dépend tout simplement de la perspective choisie : ceux qui ne s'intéressent pas aux diverses formes d'intentionnalité mais au langage, au discours, aux intertextes, n'accepteront que le texte. Ceux qui, supposant que la communication entre un auteur (implicite) et un lecteur (explicite) est possible, cherchent à comprendre l'intentionnalité d'un texte littéraire en tant que situation symbolique de communication, et préféreront l'œuvre :

> Der in der Schrift festgehaltene Text ist ein Text ohne Situation. […] die Dekodierung des Textes als Rede [verlangt], dass der Leser in der Lage ist, die symbolische Situation unabhängig von einer gegebenen Realsituation beizustellen, das heißt zugleich, dass er sich aus seiner eigenen konkreten Situation in die vom Text implizierte symbolische Situation zu versetzen vermag. […] Als Werk lässt sich ganz genau jener Text bestimmen, der in seiner Komposition der durch die Schriftlichkeit des Textes vorgegebenen Rezeptionssituation selbst konsequent Rechnung trägt. (Stierle, 1998, p. 197)

Le roman métatextuel *Se una notte d'inverno un viaggiatore* d'Italo Calvino me semble un bon exemple pour illustrer la concurrence du texte et de l'œuvre. Calvino a pris la décision de donner la victoire à l'œuvre : il raconte les idées centrales du (post-)structuralisme français à propos du texte (mort de l'auteur, intertextualité, flottement de sens, plaisir du texte, etc.), en déduit une structure, mais la structure la plus haute dans la hiérarchie de l'ensemble textuel est un récit « traditionnel », et cela en deux sens : il y a, d'abord, l'histoire du lecteur et de la lectrice fictifs, de leur première rencontre jusqu'au mariage. Une deuxième histoire, située sur un méta-niveau, mais pour autant aussi cohérente que celle de l'amour entre lecteur et lectrice fictifs, a pour sujet l'association, la dissociation et à nouveau l'association du lecteur réel au lecteur fictif. Voici la première phrase et le dernier chapitre du livre :

Stai per cominciare a leggere il nuovo romanzo *Se una notte d'inverno un viaggiatore* di Italo Calvino. (Calvino, 1979/2002, p. 3)

Ora siete marito e moglie, Lettore e Lettrice. Un grande matrimoniale accoglie le vostre letture parallele.
    Ludmilla chiude il suo libro, spegne la sua luce, abbandona il capo sul guanciale, dice : – Spegni anche tu. Non sei stanco di leggere?
    E tu : – Ancora un momento. Sto per finire Se una notte d'inverno un viaggiatore di Italo Calvino. (Calvino, 1979/2992, p. 305)

Le roman commence avec la sensation du lecteur réel que l'auteur s'adresse à lui, mais par la suite il apprend vite que « tu » désigne un lecteur fictif dans le texte. Avec la dernière phrase, les deux lecteurs, réel et fictif, se retrouvent à nouveau, puisqu'en lisant la dernière phrase ils font la même chose, ils finissent le même roman. En traitant des problématiques liées au texte dans le cadre d'un récit cohérent, Calvino agence une ouverture à l'intérieur d'un achèvement. Comment disait Barthes déjà ? – « Il peut y avoir 'du Texte' dans une œuvre » (cf. supra). Cette combinaison fait du roman de Calvino une œuvre par excellence selon la définition de Stierle.
    Dans le cas des récits, les critères de l'achèvement sont relativement faciles à relever. Dans le cas de la poésie moderne, cette entreprise se révèle plus difficile. Voilà une des raisons pour laquelle les sceptiques de l'œuvre soulignent la faiblesse théorique du terme « œuvre ». Mais est-ce vraiment une défaillance ? Peut-être l'œuvre est l'autre de la théorie littéraire. Elle n'est pas une méta-catégorie, elle ne fait pas partie d'un discours critique qui soit né indépendamment de son objet, mais elle est née de l'expérience de la lecture même (comme la narratologie prétend seulement être une vraie « théorie », pourtant, sa systématique est le produit de son objet). L'œuvre se refuse à la théorisation, mais elle possède la force de l'évidence. Pour le dire avec Paul Valéry :

Parmi ces œuvres, l'usage crée une catégorie dite des œuvres d'art. Il n'est pas très facile de préciser ce terme, si toutefois il est besoin de le préciser. D'abord je ne distingue rien, dans la *production* des œuvres, qui me contraigne nettement à créer une catégorie de l'œuvre d'art. […]

Mais si l'on porte le regard sur les effets des œuvres faites, on découvre chez certaines une particularité qui les groupe et qui les oppose à toutes les autres. Tel ouvrage que nous avons mis à part se divise en parties entières, dont chacune comporte de quoi créer un désir et de quoi le satisfaire. L'œuvre nous offre dans chacune de ses parties, à la fois *l'aliment* et *l'excitant*. (Valery, 1944, p. 315)

Références bibliographiques

Aristote (1980) : *La Poétique*. Le Seuil, Paris.

Barthes, R. (1994) : *Œuvres complètes*, t. 2. Le Seuil, Paris.

Eco, U. (1965) : *L'Œuvre ouverte*. Le Seuil, Paris.

Calvino, I. (1979/2002) : *Se una notte d'inverno un viaggiatore*. Oscar Mondadori, Milan.

Iser, W. (1972) : *Der implizite Leser - Kommunikationsformen von Bunyan bis Beckett*. UTB, München.

Jauss, H. R. (1978) : *Pour une Esthétique de la réception*. Gallimard, Paris.

Jenny, L. (2002) : « Présentation : Retour sur la notion d'œuvre », *Littérature*, 125, mars 2002, pp. 3-12.

Lanson, G. (1965) : *Essais de méthode, de critique et d'histoire littéraire*. Hachette, Paris.

Lotman, Jurij (1973) : *La Structure du texte artistique*. Gallimard, Paris.

Stierle, K. (1998) : *Ästhetische Rationalität. Kunstwerk und Werkbegriff*. Fink, München.

Valery, P. (1944) : « Première leçon du cours de poétique », in : Valery, P. : *Variété V*. Gallimard, Paris, pp. 295-322.

Fragments autobiographiques, textes trouvés, lecteur imprévu

par Zoltán Z. Varga

> « 'Faire de la littérature', c'est écrire pour des inconnus. La ligne que je
> trace est *littérature* ou non selon que je m'adresse à quelqu'un ou à ce lec-
> teur virtuel que je me donne. Une personne imprévue lisant une lettre à
> elle non destinée et dont les êtres lui sont inconnus change cette lettre en
> littérature. » P. Valéry : *Cahiers IV.*, Éd. de CNRS, p. 387.

Fragments autobiographiques, textes trouvés

Les organisateurs du colloque nous ont proposé de réfléchir sur la notion
d'œuvre. Cette notion que je restreins – pour simplifier ma tâche – à la notion d'œuvre d'art littéraire, n'est pas simplement évoquée au nom d'une intention ontologique (pour la définir), mais au nom de son actualité. Car le
titre de ce recueil (et du colloque dont il est le résultat) parle du « défi » de
l'œuvre, et cette expression résume toute une période pendant laquelle la notion d'œuvre était contestée et critiquée (au moins dans la théorie littéraire
d'inspiration post-structuraliste et déconstructiviste), voire remplacée par des
concepts concurrents comme « texte » ou « écriture » et au bout de ce parcours historique elle est en train de s'imposer à nous de nouveau avec toutes
ses implications philosophiques.

Pour voir plus clair dans quelle mesure la notion d'œuvre continue à in-
fluencer notre pensée littéraire (dans nos lectures, dans nos interprétations,
dans nos jugements de valeur, dans notre critique littéraire), je choisis une
voie oblique. J'installerai donc mes investigations dans un domaine circonscrit
par deux autres concepts qui sont traditionnellement en opposition tacite avec
la notion d'œuvre : il s'agit du *fragment* et de *l'autobiographie*. Ces concepts
ont en commun que les deux sont à la fois plus et moins qu'une œuvre. D'une

part, la définition courante et sous-jacente du fragment repose sur son inachèvement en tant qu'œuvre : elle nous renvoie à un tout non réalisé et inachevé.
Quant à l'autobiographie, elle est encore aujourd'hui souvent considérée aussi
comme non-œuvre, comme quelque chose qui est directement – c'est-à-dire
sans un travail créateur de l'homme – issue de la vie, quelque chose qui appartient à la nature. D'autre part, dans le romantisme le fragment est progressi-
vement devenu l'expression plus adéquate d'une totalité inexprimable et insaisissable qui résiste à toute représentation (le sublime). Cette tendance historique peut être rapprochée de celle de l'autobiographie qui – selon l'approche
positiviste et celui de la *Geistesgeschichte* – est devenu l'horizon ultime de la
compréhension d'une œuvre. Au demeurant, le fragment et l'autobiographie
suspendent également l'organisation classique d'une œuvre ; ils élargissent
l'horizon de leur interprétation au-delà de leur unité textuelle, ils nécessitent
un travail de contextualisation supplémentaire de la part du lecteur qui – pour
comprendre l'œuvre particulière en question – doit prendre en considération
soit la valeur et la hiérarchie des genres et des formes littéraires d'un moment
donné, soit la totalité d'une production textuelle d'un auteur.

Dans les réflexions qui suivent ici j'interconnecte les deux notions sous
le nom de « fragments autobiographiques ». Je précise : sous ce nom, je ne
prétends nullement constituer ou décrire un nouveau genre ou sous-genre
littéraire (ou scripturale si l'on veut employer un adjectif plus neutre, susceptible de s'appliquer aux textes de l'écriture ordinaire). Je me concentre
plutôt sur quelques réflexions méthodologiques et théoriques sur le mode de
fonctionnement et le mode de réception de ces textes. C'est aussi pour cette
raison que j'emploie parfois un autre terme qui situe mieux ma position par
rapport à la théorie de la réception : « textes trouvés ». Trois précisions méthodologiques supplémentaires sont nécessaires pour maintenir une terminologie claire, et ces restrictions vont également délimiter mon domaine de
recherche. D'abord, il faut éviter de confondre un « texte trouvé » avec un
« fragment » : un fragment n'est pas forcément un texte trouvé, c'est-à-dire
l'écriture fragmentaire (et sa publication délibérée) peut être un choix esthétique ou philosophique de l'auteur (comme le montre sa tradition depuis
le romantisme), et vice versa : les textes trouvés ne sont pas nécessairement
fragmentaires (par exemple les romans de Kafka). Deuxièmement je n'analyse pas de textes dont le caractère autobiographique n'est pas affirmé par un
« pacte autobiographique » (comme l'*A la recherche...* de Proust) ou qui sont
écrits dans un registre presque uniquement fictionnel (comme *L'Homme sans
qualité* de Musil ou les romans de Kafka), même s'ils sont trouvés et/ou frag-

mentaires. Pour finir, tous les textes trouvés ne feront pas l'objet d'analyse ici, mais seulement des fragments qui appartiennent à l'œuvre (opus) d'un auteur déjà établi dans le champ littéraire. Des œuvres fragmentaires trouvées, dans une certaine mesure, influencent l'interprétation globale d'une œuvre, modifient la réception d'un univers textuel clos. Les textes dont il est question ici font déjà partie de la littérature et je ne prétends nullement élargir mes observations sur un corpus plus vaste de fragments issus de l'écriture quotidienne.

En bref, les problèmes théoriques abordés ici sont issus des lectures de fragments autobiographiques, de textes trouvés (dans l'héritage des écrivains), publiés sans l'autorisation (souvent contre leur volonté) de l'auteur, comme la plupart des journaux intimes avant le XXe siècle, des projets, des brouillons, des correspondances, des notes, des cahiers, des avant-textes. Il s'agit d'un immense corpus de textes que, dans le contexte français, représentent – parmi d'autres – les *Journaux* de B. Constant, les *Cahiers* de P. Valéry, les *Carnets de la drôle de guerre* de J.-P. Sartre, des *Lieux* de G. Perec, les *Incidents* de R. Barthes etc. L'objectif de ces réflexions est donc d'ouvrir une voie théorique pour l'interprétation des ces fragments, tâche qui me semblait refoulée, voire interdite par un double questionnement – moral et philologique – pratiqué d'habitude à propos de ces écrits. Dans la plupart des cas, même les études génétiques n'attribuent qu'une attention fort limitée aux brouillons, aux ratures et aux versions fragmentaires, parce qu'elles ont pour but d'établir et de mieux comprendre un texte définitif, par rapport auquel on peut suivre l'évolution de l'œuvre définitive et non pas de lire ces brouillons ratures etc. comme œuvres en quelque sorte indépendantes et autonomes, certes restreintes par des relations intertextuelles privilégiées avec d'autres œuvres d'un même auteur. Pourtant cette tâche de l'interprétation n'est pas impossible, et l'émancipation des fragments autobiographiques n'est pas un jeu gratuit de la critique post-moderne – comme le montrent très bien les lectures de G. Poulet à Ph. Lejeune. Cette situation de lecture, ce bricolage intellectuel du lecteur face à des textes dont même l'existence et l'identité sont douteuses peut avoir même une valeur heuristique pour mieux comprendre certaines limites et conditions de notre conception de l'œuvre, de l'auteur et, dans une moindre mesure, celle du lecteur.

La publication non-autorisée et ses conséquences : disparition de l'auteur, éclatement de l'œuvre

Les trois caractéristiques (fragmentaire, texte trouvé, autobiographique) de ce « sous-genre » évoqué ci-dessus n'ont pas la même importance pour décrire l'attitude du lecteur face à ces textes. Je réduis le caractère fragmentaire de ces textes à leur inachèvement, confirmé par leur publication non autorisée par leurs auteurs. Je m'occupe donc des problèmes méthodologiques de la réception de textes publiés sans le consentement et sans l'autorisation de leurs auteurs, des textes qui n'ont pas été conçus par leurs auteurs comme œuvres, qui manquent leur point final, leur signature qui leur donnerait l'autorité de l'œuvre d'art finie. Ces données pragmatiques concernant leur constitution en tant qu'objet expliquent aussi leur caractère «trouvé» aux yeux du lecteur, elles rendent fragile leur identité textuelle, elles influencent leur interprétation. Quant à leur caractère autobiographique, je l'écarte pour l'instant, ne l'évoquant ici que pour rétrécir le corpus trop vaste des fragments et des textes trouvés. J'y reviendrai à la fin de mon étude pour questionner son évidence reposant sur le fameux pacte autobiographique et pour mesurer la spécificité qu'il impose au lecteur.

Les textes issus d'une publication sans autorisation («textes trouvés») mettent tout d'abord en cause la notion d'auteur. Lors de la lecture des textes trouvés, une circonstance tout à fait extérieure des constituants textuels détermine et domine la réception de tels textes : il s'agit de la publication non autorisée. Lire des textes trouvés, publiés sans l'autorisation ou même contre la volonté de leurs auteurs et *sachant qu'on les lit sans leur autorisation ou contre leur volonté*, c'est une mise en question radicale de la fonction d'auteur. La dénégation d'une condition pragmatique (certes, une condition moderne), c'est-à-dire de la pratique de la fonction d'auteur a de lourdes conséquences sur la notion d'œuvre, sur le rôle du lecteur et surtout sur la notion d'auteur elle-même. Pour employer un jeu de mots, être auteur, c'est autoriser, être auteur d'une œuvre, c'est pouvoir décider sur l'achèvement et la première publication de cette œuvre. En lisant des œuvres fragmentaires, non-achevées et non-publiées par leurs auteurs, c'est-à-dire des textes trouvés, on détrône l'auteur en tant que maître de son œuvre, en tant que juge compétent de sa propre création artistique, on met en question sa compétence professionnelle et son jugement de valeur.

Alors une série de questions se pose : si la fonction d'auteur se trouve restreinte (on pourrait dire que ces textes n'ont pas d'auteur mais des « non-auteurs ») au cours de la lecture de ces textes, quelle relation établir entre un texte trouvé et de vraies œuvres issues d'une pratique intacte de la fonction d'auteur, marqués par le même nom propre ? ; à qui appartiennent ces textes ? ; qui parle dans ces textes ? Certains peuvent être tentés d'identifier cet auteur restreint/non-auteur/non plus auteur à la personne biographique dont le nom figure dans le paratexte, mais alors il faudrait accepter une métaphysique négative de la littérature, de l'écriture et aussi du langage s'appuyant sur une série d'oppositions comme forme/non-forme ; fini/infini ; culture/nature ; réfléchi/spontané ; représenté/représentation ; signe/réalité ; art/vie qui restituerait une notion d'auteur presque positiviste, une notion d'auteur qui reste hors de son œuvre et qui la précède (à la fois en sens logique et temporaire). Cette hypothèse écarte aussi l'explication du texte en question en tant qu'effet de sens (qui est virtuellement accessible à tous les lecteurs, et à partir duquel on peut rendre compte de son expérience littéraire), et considère l'auteur comme la cause de son texte, elle l'isole et le totalise comme l'unique principe générateur de son œuvre qui reste hors de la portée de sa propre production et de ses produits.

La fonction d'auteur restreinte des textes trouvés affecte aussi la notion d'œuvre. Comme je l'ai déjà signalé, c'est en partie la publication autorisée – au moins dans la modernité – qui rend l'œuvre immuable, qui accomplit sa constitution comme objet idéal et qui fonde son identité herméneutique. Le lecteur a un regard sur l'œuvre achevée qui est *per definitionem* interdit à l'auteur, au moins si l'on accepte le partage que fait J.-P. Sartre dans *Qu'est-ce que la littérature?* entre le rôle du lecteur et celui de l'auteur dans le processus littéraire. Selon Sartre « l'écrivain ne peut pas lire ce qu'il écrit » et – avec un « nous » qui veut dire auteur, créateur – « même s'il apparaît aux autres comme définitif, l'objet créé nous semble toujours en sursis : nous pouvons toujours changer cette ligne, cette teinte, ce mot ; ainsi ne *s'impose-t-il* jamais » (Sartre, 1948, p. 46). Le lecteur qui est invité dans l'atelier de l'écrivain risque de ne plus reconnaître l'identité (herméneutique) de l'œuvre, de se trouver en face d'une dissemblance de différentes versions, et de perdre ainsi sa capacité à interpréter l'œuvre dispersée dans ses versions. Il peut se trouver dans la même situation comme l'auteur qui ne voit sa propre œuvre qu'en construction, qu'en tant que série de possibilités et de choix à faire, mais qui est, à vrai dire, incapable de l'interpréter.

On peut souligner cette négativité de la non-œuvre d'un autre point de vue théorique. Le problème de l'interprétation des œuvres illimitées ou trop ouvertes a déjà été soulevé par U. Eco dans *L'Œuvre ouverte* et repris par L. Jenny dans un article intitulé *Retour sur la notion d'œuvre* (Jenny, 2002, pp. 3-12). « Une œuvre est *ouverte* aussi longtemps qu'elle reste une *œuvre*. Au-delà, l'ouverture s'identifie au *bruit* » (Eco, 1962, p. 136).

Dans une certaine mesure la poétique de l'œuvre ouverte peut paraître une théorie apte à rendre compte de la situation de lecture dans laquelle le lecteur se trouve devant des textes trouvés. D'après les descriptions d'Eco, la réception de l'œuvre ouverte exige une plus grande liberté d'interprétation, elle promeut le lecteur dans la position du co-auteur de l'œuvre. L'œuvre ouverte est « une invitation à *faire l'œuvre* avec l'auteur », ce qui est vraie aussi pour la réception des textes trouvés. Toutefois, Eco précise qu'il s'agit d' « une invitation [...] orientée, à une insertion relativement libre dans un monde qui reste celui voulu par l'auteur ». (Eco, 1962, p. 35) La conception de l'œuvre dans la théorie d'Eco reste fidèle à une tradition dans laquelle « seule mérite le nom d' 'œuvre' une production qui est due à une personne et qui, à travers la diversité des interprétations, demeure un organisme cohérent – conservant, de quelque façon qu'on l'entende ou la prolonge, cette empreinte personnelle à quoi elle doit son existence, sa valeur et son sens » (Eco, 1962, p. 35). Certes, l'auteur restreint des textes trouvés laisse toujours à repérer une « empreinte personnelle » dont parle Eco et on est également loin du « singe dactylographe » évoqué par L. Jenny (à la suite de N. Goodman) (Jenny, 2002, p. 10) qui produit gratuitement, sans aucune intention et conscience créatrice un objet devenu à son tour objet de l'interprétation humaine. Mais les lecteurs des œuvres en chantier, des écrits expérimentaux les plus divers (souvent issues d'une écriture ordinaire comme correspondances, agendas, carnets, journaux intimes etc.) en marge de la production artistique destinée à la publication doivent supposer une intentionnalité différente de l'œuvre et de l'auteur par rapport aux lecteurs des œuvres ouvertes. Chez Eco une œuvre est structurellement conçue par son auteur pour rester ouverte aux diverses attributions de sens établies par son lecteur, ce qui n'est pas le cas des textes trouvés privés de cette sorte d'intentionnalité.

Ready-made, œuvre conceptuelle

Si la théorie de l'œuvre ouverte ne nous aide que partiellement à comprendre la réception des textes trouvés, il y a deux autres concepts qui me semblent incontournables dans cette réflexion théorique. Les deux viennent du domaine de l'art : il s'agit du *ready-made* et de l'*œuvre conceptuelle*.

Quant au ready-made dont la fortune critique ne s'arrête pas de croître, les différentes interprétations mettent surtout l'accent sur le rôle quasi demiurgique de son auteur, c'est-à-dire de celui qui choisit un objet et choisit d'en faire un objet d'art, sur le rôle des institutions artistiques, sur la banalité de sa manifestation matérielle. C'est ce dernier trait qui retient l'attention de G. Genette dans le premier tome de son étude *L'Œuvre de l'art*, et c'est pour cette raison qu'il choisit le ready-made comme œuvre paradigmatique pour fonder un « régime conceptuel » (Genette) de l'art. Pour le récepteur du ready-made et d'une œuvre conceptuelle

> l'œuvre [...] s'attache à l'acte de proposer comme œuvre d'art un objet ou un événement dont les propriétés sont ordinairement ressenties comme non-artistiques ou anti-artistiques : objets industriels de série, vulgaires, kitsch, ennuyeux, répétitifs, amorphes, scandaleux, vides, imperceptibles, ou dont les propriétés perceptibles importent moins que le procédé dont elles résultent » (Genette, 1994, p. 167).

Ce mode conceptuel de l'existence de certaines œuvres – qui est un parmi (fait partie de ?) plusieurs modes de transcendance – s'applique aussi aux objets idéaux comme des textes. Dans ces œuvres, un concept, un projet transcende leur propriété textuelle et écarte le lecteur de la textualité de l'œuvre pour supposer l'existence d'un projet créateur plus important pour le fonctionnement artistique de l'œuvre. Néanmoins, le régime conceptuel n'est pas une propriété tout à fait indépendante d'une œuvre, on devrait plutôt parler de l'*effet conceptuel,* parce que, selon Genette, « le fonctionnement conceptuel d'une œuvre est toujours en partie *attentionnel,* c'est-à-dire dépend toujours du type d'attention que lui porte son récepteur » (Genette, 1994, p. 170), ce qui revient à dire, que, dans une certaine mesure, toute œuvre peut être conceptuelle et dans une certaine mesure aucune ne l'est. Mais comment éviter que l'effet conceptuel tourne en un jeu gratuit des récepteurs? Genette fait ici un modeste appel à l'intention de l'auteur qui devrait limiter le pouvoir interprétatif du lecteur pour conclure que

> l'état conceptuel s'applique (ou ne s'applique pas) au coup par coup, œuvre par œuvre, et selon une relation fluctuante entre l'intention de l'auteur et l'attention du public, ou plutôt du récepteur individuel. Il n'y a donc pas d'*art* conceptuel, mais seulement des *œuvres* conceptuelles, et plus ou moins conceptuelles selon leur mode de réception. (Genette, 1994, p. 175)

Un historien de l'art moderne pourrait sans doute critiquer cette argumentation qui laisse à l'ombre la question de l'évolution historique de l'art et de l'évolution de la réceptivité du public. Ce qui n'empêche pas de rapprocher le fonctionnement des textes fragmentaires trouvés aux œuvres conceptuelles telles qu'elles sont décrites par Genette. Le mode de transcendance des textes trouvés s'impose doublement à leurs lecteurs. D'abord, comme réduction conceptuelle qui nous présente les fragments en question en tant qu'une *non-œuvre d'un non-auteur, ou plutôt en tant qu'une œuvre restreinte d'un auteur restreint*. Un savoir philologique et biographique, en tout cas extérieur et contingent par rapport à l'univers textuel, devient décisif pour le lecteur qui cherche une intentionnalité propre au texte, et ce savoir le renvoie en dehors des constituants textuels. Dans une certaine mesure chaque publication sans autorisation de l'auteur est un acte de provocation, une révélation ironique du pouvoir institutionnel et culturel dans la constitution d'une œuvre d'art, et comme telle, elle s'inscrit dans une tradition de l'avant-garde historique d'où elle a emprunté ses modèles à l'instar de l'objet trouvé et du ready-made.

Deuxièmement, le mode de transcendance des fragments trouvés renvoie le lecteur à supposer un projet générateur plus important que les constituants textuels eux-mêmes, un algorithme de production avec lequel on pourrait continuer le texte fragmentaire en question à l'infini, sans jamais arriver à une fin structurellement nécessaire. Les journaux intimes présentent un cas évident pour une telle organisation parce que chacune des notes journalières pourrait être supprimée sans que la composition globale de ces notes soit altérée (cf. Barthes, 1984, p. 436).

Mais il n'est pas difficile de remarquer les limites des ressemblances du ready-made ou de l'œuvre conceptuelle et du texte trouvé : à la différence du texte fragmentaire trouvé, le ready-made veut être une œuvre d'art, son auteur, celui qui le propose comme œuvre d'art, veut être artiste. La lecture des textes trouvés est caractérisée par une présupposition antithétique : l'auteur restreint des textes fragmentaires trouvés ne veut pas être l'auteur de sa production, il qualifie son produit plus ou moins explicitement comme un échec artistique, il doute de sa valeur. Le lecteur peut situer l'auteur du texte fragmentaire trouvé à mi-chemin entre l'auteur du ready-made et l'auteur d'un *objet trouvé*. Car l'objet trouvé n'a pas été consacré comme œuvre d'art, et s'il entre au musée, c'est seulement en tant qu'il fait partie du culte de celui qui l'a trouvé. Si l'on attribue un caractère d'œuvre à des textes fragmentaires trouvés, c'est seulement parce qu'ils présentent les propriétés d'une esthétique de l'anti-art fondée elle-même sur la négation de la notion traditionnelle d'œuvre. Néanmoins, les textes fragmentaires trouvés sont encore plus non-œuvres, car ils manquent cette *Kunstwollen* qu'on retrouve même dans les ready-mades les plus « purs ».

C'est ici que je retourne à l'aspect autobiographique des textes fragmentaires trouvés pour répondre à la question : avec quelle notion d'auteur et quelle conception d'œuvre peut-on donc travailler en tant que lecteur des textes fragmentaires trouvés ?

Rature et l'espace autobiographique : « le drame de l'écriture »

On peut à juste titre supposer qu'à l'instar du lecteur implicite, chaque texte a son auteur implicite, et que la figure de cet auteur implicite est fabriquée par le lecteur (pour comprendre l'œuvre). Cet auteur implicite peut être saisi au plan d'un texte particulier, comme métalepse par exemple, mais il peut être décrit aussi au niveau de l'ensemble des textes d'un même auteur, me semble-t-il, dans le réseau des diverses positions et situations d'énonciations de son univers textuel où ses écrits se contextualisent mutuellement. Ce point de vue nous permet de situer l'auteur dans l'ensemble de ses œuvres (opus), de le considérer comme un principe intertextuel, qui dépasse évidemment les stratégies textuelles et rhétoriques. Y jouent aussi l'acte de publication, l'histoire de l'écriture, l'histoire de la publication, la vie ultérieure d'une œuvre, le culte éventuel autour de leur auteur. L'activité de l'auteur recouvre aussi le regroupement et le tri de ses textes, les différentes stratégies extra-textuelles par lesquelles il essaie de maîtriser, de canoniser l'interprétation de ses œuvres. Certes, rien ne garantit le succès de ses efforts, mais ils sont significatifs pour ses lecteurs et ils peuvent expliquer certains effets de sens de son œuvre. Et pour revenir à la question de l'autobiographie, à travers cette figure d'auteur on peut mieux comprendre aussi les enjeux autobiographiques d'une œuvre. Dans l'espace autobiographique, expression que j'emprunte à Philippe Lejeune (Lejeune, 1975, pp. 168-169), on peut esquisser les relations des différents types d'écriture, des genres employés, de l'économie du dit et du non-dit, et on peut mesurer les degrés de l'intimité à l'intérieur d'une même œuvre.

L'interprétation de textes trouvés, fragmentaires, inachevés, publiés sans l'autorisation de leurs auteurs exige une autre sorte de participation du lecteur dans la construction de l'œuvre que celle des textes achevés et publiés par leurs auteurs. A l'aide de la critique génétique, on peut modeler l'histoire de l'engendrement d'une œuvre. Avec la comparaison du manuscrit et des différents versions d'une œuvre, l'observation des régularités de la réécriture et de l'autocensure on peut reconstruire un projet d'écriture de l'auteur, plus précisément les modifications et la logique de la formation de ce projet. Cette démarche peut avoir une valeur heuristique pour l'interprétation des textes trouvés, inachevés, etc. « La littérature, c'est la rature » disait Barthes, et sous l'égide de son autorité je traduis « inachèvement » dans un sens fort comme

« rature » dont l'ultime signe est de renoncer à pratiquer l'une des plus importantes fonctions de l'auteur : son droit de publier. A la recherche des explications possibles de l'inachèvement, on ne doit pas forcément recourir à des raisons biographiques contingentes, mais on peut le présenter comme un conflit
insoluble des différentes conceptions poétiques et esthétiques mises en œuvre pendant le processus d'écriture. On peut révéler cet espace conflictuel,
les tensions entre différents mouvements poétiques, philosophiques, psychologiques et idéologiques par la narrativisation, ou plutôt par la dramatisation
de l'histoire de l'écriture dans le discours critique : L'espace conflictuel est
(re)présenté sous forme d'un « drame de l'écriture », c'est-à-dire comme une
lutte de ces considérations qui peuvent expliquer l'inachèvement d'une œuvre. Le conflit interne d'une œuvre (singulière) peut être expliqué par l'œuvre
(opus).

BIBLIOGRAPHIE

Eco, U. (1965) : *L'Œuvre ouverte*. Seuil, Collection « Points », Paris, (traduit par Chantal Roux).

Barthes, R. (1984) : Délibération, in : *Le Bruissement de la langue*. Seuil, Collection « Points », Paris, pp. 423-439.

Genette, G. (1994): *L'Œuvre de l'art*. Seuil, Paris.

Jenny, L. (2002) : Présentation : Retour sur la notion d'œuvre, *Littérature*. 125, mars 2002, pp. 3-12.

Lejeune, Ph. (1975) : Gide et l'espace autobiographique, in : *Le Pacte autobiographique*. Seuil, Collection « Points », Paris, pp. 165-196.

Sartre, J.-P. (1948) : *Qu'est-ce que la littérature?*. Gallimard, Collection « Points », Paris.

L'œuvre littéraire sans frontières. Avant-textes chez Gustave Flaubert et Jean Rouaud

par Hans Peter Lund

Éléments de théorie

L'œuvre est étymologiquement une « activité » (*opera*). Si l'on « est à l'œuvre », on est en train d'agir, non sans peine peut-être, et cela dès le XIVe siècle. De nos jours, un « metteur en œuvre » est encore celui qui monte les perles ou les diamants en leur donnant une châssure.

L'œuvre n'est donc pas seulement le texte, l'œuvre publiée ou transmise et lue ; le terme désigne implicitement le travail en soi, puis après, l'accompli. L'œuvre est la production d'un auteur, dit Louis Hay, l'opération textuelle comme processus. La notion de l'œuvre, contrairement à celle du texte, désigne ce processus. Julia Kristeva (1972) voulait voir dans le phéno-texte un produit fini, et dans le géno-texte un *engendrement* syntaxique et sémantique, lui-même « irréductible à la structure engendrée », donc une « productivité sans produit ». Nous aborderons plus loin un exemple de cet engendrement sans résultat trouvé chez Flaubert.

La théorie de l'œuvre comme production implique l'idée d'un glissement, d'une osmose ou d'une perméabilité entre différents moments et états de textes ou de morceaux de textes; entre différents genres aussi, modèles mobilisés pour la formation textuelle. Dans notre optique, il n'est pas question de revenir sur la critique génétique, dont les résultats sont indiscutables, mais de reconsidérer le statut des intertextes, des sociotextes, des pré-textes et autres avant-textes, de tout élément textuel au sens large – incipits, topoï convenus, images d'une vision du monde individuelle ou sociale, formes génériques comme la fin d'une nouvelle, etc. – de tout élément donc « entrant » dans l'œuvre (et, par là même, l'ouvrant), et contribuant aussi à la *constitution* de celle-ci ; le cas du travail d'un écrivain actuel, Jean Rouaud, servira d'exemple. Il s'agit des concepts et phénomènes suivants :

- *Intertexte* : Le terme est incongru, parce qu'il n'y a rien *entre* les textes. Il y a des textes dans les textes : des citations et des références, voilées ou directes, des reprises et des transferts de morceaux de textes éventuellement modifiés ; les textes ont *en partage* ces morceaux de textes. – Exemple : Julien Gracq, dans *Un beau ténébreux*, établit la première étape d'une *poétique de la référence* qui va singulariser l'œuvre entière de cet écrivain (Boie, 1989, p. 1163). Gracq donne sa propre définition de l'intertexte dans « Pourquoi la littérature respire mal », quand il parle de « l'épais terreau de la littérature qui a précédé [tout livre] » (cit., *ibid.*, p. 1164). Parmi les intertextes, la *citation* occupe évidemment une place des plus importantes, cf. Compagnon (1979). Éric Le Calvez (2002, p. 33) dit à propos des intertextes « que l'on [les] voit à l'œuvre dans les brouillons, suivant des parcours d'intégration, de réécriture ou de rejet ». On parlait autrefois de sources, terme désuet, parce que reflétant l'ancienne idée de germination, de croissance et de floraison.

- *Hors-texte* : Dans la théorie sociocritique de la représentation, c'est ce qui forme cadre et référence, mais figure dans le texte : celui-ci y renvoie *comme à quelque chose* (des choses justement, ou des personnages, ou encore des situations) situé en dehors de lui. Ce hors-texte peut être considéré, dans l'œuvre, comme contextualisation du contexte-référence (cf. Laforgue, 2003, p. 545, et Vaillant, 2003, p. 552).

- *Sociotexte* : Discours social, pseudo-citations de différentes manières de dire, de citations réelles ou pseudo-réelles. Le sociotexte fait partie du *hors-texte* dans la théorie de Claude Duchet (cf. Duchet, 1994).

- *Pré-textes* : Notes précédant le texte de l'œuvre et ses avant-textes, comprenant des « inspirations », des « souvenances », des « images », des documentations griffonnées dans des carnets de notes de travail.

- *Avant-textes* : Textes-brouillons, premiers jets, premières versions, prenant place, dans les différentes étapes du texte, entre les pré-textes et l' »œuvre »[5] au sens de texte terminé. Les avant-textes sont immédiatement « périphériques » par rapport à cette œuvre (cf. Le Calvez, 2002, p. 33).

- *Texte-types* : Genres littéraires et registres de textes pris en considération pour la forme de l'œuvre, abandonnés parmi d'autres modèles ou réalisés partiellement ou intégralement dans l'œuvre ; c'est ainsi que la fiction narrative réaliste absorbe le registre journalistique (Lund, 2000), l'autofiction le registre de la confession, les mémoires celui de l'histoire, etc. (cf. Rouaud, 2004, p. 57).

Nous proposons de regrouper tous ces phénomènes, qu'il faut se figurer comme précédant l'œuvre, sous le seul terme d'*avant-textes*[6]. Morceaux ou modèles de textes, matière ou souvenirs formant l'étoffe de l'œuvre, ils nous guident vers l'œuvre et parfois réapparaissent dans celle-ci comme on applique, dans un *collage*, le morceau de réalité évoquant le monde qui précède le dire.

Interrogé sur la genèse d'*Un Balcon en forêt*, Julien Gracq évoquait la pré-histoire du texte qui se présente comme « quelque chose de tout à fait emmêlé et anarchique, où il serait bien difficile de retrouver les étapes d'une démarche ordonnée », mais qui implique des faits, des sensations, des images, des lectures, des souvenirs, des paysages (cit. Boie, 1995, p. 1277). Ailleurs, il semble se prononcer contre une « critique peu préoccupée de la traction impérieuse vers l'avant qui met la main à la plume », une critique qui regarde le livre « comme un champ déployé » et ne fait qu'y chercher des symétries, des harmonies d'arpenteur, alors que tous les secrets opératoires y relèvent exclusivement de la mécanique des fluides » (Gracq, 1995, p. 584).

En nous servant d'une autre métaphore, nous dirions que le texte sortira de ces fluides ou de ce glissement comme un espace ouvert à tous les vents. Nombreux sont en réalité ceux qui, depuis quelques décennies, insistent sur l'étude des avant-textes. Ainsi Peter Szondi, dans son essai « Sur la connaissance philologique » :

---

5 Cf. Céline cité par Antoine Compagnon (1979, p. 37): « Ça fait du 80 000 pages pour arriver à faire 800 pages de manuscrits, où le travail est effacé. On ne le voit pas. [...]. »

6 Terme proposé en 1972 par Jean Bellemin-Noël, cf. Hay, 1985, p. 152.

> Une des tâches les plus importantes de l'approche scientifique des tex-
> tes consiste à reconstruire leur genèse à l'aide de versions antérieures,
> tâche qui est en même temps au service de l'interprétation [...] les le-
> çons appartiennent bien à l'œuvre comme à sa genèse [...].[7]

Questions de méthode

Ce que nous venons d'avancer vaut surtout comme théorie. Méthodologique-
ment, lorsqu'on étudie les œuvres concrètes et les avant-textes qui y conduisent, il faut faire la distinction entre

- les notes, scénarios et autres avant-textes de l'écrivain griffonnés en
  vue d'un texte fini, et ne cessant de faire partie de ce texte en leur
  qualité d'œuvre préparatoire ou de 'travail-texte' ;
- les sociotextes préexistant, eux, de toute façon, à l'œuvre ;
- les intertextes préexistant, eux aussi, et continuant d'exister (même
  sous forme de souvenirs, etc.).

L'œuvre est donc ouverte dans quatre directions, au moins, *en amont* :
- vers les écrits personnels appartenant à l'écrivain ;
- vers les discours collectifs et souvent anonymes ;
- vers des énoncés signés par d'autres ;
- vers les (prétendus) souvenirs et autres éléments formant matière.

Autant de passages vers le texte terminé dont il faut tenir compte, lorsqu'on
applique la *méthode plurigénétique* que nous proposons. Entrent dans cette
méthode, on l'aura vu, une prise en compte, chère à Claude Duchet, fonda-
teur de la sociocritique, de la « synergie » de « l'activité génétique (entendue
comme processus créateur) et de l'activité sociogrammatique »[8]. La méthode
cherche à intégrer dans l'étude des textes littéraires, comme l'a proposé Du-

---

7   Texte paru en 1962 dans la *Neue Rundschau*, cité d'après Szondi, 1981, p. 23.

8   Nous citons Claude Duchet interviewé par Anne Herschberg-Pierrot et Jacques Neefs dans
    Genesis, 6, 1994, p. 118. Claude Duchet insiste, par ailleurs, sur le fait que « le point de
    départ reste le texte », et que l'avant-texte n'intervient « qu'à partir de la lecture du texte »
    (ibid., p. 119), point de vue qu'une orientation philologique, qui est en partie la nôtre, ne
    saura partager.

chet, « des phénomènes qui relèvent à la fois de l'intertextualité, de l'intra-textualité et de l'interdiscursif »[9], en faisant « entrer dans l'avant-texte tout ce qui accompagne le processus producteur ».

Nous avons mentionné les genres, textes-types, thèmes et *topoï* précédant l'œuvre ; ils appartiennent traditionnellement à *l'histoire de la littérature*. Une bonne méthode qui se voudrait intégrale opérerait aussi dans cette histoire considérée, selon nos habitudes, comme une dynamique *progressant* vers de nouvelles formes en aval. Cependant, il faudrait aussi regarder dans la direction opposée : *en amont*, donc, les œuvres *reprenant* dans une même trame les modèles appartenant à la tradition générique, thématique et topologique – et cela en même temps que les notes manuscrites, les scénarios à développer, c'est-à-dire toute la gestation personnelle.

Un autre avant-texte, tenant lui aussi de l'histoire de la littérature, est l'inévitable pression sur l'auteur venant de ses confrères : les multiples cas de collaboration lors de la *poiesis* (cf. Steiner, 2001, p. 108), donc d'influences réciproques synchroniques, où l'avant-texte se modifie, si l'on peut dire, en *synchro-texte*, comme chez Apollinaire et les peintres cubistes, chez Cendrars et les Delaunay ; La pression peut facilement venir de beaucoup plus loin, et le moment créateur devenir, comme l'exprime George Steiner, « très peuplé » (ibid., p. 109). Dans Joyce il y a Homère, dans Thomas Mann, Goethe, dans Chateaubriand, Virgile.

La dynamique de l'œuvre serait donc saisissable, pour finir, dans une perspective littéraire, sociologique et personnelle ; elle est ouverte, non seulement au sens proposé par Umberto Eco, mais également au sens inverse : en amont.

Flaubert

Les carnets de travail de Flaubert représentent très exactement cette *œuvre* qui au sens propre du terme forme avant-texte. Ces carnets appartiennent à *l'exogenèse* (Le Calvez, 2002, p. 15), à ce qui advient de l'extérieur avant le texte, et même avant les premiers brouillons. Selon l'éditeur des carnets, P.-M. de Biasi, il s'agit de « relevés de choses vues, de propos rapportés ou entendus, croquis ou dessins pris sur le motif, lettres d'amis donnant des instructions ou des anecdotes utiles, notes de lectures, carnets d'enquête, coupures

---

9   Ibid., pp. 120, 122.

de journaux, sténographies d'interviews ou d'entretiens, marginalia ou fragments de textes imprimés, indications bibliographiques, confessions, mémoires et rapports, etc. ». On voit ici que nous avons affaire aux trois spécimens d'avant-textes que je viens d'évoquer : discours anonymes, signés, ou appartenant à l'écrivain. En particulier, le nombre de lectures faites par Flaubert est colossal, et lui aussi a écrit ses livres à partir de milliers d'autres livres.[10]

Arrêtons-nous à cette multiplicité. Selon le slogan bien connu de Flaubert, « l'Art n'a rien à démêler avec l'artiste »[11]. L'œuvre est extérieure à l'artiste, elle relève d'autres domaines, des savoirs qui ne lui appartiennent pas exclusivement, des figures humaines qu'il a observées, et du discours social, etc. Flaubert a beau présenter *Madame Bovary* comme un roman totalement inventé[12], le hors-texte y pénètre de toutes parts, et l'art, avoue-t-il, est toujours « une représentation »[13].

Le carnet 20 de Flaubert est particulièrement probant, n'aboutissant à aucun texte terminé et publié, voire à aucun texte du tout. Il se présente comme un avant-texte pur, une *opera sine opera*. Bien des carnets peuvent être lus comme autant d'avant-textes aux romans et contes de Flaubert que nous connaissons ; leur importance est *relative* au sens fort du terme. Mais le carnet 20, qui ne mène nulle part, est l'avant-texte d'un texte hypothétique. Il montre que le texte littéraire peut « exister » à l'état exclusivement virtuel.

Le carnet en question[14] comprend des idées plutôt vagues, des pensées plus précises, des scénarios assez peu détaillés visant l'action et l'intrigue d'un roman qui n'a jamais vu le jour. Ce roman est projeté sous le titre « Sous Napoléon III » (avec des variantes : « Le Bourgeois au XIXe siècle », « Un Ménage parisien [/] Sous Napoléon III »), et il aurait inclus, du moins en partie, l'image de personnes réelles que Pierre-Marc de Biasi s'ingénie à retrouver : Emile Olivier, homme politique, et Eugène Janvier, préfet ; Henriette Collier et Mlle Canrobert, jeunes femmes connues de Flaubert ; Marcellin, jour-

---

10 Voir « Qu'est-ce qu'un brouillon ? Le cas Flaubert : essai de typologie fonctionnelle des documents de genèse», *in* : *Pourquoi la critique génétique ? Méthodes, théories*, éd. Michel Contat et Daniel Ferrer (1998).

11 Lettre du 26 juillet 1852) ; Flaubert répudie l' »éternel moi » (14 novembre 1850).

12 Lettre du 18 mars 1857. La chose est simple, pourtant, si l'on admet que Flaubert parle de l'action ou de l'intrigue ou de l'histoire racontée.

13 Lettre du 13 septembre 1852.

14 Voir Flaubert, 1988.

naliste et rédacteur, etc. Les idées démocratiques de l'époque, l'Empire, la Commune auraient été utilisés par Flaubert (F° 23 parle d'un « *roman moderne parisien* »). F° 11, puis F° 13 sont des scénarios d'ensemble pour un roman sur « la dégradation de l'Homme par la Femme », avec comme héros un démocrate libre penseur qui tombe amoureux d'une femme bien-pensante et catholique qu'il sauverait pendant la Commune, et pour laquelle il se démoraliserait. Flaubert s'aventure dans deux directions, deux histoires ou intrigues dans lesquelles il s'embrouille (F° 14 : « quel sera le lien ? Tout le roman, comme action, est dans le lien. Il faut un but commun »). Le drame social, le drame moral et le drame historique lui posent problème. Mais le fourmillement de personnages et de lieux et de circonstances réels, de caractères et de types rencontrés est frappant, surtout lorsque l'écrivain pense à élargir le cadre historique du projet pour remonter jusqu'au Consulat (F° 23). Ainsi, le carnet 20 nous dirige indubitablement vers un hors-texte historique, vers un discours social, et vers un genre romanesque assez précis : le roman réaliste et historique cher aux romanciers du XIXe siècle. Selon Du Camp, Flaubert aurait projeté une suite à *L'Education sentimentale*, un roman frôlant comme celui-ci le roman historique. Mais le nouveau « roman du second Empire ne mordait guère sur son esprit », disait Zola[15], et il n'en existe aucun brouillon proprement dit.

Ecrire, à partir de là, le roman que Flaubert avait en tête, aurait supposé d'autres choix aussi, du côté des souvenirs personnels. Bien des inspirations remontent à des choses vécues, tels Trouville et le bateau *La Normandie* (F° 14V°). Ces choix représentent pour Jean Rouaud, admirateur de Flaubert, un premier pas vers les sujets du célèbre romancier qui *choississait* parmi ses « amonts », ou avant-textes au sens plus général, pour *Madame Bovary*, cette femme normande, Mme Delaunay, que lui proposaient Bouilhet et Maxime de Camp, bien que cela nécessite un retour en Normandie :

> Ce qui revient [selon Jean Rouaud] à proposer à un cheval de s'atteler à une charrue, mais l'idée fait son chemin. […] La Normandie. Autrement dit tout ce que Flaubert déteste, tout ce qui lui sort par les yeux et qu'il cherche à fuir dans ses mirages orientaux.[16]

---

15 Cit. par Biasi, Flaubert, 1988, p. 550.

16 Rouaud, 2001, p. 27-28.

« Flaubert s'applique », dit encore Rouaud. Il se documente comme nous pouvons le voir dans le carnet 20, non pas pour faire du réalisme (« c'est le vrai à bon marché »[17]), mais pour façonner – travail du *metteur en œuvre* – le réel collectif selon un style adapté et un cadre hors-texte personnel. Dans le cas du carnet 20, donc, on se trouve devant les multiples couches d'un avant-texte existant sans texte.

Jean Rouaud

Pour Jean Rouaud, lui-même romancier et théoricien du roman, il s'agit de partir de « l'informulé », de déployer ses ailes d'écrivain et d'avancer vers une naissance *en texte*, d'aller du silence au dire. Le projet implique la personne : c'est un acte pour « s'arracher aux ténèbres, se rendre visible »[18].

Afin d'opérer ce passage, « il suffit de passer par où l'on ne sait pas »[19]. Aucune préparation, donc, aucuns « carnets entiers de notes ». Rouaud préfère l' « errance ». Mais cette errance n'est pas faite au hasard : l'auteur préparant son texte erre principalement autour de l'image de la mort, celle du père, ou encore celle du passé. Le résultat est « un champ de croix » – en sortant du texte le lecteur, lui aussi, se trouve tout « stigmatisé »[20] ! Mais la mort implique l'idée d'une résurrection, ne serait-ce que dans le passage vers le texte.

De là l'importance évoquée dans son livre *L'Invention de l'auteur,* des souvenirs, autre forme d'avant-textes, avec, au centre, la figure du père :

> [...] il y eut tant de repeints, que je ne sais même plus à quoi ressemblait l'original. Il est devenu celui par qui ces livres [sur l'enfance et la jeunesse à Campbon] ont été écrits, une fiction littéraire. De sorte qu'aujourd'hui je serais bien incapable d'en faire un portrait-vérité. Quel rapport entre ce personnage de roman et le fils d'un grossiste en vaisselle et autres ustensiles de ménage, né et mort à Campbon, Loire-Inférieure ?[21]

---

17 Ibid., p. 49.

18 Rouaud, 2004, p. 15.

19 Ibid., p. 17.

20 Ibid., p. 113.

21 Ibid., p. 104.

Pour retrouver cette figure, il rôde dans le « préalable de l'écriture », dans un coin de la France, une Bretagne très réelle, un peu comme la Normandie de Flaubert:

> [...] il m'avait fallu du temps avant d'aborder cette histoire des miens, à laquelle je n'avais songé que tardivement et pour tout dire, par défaut, m'y engageant presque à reculons, la mort dans l'âme [...]. Comme si la littérature pouvait passer par Campbon [en Loire-Inférieure], emprunter les routes étroites tachées par le passage des troupeaux, frayer avec des figures aussi quotidiennes, chausser d'aussi vilains sabots.[22]

Dans *La Désincarnation*[23], Rouaud souligne comment Flaubert, outre qu'il puise sa documentation dans des livres ou autres formes d'écrits, procède à un « appontement sur le réel », en retournant en Normandie pour y écrire *Madame Bovary* et reprendre pied dans un monde connu après le « lyrisme » de *Saint Antoine*[24] et le voyage exotique qui l'a mené en Egypte ; Flaubert, dit Rouaud, « va chercher son inspiration dans les pages régionales »[25].

 La Désincarnation traite, dans sa première moitié, de la représentation de ce réel chez Flaubert. Mais comment se comparer à cet écrivain qui veut rester en dehors de son œuvre, quand lui, Rouaud, prend son point de départ dans ses propres souvenirs ? Pour étayer la comparaison, il cite l'exemple de Claude Simon et les reprises dans les romans de celui-ci de l'image-souvenir du cavalier mitraillé par les soldats allemands. Dans ce cas comme dans celui de Rouaud lui-même, « la mémoire est une fiction mouvante »[26]. Ainsi, on invente à peine quoi que ce soit, mais la mémoire sert à la construction de l'œuvre, « comme on conçoit l'aménagement d'un musée »[27].

 En même temps, on gagne quelque chose. Pour Rouaud comme pour Flaubert (et pour Chateaubriand, autre point de référence cher à l'écrivain

---

22 Ibid., p. 39.

23 Rouaud, 2001, p. 47.

24 Ibid., p. 29.

25 Ibid., p. 127.

26 Ibid., p. 12.

27 Ibid., p. 95.

breton), l'écriture possède une « force centrifuge »[28] : à partir des bribes de souvenirs, forme particulière d'avant-textes, on arrive aux autofictions. Et encore est-ce le *souvenir au second degré* qui dirige l'auteur vers ses textes sur le père disparu : « […] je retrouve non pas son souvenir, mais l'impression que m'a laissé son souvenir […] celui-là qui fut mon père rôde autour de son double romanesque […] »[29]. Toujours ce tâtonnement donc, dans l'incalculable avant-texte[30] :

> Suivez le guide qui ne suit rien, le chemin qui ne conduit nulle part. Suivez le texte qui ne ressemble à rien, qui se cherche, cherche sa forme, son sujet. Suivez la phrase qui ne sait pas où elle va, s'enroule sur elle-même, se développe et se ramasse […].[31]

Se ramasse sur quoi ? Par exemple sur le paysage dévasté de la Première Guerre mondiale[32], images qui constituent un « territoire tout neuf à explorer […] on se demande s'il ne vas pas finir par remplacer le monde lui-même»[33]. « L'exploitation d'une trace détruit la trace »[34], note-t-il avec astuce : l'avant-texte s'efface lentement, au rythme d'une œuvre qui absorbe les images du monde. En fin de compte, « l'écriture est une vaccination qui par le récit du monde prémunit du monde et de ses méfaits »[35]. L'écrivain se sauve par l'œuvre qui sert « à débrider [l']écriture, à la désentraver »[36] aussi de ce qui le précède, du sol, et du champ de travail de l'archéologue.

---

28 Rouaud, 2001, p. 14 : « C'est ainsi, c'est le mouvement même de l'écriture. A peine avez-vous commencé une phrase qu'elle vous fait dire des choses que vous ne soupçonniez pas, etc. »

29 Rouaud, 2004, p. 104-105.

30 Dans l'inconscient sans doute aussi, quoique la discussion portant sur l'épistémè de la psychanalyse applicable aux souvenirs n'est guère ouverte par Rouaud ; Louis Hay l'effleure, 1985, p. 150.

31 Rouaud, 2004, p. 57.

32 Ibid., p. 281.

33 Ibid., p. 131.

34 Ibid., p. 96.

35 Ibid., p. 287.

36 Ibid., p. 133.

Expérience et christologie chez Rouaud

On l'aura remarqué : Nous procédons à un développement et un élargissement importants du champ de recherche dans l'analyse génétique. Considérons maintenant un exemple d'avant-textes, au sens large que nous avons proposé, en continuant l'analyse du livre de Jean Rouaud *L'Invention de l'auteur* qui illustrera la fonction de l'expérience concrète de la vie (restée comme des souvenirs) *et* de l'intertextualité, celle-ci également dans un sens élargi, puisqu'il sera question de l'inspiration venue d'une œuvre d'art peinte.

L'ouvrage en question est publié après les cinq romans[37] où il est question de la famille de l'écrivain (et du narrateur), en particulier de son père et de sa mère, tout cela raconté sur le mode fictionnel ; le genre d'*autofiction* a été proposé pour désigner ce mélange d'invention et de souvenirs. Or, au départ, nous dit Jean Rouaud, son désir était plutôt de *bien* écrire que d'avoir quelque chose à écrire, donc de se faire remarquer par ses mérites esthétiques. Par la suite, il s'est aperçu de l'importance d'avoir quelque chose à écrire ; d'où l'invention de lui-même comme auteur, le fait de découvrir qu'il avait en lui la capacité d'être auteur. Barthes a devancé cette pensée, cette progression :

> (…) l'écrivain est un homme qui absorbe radicalement le *pourquoi* du monde dans un *comment écrire*. Et le miracle, si l'on peut dire, c'est que cette activité narcissique ne cesse de provoquer (…) une interrogation au monde : en s'enfermant dans le *comment écrire*, l'écrivain finit par retrouver la question ouverte par excellence : pourquoi le monde ? Quel est le sens des choses ?[38]

L'Invention de l'auteur[39] est un *paratexte*, un commentaire fourni par un écrivain et publié à côté de quelques œuvres littéaires où lui-même réapparaît comme je-narrateur. Soulignons pour éviter tout malentendu qu'il n'est pas question ici de relancer *l'auteur* comme une sorte de clé du texte, mais de proposer ce commentaire comme une ouverture du texte, de lui accorder une fonction qui égale celle de tout avant-texte (bien qu'il soit sans doute écrit

---

37 Voir nos références bibliographiques.

38 Barthes, 1964, p. 148-149.

39 N'oublions pas que l'expression « invention d'auteur » signifie aussi le pseudonymat ; on invente un nom pour se cacher. Pour Rouaud il s'agit, inversement, de se créer une personnalité d'écrivain extrovertie.

après les romans[40]) : celle de faire tomber les murs du texte (celui-ci n'est donc plus cet « îlot » dont parlait Roland Barthes[41]). A cet égard, Rouaud n'est pas comme les anciens qui hésitaient à expliquer leur « formation »[42]. Ceci dit, il ne s'agit pas ici d'étaler tout le réseau d'intertextes, ce « patchwork » immense qui se laisserait dégager des cinq romans de Rouaud. Nous limiterons nos réflexions au paratexte sur l'auteur et aux révélations qu'il contient.

Rouaud remonte généralement, comme Chateaubriand ou Proust, ou encore Claude Simon, ses auteurs préférés à côté de Flaubert, dans le temps et l'espace jusqu'à l'endroit et jusqu'au moment qui sert de point de départ à l'autofiction, et à partir duquel il propose une configuration étrange du sacré et du profane. Au cours des livres d'autofiction, il fixe le sacré dans des formes parfois choquantes, formes qui nous rapprochent d'une manière inquiétante de la mort, tout en élevant le profane au niveau de la transcendance et, inversement, en suggérant une identification du divin avec le profane et le privé.[43]

Dans cette opération, l'invention de l'auteur fait fonction de sa propre mise en scène. Cette invention se justifie par le fait que l'auteur n'assure plus – nous avons affaire aux temps modernes – la communication d'une certaine vision du monde générale, mais de celle qui est propre à l'individu. A quoi tient alors cette invention individuelle ? Qu'est-ce qu'on invente qui fait de vous un auteur ? S'il est vrai que l'auteur n'invente jamais rien (Balzac *dixit*, dans *La Fille aux yeux d'or*), que faut-il entendre par 'invention' et où commence-t-elle ? Sur quoi écrit-on alors ? Et comment ? Il est possible que l'auteur s'attache à plusieurs genres, pour sortir du dilemme du réalisme et de l'invention ; par exemple, selon Jean Rouaud, le roman réaliste s'inspire probablement du journalisme, et le cas de Flaubert (voir *supra*) confirme que la limite entre les faits divers des journaux et la fiction est floue. Cependant, pour Rouaud lui-même, les inspirations peuvent être ancrées dans ses propres expériences et fournir le fondement même de son *devenir auteur*, de l'invention de l'auteur, donc, et cela au moment même où il découvre ses accès à une

---

40 Rouaud, 2004, p. 40.

41 1973, p. 62 : « Reste un îlot : le texte .»

42 Sainte-Beuve dans son compte rendu du livre de Jules Taschereau sur Corneille, en 1829, cit. Brunn, 2001, p. 144.

43 Sur « la dalle de granit » couvrant le tombeau du père, une « croix couchée » (Rouaud, 1994, p. 117 ; Rouaud, 1996, p. 67) ; l'évocation de Lazare à l'occasion de l'enterrement de la mère, Rouaud, 1999, p. 95, etc.

prise de conscience du vrai, même dans la fiction, ce que l'auteur allemand Herta Müller a si bien nommé « erfundene Wahrnehmung », à la rencontre, donc, de la fiction et de la vérité. Herta Müller précise : « La mémoire tâche de reconstruire, aussi précisément que possible, ce qui a été, et sans que cela n'ait rien à voir avec la précision des faits. La vérité de la mémoire écrite est à inventer. »[44] C'est très exactement le procédé de Jean Rouaud, comme de beaucoup d'écrivains d'ailleurs.

Nous parlons ici encore de l'exogenèse du texte, qui est importante (on le voit chez un auteur comme Julien Gracq, nous l'avons dit, très conscient de ses « sources »). Cependant, l'auteur, que trouve-t-il, lorsqu'il il cherche parmi ses souvenirs des éléments « vrais » ? Des choses *et* des fantasmes, le vrai *et* l'inventé : Jean Rouaud nous a confirmé, dans un entretien, la présence de nombreux détails inventés dans ses romans : c'est à l'auteur de rétablir les plausibles « effets de réel », souvent à partir des choses réelles dont il se souvient vaguement, souvent même à partir de fantasmes (« Disons que la mémoire essaie de se débrouiller au mieux »[45]) ; si tout était encore évident pour l'enfant, la fin de l'enfance marque

> [la f]in d'un monde, en tout cas. D'un monde qui m'avait porté sans problème majeur jusque-là. Le monde de l'enfance avec ses certitudes, son ordre et ses frontières bien définies. Désormais le trouble s'impose comme la perception première. Fini la netteté des contours, la justesse d'un jugement, les lignes de partage tranchées. Tout se fond et se confond dans le flou.[46]

Dès lors, en même temps qu'on creuse la mémoire, obnubilée plus ou moins par la distance temporelle, l'auteur reprend son « invention en amont »[47] – le

---

44 ˮEs ist seltsam mit der Erinnerung. Am seltsamsten mit der eigenen. Sie versucht, was gewesen ist, so genau wie nur möglich zu rekonstruieren, aber mit der Genauigkeit der Tatsachen hat dies nichts zu tun. Die Wahrheit der geschriebenen Erinnerung muss erfunden werden", Müller, 1997.

45 Rouaud, 2004, p. 123. Jean Rouaud nous racontait l'exemple des « pointes de lances dorées », à l'entrée du cimetière de Campbon, qui ne le sont effectivement pas du tout (Rouaud, 1999, p. 63).

46 Ibid., p. 282.

47 Ibid., p. 279.

détail des corps squelettiques déterrés et ramenés du front dans *Les Champs d'honneur* est typique à cet égard[48]. Le texte qui sort de cette opération double est pluriel, comportant des avant-textes, des avant-images, dans ce que Barthes appelait une « pluralité » – d'où l'image si bien trouvée, chez ce critique, du « Wadi » que le lecteur parcourt en admirant les différentes lumières et couleurs et en écoutant différentes voix. Le texte présente une combinaison de ce qui est entendu et de ce qui est vu, et la promenade se caractérise par des différences internes qui nous renvoient à des différences externes. Le texte entre dans une « intertextualité ». Ce qui ne désigne pas une « origine », selon Barthes.

Mais pourquoi pas, au fond ? Pourquoi le texte ne contiendrait-il pas des mots de passe pour aller vers ses avant-textes ? Savoir d'où viennent ces lumières, ces couleurs, où se situe cette matière diffuse qui forme les bribes de notre mémoire, c'est s'inventer comme auteur et se mettre en marche pour aller quelque part. Chez Flaubert, ces bribes entraient dans les Carnets ; Rouaud les étale sous une autre forme dans son paratexte sur *L'Invention de l'auteur*.

Concrètement, cette invention a pris forme, lorsqu'il a compris pourquoi, dans ses différents déménagements, il n'abandonnait jamais certains manuscrits, écrits à la plume, où son père avait copié une description de leur petite ville en Bretagne. Il y a une écriture avant la sienne, lui qui n'avait jamais espéré se faire remarquer que par l'esthétique, par une belle écriture. Son prédécesseur, mort à l'âge de quarante-et-un ans, a quasiment légué à l'héritier le fait d'écrire[49], et celui de disparaître. Combinons l'écriture et la disparition, et nous aurons une œuvre où réapparaît, voire renaît l'absent, une figure écrite, une ombre, celle du disparu (« Alors, disons que celui-là qui fut mon père rôde autour de son double romanesque, que l'un est l'ombre de l'autre »[50]). Dans ses livres d'autofiction, Rouaud déterre les morts (dans *Les Champs d'honneur*, enterre mais n'abandonne jamais le père mort, avec lequel il ne cesse de dialoguer[51]) et fait de ces ancêtres autant d'ombres vivantes, de spectres provenant du cimetière de la vie : Un livre est un « champ

---

48 Rouaud le révèle dans 2004, p. 121-122.

49 Ibid., p. 304-305.

50 Ibid., p. 105.

51 Rouaud, 1999, p. 181.

de croix »[52]. Son avant-texte est dans sa mémoire et son passé, et jette encore – pour toujours, paraît-il – une ombre sur le présent. Mais c'est « [l]a vie, la mienne » qui finalement remonte à la surface de l'écriture, comme un second avant-texte.

Or, le propre de l'(auto)invention de l'auteur chez Rouaud, c'est que ces expériences vécues, si l'on peut dire, sont mélangées à des découvertes christologiques et d'autres éléments provenant du catholicisme[53]. On sait d'après l'œuvre autofictionnelle que la figure de l'apôtre Jean est l'objet d'une curieuse identification de la part de Jean Rouaud ; on sait désormais aussi que la peinture de Georges de La Tour « Le Christ avec saint Joseph dans l'atelier du charpentier »[54] fonctionne comme un intertexte peint ou un avant-texte allégorique de lui-même et de son père. L'invention, dès lors, peut se situer dans la transposition du sacré au privé, dans la configuration de Joseph et du père, d'une part, du Christ ou de Jean, de l'autre. Le père, ou le Père avec une majuscule, s'inscrit ainsi dans le texte comme thème, avec sa référence biographique, exogénétique, et sa fonction endogénétique d'image myticoreligieuse. Joseph est père et non-père, le fils lui-même est un mélange du charpentier profane, qui lui assure sa carte d'identité, et du Saint Esprit qui lui permet, à l'auteur qui s'invente, d'opérer toutes sortes de fantasmagories christologiques.

Or, il fait en même temps la jonction du sacré avec ses propres souvenirs, donc avec le côté 'expériences' de l'invention. C'est l'iconographie sacrée de la peinture qui le lui permet, dont le motif lui rappelle l'atelier de son père attenant à la maison de Campbon. C'est même le souvenir de cet atelier qui précède l'admiration pour Georges de La Tour, représentant le charpentier qui fait des trous – avec une tarière, mot rare, mais qui rappelle à notre Jean son enfance – dans la croix sur laquelle sera crucifié son fils[55]. Mais est-ce vraiment une charpenterie ? Avec ce mur vide au fond, où devraient se trouver, en bon ordre, tous les outils appartenant à l'ouvrier spécialisé ? Et puis, fait-il aussi sombre dans une charpenterie ou une menuiserie ? Ne faudrait-il

---

52 Rouaud, 2004, p. 113 ; cf. Rouaud, 1996 p. 61 : « Vous devenez ainsi à votre insu une sorte de spécialiste du domaine mortuaire. »

53 Des saints et des saintes, en particulier, Rouaud, 2004, p. 16, cf. aussi 1990, p. 59-63.

54 Musée du Louvre

55 « Charpentier à ses heures (…) », Rouaud, 1993, p. 51. La « tarière » est utilisée par saint Joseph charpentier, Rouaud, 2004, p. 146.

pas plus d'éclairage pour bien voir le travail qu'on y fait ? Cet établi est sans doute une boulangerie, localité dont se souvient également l'auteur ! Le père de George de La Tour était effectivement, nous informe Rouaud, boulanger. Derrière les souvenirs d'enfance de Jean se cache les souvenirs d'enfance de Georges. La peinture est doublement allégorique.

Mais devant le flambeau que tient l'enfant, le père s'inquiète et se pose des question : « Qu'y a-t-il de moi qui continue en lui ? Où est-ce que je m'arrête ? Où commence-t-il ? (…) Quelle est cette part mystérieuse en lui pour laquelle je ne peux revendiquer ma part, cette part *inspirée*[56], divine, de notre double nature (…) ? »[57] Or, le charpentier, lui, ne s'arrête pas aussi vite, car le père de Jean Rouaud utilise, dans la Résistance, le nom de Joseph Vauclair, où figure le mot « clair », et la profession de… menuisier.

Nous sommes loin, il faut bien le souligner, de Flaubert, cet homme-plume attelé à son écriture. Nous avons affaire à une écriture-vie, et à une vie allégorique, profonde, comportant de multiples couches significatives. Il en manque encore une.

C'est que nous n'avons pas encore identifié, avec l'auteur qui s'est désormais inventé, le côté des femmes. On y arrive avec l'évocation de Bernadette et de la Sainte Vierge, donc de l'épiphanie de Lourdes, une histoire qui faisait pleurer le petit Jean, et qui le fait encore pleurer. La reprise, vision épiphanique, de la figure maternelle est importante qui double l'épiphanie dans la peinture de Georges de La Tour où Joseph et Jésus préfigurent son père et lui-même. L'invention de l'auteur n'est-elle pas dans ces deux épiphanies qui lui fournissent la matière de ses livres ? Pour ce qui est du père, le fils nous confie l'avoir revu « comme aucun souvenir ni aucune photo ne me l'avait rendu depuis bientôt quarante ans », dans un « rêve nocturne avec sa mise en scène à l'emporte-pièce, ses téléscopages (…) » en 'traversant' le tableau évoqué[58]. Il l'avait déjà précisé : « (…) toutes les traces ne parlent pas de la même façon, et les plus lointaines, il faut du temps. (…) les images pouvaient bien se superposer. Ainsi vous verrez s'animer les ombres. C'est ainsi, du moins, que moi j'ai dessiné le visage de mon père »[59]. Venant d'outre-tombe, le père

---

56 C'est nous qui mettons les italiques.

57 Rouaud, 2004, p. 32.

58 Ibid., p. 215-216.

59 Ibid., p. 96-97.

se présente de nouveau, et « votre attente, ce n'est ni plus ni moins que la foi en la résurrection »[60]. L'identification lui permet de formuler cette conclusion provisoire :

> Et quand je vous aurai dit ce qui nous y amène, nous serons légitime-ment en droit de nous demander si nous ne sommes pas, tous autant que nous sommes, les fragments de messages d'un formidable réseau de l'imaginaire, c'est-à-dire les paragraphes visibles d'un récit souter-rain, des éléments apparemment dispersés mais appartenant au même fond, à la même substance, à la même histoire, ce qui expliquerait leur incroyable cohérence.[61]

Ceci est peut-être une profession de foi – nous n'en savons rien, et cela ne nous concerne pas. Mais c'est en tout cas une très belle définition des origi-nes d'un texte, de la dispersion préalable des éléments qui, écrits, manifeste-ront une certaine cohérence, grande chez Rouaud et Chateaubriand, moins grande chez Proust et Claude Simon. « Un inventeur trouve ce qui est », dit Rouaud. Les trois autres de cette famille d'auteurs applaudiraient !

Conclusion

Pour finir, retournons à nos réflexions théoriques, maintenant sur un ton plus philosophique.

« Je n'ai jamais été capable d'*inventer,* » écrit Paul Celan dans une lettre de 1962 citée par George Steiner dans *Grammaires de la création*[62]. Dans cet ouvrage, Steiner pose la question fondamentale de la création comme *début* ou *incipit* – de l'œuvre aussi –, mais il n'oublie pas celle de *la fin,* de *la mort,* ni la « période infernale » que représente le XXe siècle, siècle de la Shoah. La destruction, thème constant chez Jean Rouaud (Première Guerre mondiale), comme chez Claude Simon (Deuxième Guerre mondiale), et Chateaubriand (la Révolution), oblige l'écrivain à *revenir* aux commencements :

---

60 Ibid., p. 97.

61 Ibid., p. 129.

62 2001, p. 27.

Les adieux opèrent un retour sur le passé [dit George Steiner]. En ce temps de transition vers de nouvelles cartographies, vers de nouvelles manières de raconter l'histoire, les sciences naturelles et « humaines » présentent un mouvement en spirale. [...] La connaissance [...] voudrait identifier et saisir la source. [...] Le point crucial est en vérité le concept de commencement. [...] Quels liens les récits de la naissance du *kosmos* entretiennent-ils avec ceux de la naissance du poème, de l'œuvre d'art ou de la mélodie ?[63]

D'où la question cruciale posée par le penseur que nous citons : « quelle signification attacher à la notion de création des formes d'expression ou d'exécution que nous nommons « art » [...] ? »[64]

Or, peut-on parler, du tout, d'une signification autonome, d'une œuvre sans *origination* ? Cela ne semble guère possible, les êtres humains ne créant pas *ex nihilo*. L'œuvre, comme toute divinité selon la conception traditionnelle, est génératrice ou créatrice, sans doute. Beaucoup nourrissent toujours l'idée anthropomorphe de « génération », contenue dans celle de « création ». « L'élan de la créativité est le souci premier [de l'homme]», disait Bergson. Son contemporain Hofmannsthal, dans *La Mort du Titien*, laisse ses personnages exalter l'effort de l'artiste pour donner vie « à la forêt immobile », pour donner un sens aux nuages, etc. C'est ici l'artiste qui donne vie à la vie[65], qui « rend visible le réel », comme le dit Pierre Campion[66]. « Peut-être la fantaisie artistique ne fait-elle que recomposer ce qui est déjà là. »[67]

D'ailleurs, il est sans doute vrai que la véritable création, celle qui fait que quelque chose ressurgit effectivement en texte, est dans l'*immédiateté* telle que la voit Hegel cité par Steiner[68]. L'œuvre est entre les deux extrêmes

---

63 Ibid., p. 20-21, 26.

64 Ibid., p. 26.

65 Cit. *ibid.*, p. 32.

66 2003.

67 Steiner, 2001, p. 35.

68 Ibid., p. 39. « Le commencement n'est pas le néant pur, mais un néant dont quelque chose doit sortir » (*Science de la logique*). L'*incipit*, pour Hegel, est l'unité du néant et de l'être, précisément en ce qu'il *est*. » Ce qui définit un vrai commencement (dit encore Steiner), c'est une « immédiateté simple non emplie » (Hegel, *op. cit.*).

de l'*Entstehen* (surgissement) et du *Vergehen* (disparition). Steiner peut donc soutenir la précarité de cette œuvre :

> Alors qu'elle exprime en son essence la vitalité, la force de vie et le pro-dige de la création, l'œuvre d'art s'accompagne d'une ombre double : celle de son inexistence possible ou préférable, et celle de sa dispari-tion.[69]

Ainsi, l'œuvre littéraire est un moment privilégié, elle se distingue par sa sou-daineté, son moment d'émergence sans préavis, et son passage bref et tou-jours menacé ; elle ne fixe, ni ne fétichise aucun savoir qui lui précède, mais lui donne, dit Barthes dans « Leçon », une place indirecte, précieuse – mais à tout bien considérer précaire. Les « tableaux détachés » d'un monde éva-nescent dans *Madame Bovary* qui retenaient l'intérêt de Claude Simon[70], ne sont rendus que par le regard condamné à mort d'Emma (ou de tout regard fictif et évanescent). Les figures sculptées de Giacometti, créées dans un tout petit studio parisien, ne peuvent rendre que vaguement les formes pleines qu'elles évoquent. En est-il autrement des portraits et des autoportraits d'un Rembrandt et d'un Raphaël, des tableaux tant admirés du Titien ? Cepen-dant, ces formes viennent de *quelque part*, l'avant-texte est toujours là, dans le texte tout comme quelque part au-delà d'une frontière qui, finalement, n'existe pas, parce qu'elle est toujours transgressée par une « invention », re-prise « en amont »[71].

« Toutes les constructions humaines sont combinatoires »[72], peut-on conclure avec George Steiner, et l'œuvre ne ferme, d'avance, aucune de ses portes d'entrée.

---

69 Ibid., p. 43.

70 Dans une conférence faite en 1983 à l'Institut français de Copenhague.

71 Rouaud, 2004, p. 279.

72 2001, p. 172.

BIBLIOGRAPHIE

Barthes, Roland (1964) : *Essais critiques*, « Écrivains et écrivants ». Editions du Seuil, Paris.

Barthes, Roland (1973) : *Le Plaisir du texte*. Editions du Seuil, Paris.

Biasi, Pierre-Marc de (1998) : « Qu'est-ce qu'un brouillon ? Le cas Flaubert : essai de typologie fonctionnelle des documents de genèse», in : *Pourquoi la critique génétique ? Méthodes, théories*, éd. Michel Contat et Daniel Ferrer, CNRS, Paris.

Boie, Bernhild (1989, 1995) : Notices, etc., in : Gracq, Julien *Œuvres complètes*. Bibliothèque de la Pléiade, Gallimard, Paris, t. I (1989) et t. II (1995).

Brunn, Alain (2001) : *L'Auteur*. Textes choisis et présentés par... GF Flammarion, Paris.

Campion, Pierre (2003) : *La Réalité du réel*. Presses universitaires de Rennes, Rennes.

Compagnon, Antoine (1979) : *La Seconde main ou le travail de la citation*. Editions du Seuil, Paris.

Contat, Michel et Daniel Ferrer (1998) : *Pourquoi la critique génétique ?* in : *Pourquoi la critique génétique ? Méthodes, théories*, éd. Michel Contat et Daniel Ferrer. CNRS, Paris.

Duchet, Claude (1994) : « Sociocritique et génétique. Entretien avec Anne Herschberg-Pierrot et Jacques Neefs ». *Genesis*, 6.

Flaubert, Gustave (1988) : *Carnets de travail*, éd. Pierre-Marc de Biasi. Balland, Paris.

Gracq, Julien (1995) : *En Lisant en écrivant*, in : *Œuvres complètes*. Bibliothèque de la Pléiade, t. II. Gallimard, Paris.

Hay, Louis (1985) : Le texte n'existe pas. *Poétique*, 62, pp. 147-158.

Kristeva, Julia (1972) : Sémanalyse et production du sens, in : Greimas, A. J. (éd.) : *Essais de sémiotique poétique*. Paris, Larousse, pp. 208-234.

Laforgue, Pierre (2003) : Histoire littéraire, Histoire de la littérature et sociocritique : Quelle historicité pour quelle histoire ? *Revue d'Histoire littéraire de la France*, 3. Presses Universitaires de France, Paris, pp. 543-547.

Le Calvez, Eric (2002) : *La Production du descriptif*, Exogenèse et endogenèse de *L'Éducation sentimentale*. Rodopi, Amsterdam-New York.

Lebrun, Jean-Claude (1996) : *Jean Rouaud*. Editions du Rocher, Monaco.

Lund, Hans Peter (2000) : L'illusion levée. Regard journalistique et visualisaion littéraire à partir de Balzac (XIXe siècle). *Orbis Litterarum*, 55, 2000, pp. 447-462.

Müller, Herta (1997) : *Schreiben oder Leben*. Frankfurt am Main, 1997

Rouaud, Jean : *Les Champs d'honneur*, 1990, *Des Hommes illustres*, 1993, *Le Monde à peu près*, 1996, *Pour vos cadeaux*, 1998, *Sur la Scène comme au ciel*, 1999, tous Editions de Minuit, Paris.

Rouaud, Jean (2001) : *La Désincarnation*. Gallimard, Paris.

Rouaud, Jean (2004) : *L'Invention de l'auteur*. Gallimard, Paris.

Steiner, George (2001) : *Grammaires de la création*. Gallimard, Paris.

Szondi, Peter (1981) : *Poésies et poétiques de la modernité* Éd. Mayotte Bollack. Presses universitaires de Lille, Lille.

Vaillant, Louis (2003) : Pour une histoire de la communication littéraire. *Revue d'Histoire littéraire de la France*, 3, pp. 549-562.

Deux types d'œuvres dans la poésie moderne

par Adam Ægidius

Le présent article avancera que la question de l'œuvre littéraire affecte des problèmes relatifs à la dimension éditoriale, au régime de publication, à l'intention de l'auteur, au dispositif lectural, et aux rapports entre texte, genre et acte communicationnel. Lorsque Rastier se demande avec pertinence « à quelle condition » un texte peut accéder au statut d'une œuvre (Rastier, 2001, p. 184), il ne fait pas de distinction entre texte poétique et texte en prose. Il est ainsi probable que les principes discursifs déterminant l'œuvre littéraire ne diffèrent pas beaucoup selon que les textes sont poétiques ou en prose. Néanmoins, le présent article ne visera que la poésie proprement dite, car dans une perspective historique et littéraire, les déclarations des *poètes* mêmes concernant le statut de l'œuvre *poétique* sont susceptibles d'influer sur la conception que le chercheur s'efforce de forger. Les déclarations des poètes portent souvent sur ce qui est censé constituer la poésie ou la poéticité à telle époque, pour tel poète ou pour telle école poétique. Ainsi, la querelle du poème épique, engagée en France par Baudelaire, se trouve au sein des préoccupations des poètes modernes par rapport au statut de l'œuvre.

Je commencerai par distinguer deux types d'œuvres poétiques modernes, en dressant par la suite leurs caractères spécifiques. Le premier type se rattache à ce qu'on appelle traditionnellement un recueil poétique. Ce type est caractérisé par le fait d'être composé de poèmes quasi autonomes et on y trouve souvent un florilège de genres poétiques qui ont pour trait caractéristique d'être relativement courts, tels le sonnet, l'ode, l'élégie, la ballade, le poème en prose, le calligramme, etc.

Le deuxième type, que j'appellerai œuvre poétique organique, se rapporte à la poésie épique : il se rapproche des genres épiques et de l'unité que de tels textes (le roman, par exemple) sont censés produire par leur trame narrative. Ce deuxième type concerne des genres dont les textes ont une certaine étendue, telles l'épopée lyrique, l'autofiction poétique et l'autobiographie poétique.[73]

Afin d'appréhender ces deux types d'œuvre poétique dans une perspective prenant en compte tous les aspects mentionnés initialement, il est indispensable de dépasser le seul niveau de l'immanence textuelle. C'est pourquoi je commence par une exposition des modalités contextuelles contribuant à déterminer le statut de l'œuvre poétique du côté de l'auteur, pour ensuite passer à une analyse des relations entre texte, genre et œuvre.

Publication et prépublication du recueil

Prépubliées souvent avant d'être rassemblées en recueil, les nouvelles font preuve d'un mode de publication privilégiant l'autonomie des textes : toute nouvelle est en fait susceptible d'être publiée séparément dans des revues littéraires, dans des journaux, dans des anthologies (Audet, 2000, p. 25).[74]

---

73 Ne pouvant pas développer ici en quoi consistent ces genres, je renvoie à quelques études effectuées sur le sujet. En ce qui concerne l'épopée lyrique ou les textes s'y apparentant, on peut consulter Combe (1993, p. 65), Rigolot (1987, p. 119), Paulhan (1992, p. 11), Raybaud (2002, p. 168), Ægidius (2004a et 2006). Parmi les œuvres de ce genre, mentionnons *La Légende des siècles* (Hugo, 1859-1883), *Corona Benignitatis anni dei* (Claudel, 1915), *Anabase* (Saint-John Perse, 1924), *La Fable du monde* (Supervielle, 1938), *Petite cosmogonie portative* (Queneau, 1950), *Les Indes* (Glissant, 1955), *Cahier d'un retour au pays natal* (Césaire, 1956), *Le Fou d'Elsa* (Aragon, 1963).

Combe propose de conférer à *Une saison en enfer* le prédicat « une sorte d'autofiction poétique » (Combe 2004, p. 79). Or, il faut insister sur le fait que cette mention recouvre effectivement un genre dont les textes – parmi les plus importants de la modernité poétique – sont constitués par *L'enfer d'un maudit* (Rabbe, 1836), *Gaspard de la nuit* (Bertrand, 1842), *Les Chants de Maldoror* (Lautréamont, 1869), *Igitur* (Mallarmé, 1869), *Tancrède* (Fargue, 1895), *Gestes et opinions du Dr. Faustroll, pataphysicien* (Jarry, 1898), *Le Poète assassiné* (Apollinaire, 1916), *La liberté ou l'amour !* (Desnos, 1927), *Plume* (Michaux, 1930), *L'antitête* (Tzara, 1933), *Futur, ancien, fugitif* (Cadiot, 1993). Cf. aussi Ægidius (2002) où je dresse les caractères stylistiques de ce genre que j'avais malencontreusement nommé « autobiographie poétique en prose » (en danois).

L'autobiographie poétique (*Chêne et chien* de Queneau, 1937, *Une vie ordinaire* de Perros, 1967, *Le roman inachevé* d'Aragon, 1956) est plutôt rare : elle semble remplacée par l'autofiction poétique (voir à ce sujet les réflexions de Maulpoix sur le statut de l'autobiographie dans la poésie moderne (Maulpoix, 2002, pp. 238-246)).

74 Concernant primordialement le recueil de nouvelles, l'approche d'Audet vise pourtant la notion de recueil en général. C'est pourquoi sa terminologie et sa méthode pourront être adoptées dans l'étude du recueil poétique et de l'œuvre poétique (Audet, 2000, pp. 22, 28-29, 59).

En revanche, à cause de sa brièveté, il est rare qu'une nouvelle soit publiée comme un ouvrage en soi (p. 23). Il en va de même du poème, car le recueil poétique est soumis au même « régime » de publication (p. 26) que le recueil de nouvelles. Dans les deux cas, on est amené à concevoir le recueil comme une somme de textes indépendants. Les exemples suivants visent bien entendu les spécificités du recueil poétique.

Avant la publication en 1912 du recueil de poèmes en prose intitulé *Poëmes*, Léon-Paul Fargue en publie une partie dans *La Nouvelle Revue Française* et dans *La Phalange* (Goujon, 1997, p. 151). Ayant inséré dix poèmes juste avant l'impression, Fargue ne pourra pas se défendre d'une critique de cette œuvre qui, aux yeux de Georges Duhamel, excelle par son manque d'« organisation », de « composition » et de « logique » (p. 161). Or, comme le rappelle Sandras, selon qui *Poëmes* constituent l'un des recueils de poèmes en prose les plus réussis (Sandras, 1995, p. 189), un poème en prose « doit pouvoir être lu isolément » (p. 43). La critique de Duhamel semble ainsi injustifiée puisque l'absence d'unité structurale est ce qui caractérise le recueil poétique, à l'opposé de l'œuvre poétique organique qui comporte précisément une « progression thématique ou narrative » (*ibid.*).

Dans un genre s'apparentant au poème en prose, en l'occurrence la chronique poétique, genre dans lequel ont excellé des poètes tels que Jarry, Apollinaire et Fargue (Ægidius, 2004b), on peut observer le même parcours de publication. Pour prendre l'exemple de Jarry, ce poète a publié ses chroniques dans *La Revue blanche*. Comme l'indique Besnier (1992, p. 9), Jarry avait prévu d'en faire un recueil, mais il ne réalisa malheureusement pas son projet avant de mourir. Quant à Fargue, qui publiait ses chroniques dans *Aujourd'hui* et dans *Le Figaro*, il a lui-même rédigé le recueil *Déjeuners de soleil* chez Gallimard (Goujon, 1997, pp. 252, 258). Comme dans le cas du recueil poétique, la publication en recueil des chroniques poétiques survient après la rédaction de textes autonomes diffusés dans différentes organes (revues littéraires ou journaux quotidiens).

Poèmes à Lou d'Apollinaire ne sont publiés qu'en 1947, dix-neuf ans après la mort du poète ; ces poèmes étaient du premier abord conçus comme des déclarations d'amour et insérés dans des lettres intimes. Comme le soutient Décaudin dans la préface, Apollinaire aurait sans doute rassemblé les poèmes en un recueil même si ces poèmes aurait subi quelques transformations de la main du poète (Apollinaire, 1969, p. 16). Les poèmes des *Poésies* de Mallarmé et des *Poèmes de guerre* de Claudel, prépubliés partiellement en diverses revues littéraires (Mallarmé, 1992, p. 179ss ; Claudel,

1967, pp. 1120-1121), ne constituent pas de recueils ultimes dont on pourrait dire que la rédaction est complètement achevée. Marchal signale de surcroît qu'il n'existe pas d'« édition *ne varietur* » des *Poésies* de Mallarmé (Mallarmé, 1992, p. 173), c'est-à-dire que la structuration de l'ordre des poèmes
n'est pas fixée par l'auteur.

C'est le cas aussi des *Illuminations*. Ecrit entre 1873 et 1875, ce n'est
que grâce à Verlaine, qui copie soigneusement les textes manuscrits de Rimbaud, que ce recueil voit le jour dans *La Vogue* en 1886. Rimbaud n'a sans
doute pas voulu faire d'efforts pour les publier et il n'a probablement pas su
qu'on les a publiés (Guyaux, 1985, p. 239). Est-ce qu'il a eu l'intention de *faire une œuvre* ? On ne sait pas avec certitude si le titre est l'invention de Rimbaud. Il semble qu'il ait voulu sous-titrer le recueil « Colored plates » (*ibid.*),
mais on ignore s'il a prévu une structure précise. C'est pourquoi cette œuvre
est « incertaine, fragmentée, incomplète » (p. 240). L'inachèvement éditorial
de l'œuvre laisse à penser que Rimbaud a peut-être eu l'intention d'écrire des
poèmes singuliers, mais sans vouloir rassembler ceux-ci en un recueil (pour
en faire une œuvre).

La « publication intégrale » de l'œuvre organique

Contrairement au recueil de poésies, l'œuvre poétique organique semble mo-
delé sur un régime de publication où la prépublication n'est guère permi-
se. En 1923, après avoir lu passionément la « Chanson liminaire » d'*Anabase*
dans *La Nouvelle Revue Française*, Larbaud s'est chargé de publier l'ensemble
de cette œuvre de Saint-John Perse. Lorsque la revue *Intentions* lui demande
l'autorisation de publier une partie d'*Anabase* pour donner une idée de la qualité de cette œuvre avant qu'elle ne paraisse dans sa totalité dans *La Nouvelle
Revue Française*, Larbaud est contraint de refuser cette proposition. Il écrit à
ce propos à son amie Adrienne Monnier :

> Vous verrez qu'on ne peut rien détacher du poëme [*Anabase*] : il faut
> qu'il paraisse complet, ou qu'il ne paraisse pas. Donc, il est impossible
> d'en donner un fragment dans « Intentions ». (Larbaud, 1991, p. 143)

Dans une lettre adressée à Larbaud, Saint-John Perse revendique d'ailleurs
la « publication intégrale de l'ensemble » de l'œuvre (Saint-John Perse, 1982,

p. 803).[75] Dans ce type d'œuvre, il ne s'agit donc pas *a priori* de textes autonomes qu'on pourrait lire chacun pour soi hors du contexte de la totalité (du
recueil). Cette appréhension de l'œuvre se retrouve dans une lettre que Rilke
envoie en 1925 à Saint-Leger Leger (alias Saint-John Perse) :

> J'ai lu avec enchantement ces *Images à Crusoé* ! Quel délicieux ouvrage !
> Aux premières lignes, je me suis rappelé l'avoir lu autrefois (en 1909)
> avec étonnement et avec une joie toute pareille à celle qui me l'a fait
> maintenant reconnaître. Le nom de l'auteur m'était échappé, l'œuvre
> même est de celles qu'on n'oublie point. C'est déjà la même facture, le
> même choix tout intérieur qui décide de la suite et de la force suggest-
> tive des images ; mais les ellipses n'y sont pas encore si « formidables »,
> et emporté par la pente du récit, le lecteur les saute en se réjouissant de
> son propre élan… (Saint-John Perse, 1982, p. 1103)

Rappelons que *Images à Crusoé*, autofiction poétique, si l'on veut, ne se composent que d'une suite de neuf poèmes en prose assez courts. Or, en insistant
pour appeler cette brève suite un « ouvrage » et une « œuvre », Rilke souligne
qu'elle comporte une unité dans le sens où nul poème n'est autonome. Selon la citation du grand poète allemand, cela est corroboré par le fait que les
« ellipses » (qu'il faut sans doute concevoir comme les espaces entre les poèmes) ne sont pas « formidables » (c'est-à-dire infranchissables), car les poèmes sont liés par une « pente du récit » structurant l'œuvre.

Le poème épique en question

Les réflexions sur la notion d'œuvre qu'on trouve dans les écrits paratextuels
des poètes révèlent également le clivage profond entre les deux types d'œuvres. Dans la célèbre lettre-préface des *Petits poèmes en prose* adressée à Ar-
sène Houssaye, Baudelaire développe sa conception du recueil poétique :

---

75 Cette problématique est plus complexe qu'on ne le pense : en dehors de la publication dans
    La Nouvelle Revue Française, la « Chanson liminaire » a effectivement été publiée plus tard
    par la revue *Intentions* (Gardes Tamine, 2002, p. 188). En dépit de cette situation paradoxale,
    on pourrait penser que les citations de Larbaud et de Perse montrent que ces poètes con-
    fèrent à *Anabase* un statut organique.

Mon cher ami, je vous envoie un petit ouvrage dont on ne pourrait pas dire, sans injustice, qu'il n'a ni queue ni tête, puisque tout, au contraire, y est à la fois tête et queue, alternativement et réciproquement. Considérez, je vous prie, quelles admirables commodités cette combinaison nous offre à tous, à vous, à moi et au lecteur. Nous pouvons couper où nous voulons, moi ma rêverie, vous le manuscrit, le lecteur sa lecture ; car je ne suspends pas la volonté rétive de celui-ci au fil interminable d'une intrigue superflue. Enlevez une vertèbre, et les deux morceaux de cette tortueuse fantaisie se rejoindront sans peine. Hachez-la en nombreux fragments, et vous verrez que chacun peut exister à part. (Baudelaire, 1973, p. 21)

Cette citation pourrait constituer la définition du recueil poétique. Mettant en évidence l'autonomie de tous les poèmes, elle exclut du même geste l'« intrigue », décrite comme « superflue ». Revendiquant de plus que chaque poème « peut exister à part », Baudelaire semble dire que l'unité est absente d'un tel recueil puisque l'emplacement du poème dans le recueil est sans importance (ou presque), les poèmes n'étant pas liés explicitement (cf. Sandras, 1995, p. 43).

Cette conception de l'œuvre du type « recueil » va de pair avec le rejet du poème épique où l'« intrigue » est présente. Elle annonce en quelque sorte la querelle entre les tenants de l'œuvre du type « recueil » et ceux de l'œuvre poétique organique, les premiers attaquant le poème épique et les seconds le défendant. Baudelaire, en se référant à Edgar Allan Poe, est parmi ceux qui le rejettent : « Voilà évidemment le poème épique condamné. Car un ouvrage de cette dimension ne peut être considéré comme poétique [...] » (Baudelaire, 2004, p. 597).

Cette opposition de principe entre poème et poème épique se retrouve chez Valéry :

La Légende des siècles est un recueil d'anecdotes sans intérêt et d'articles de journaux – où fourmillent des vers prodigieux. (Valéry, 1992, p. 107)

Malgré les dires de Valéry, *La Légende des siècles* ne constitue guère de « recueil » : cette œuvre poétique organique exemplifie en revanche une épopée lyrique. Valéry la rejette en tant que poème épique en y appliquant les mots péjoratifs « anecdotes » et « articles de journaux ». Puisque ces mots font référence au mode narratif si contesté par les symbolistes qui prônent la « poésie pure » en rejetant l'« universel reportage » (Mallarmé), Valéry exclut le poème épique du « champ générique » lyrique.[76]

Comme l'a montré Combe (1989, pp. 14, 23), l'école symboliste, dans ses écrits théoriques, a nié l'existence du narratif et de l'épique dans la poésie. L'« exclusion du narratif » (p. 11) conduisant à l'idée qu'une œuvre poétique ne peut être forgée par des éléments narratifs ou épiques, une œuvre ne pourrait être organique pour les symbolistes.

Or, comme le soutient Combe (2001, p. 530), Mallarmé se sert du narratif dans ses poèmes en prose, « Le Nénuphar blanc » par exemple. Par conséquent, les aspects narratifs ne suffisent pas pour distinguer le recueil poétique de l'œuvre poétique organique. Par contre, il semble plus pertinent de chasser « l'intrigue » du recueil, comme le fait Baudelaire dans sa lettre-préface à Houssaye, car « l'intrigue » met l'accent sur l'unité et la cohérence établies par l'enchaînement narratif et épique de l'ensemble des textes de l'œuvre dans un ordre particulier.

L'œuvre organique comme « totalité »

La conception de l'œuvre poétique en tant que recueil se voit contestée par les auteurs de l'épopée lyrique.

En 1908, Claudel conçoit le projet d'un « gros recueil de quatre volumes », qu'il intitule *Corona Benignitatis anni dei* (Claudel, 1967, p. 1090). Il semble qu'il ait conçu l'idée lors de la rédaction des premiers « grands hymnes » qui devaient faire partie de cette œuvre (*ibid.*). En tout cas, au moment de la rédaction, il écrit que « ce sont les grandes constructions seules qui [l]'intéressent » (p. 1091), ce qu'il développe en écrivant ceci : « Je suis las maintenant des œuvres fragmentaires et je voudrais m'enfermer pour de longues années dans un grand ensemble » (*ibid.*). On pourrait identifier ce qu'il appelle les « œuvres fragmentaires » à l'œuvre du type « recueil ». En revanche, le « grand ensemble » correspondrait à l'œuvre poétique organique.

---

76 Par « champ générique », je me réfère à la terminologie de François Rastier. Selon lui, le discours littéraire est constitué par des « champs génériques » (épique, dramatique, lyrique) qui intègrent une multitude de genres incorporant, à leur tour, des textes spécifiques (Rastier, 2001, p. 231). « Champ générique » se rapproche de ce que Genette appelle « modes » ou « archigenres » (Genette, 2004, pp. 69-70).

En tenant des propos sur une autre œuvre d'une vaste dimension, en l'occurrence *Feuilles de saints* (1925), Claudel prolonge le débat de la nature et de l'étendue de l'œuvre poétique :

> Au plus beau des poèmes courts, il manquera toujours ce qui est le domaine le plus élevé de l'art, la composition, la proportion à un vaste ensemble qui relève infiniment chaque détail et lui donne toute sa valeur. (Claudel, 1967, p. 1129)

Cette conception de l'œuvre consiste en une construction préalable de la structure compositionnelle contraignant la partie à s'intégrer dans la totalité de l'œuvre. L'intention de l'auteur est ainsi coordonnée à la création même de l'œuvre poétique organique, contrairement au cas du recueil où la rédaction de chaque poème semble précéder l'intention de rassembler des textes en un recueil.

Soulignons que les aspects intentionnels ne suffisent nullement à la définition des deux types d'œuvres, mais qu'ils corroborent l'analyse. Comme le soutient Audet (2000, p. 70), seule l'appréhension du lecteur permet de saisir si une œuvre poétique est organique.

Tout comme Claudel, Saint-John Perse ne cesse d'utiliser le terme « œuvre » (cf. Gardes Tamine, 2002, p. 183). Qu'il le privilégie jusqu'à en être obsédé se manifeste de manière évidente dans *Pour Dante* (1965) :

> D'où l'exigence, en art, d'une œuvre réelle et pleine, qui ne craigne pas la notion d'« œuvre », et d'œuvre « œuvrée », dans sa totalité, impliquant d'autant plus d'assistance du souffle, et de force organique, d'élévation de ton et de vision, au-delà de l'écrit, pour la conduite finale du thème à sa libre échéance. (Saint-John Perse, 1982, p. 453)

Prenant pour modèle, comme tant d'autres poètes modernes (Hugo, Claudel), *La Divine Comédie*, Saint-John Perse construit la notion d'œuvre sur sa « totalité » et sur sa « force organique ». L'« œuvre 'œuvrée' » serait donc une œuvre littéraire qui est bien « travaillée » (selon l'étymologie du mot 'œuvre') ou bien structurée, ce qui nécessite précisément un projet de construction à l'origine de l'œuvre et une préméditation de la composition de l'ensemble, comme aux cas de *Corona Benignitatis anni dei* et d'*Anabase*, épopées lyriques par excellence.

Indications « paragénériques »

Les indices paratextuels de généricité, à savoir les indications d'appartenance générique qu'on dégage par exemple du titre ou du sous-titre, appelées parfois « paragénériques » par Genette (1987, p. 101), permettent de cerner l'opposition de principe entre le recueil poétique et l'œuvre poétique organique. En ce qui concerne le recueil, on peut constater que les *Poésies* de Mallarmé, les *Poëmes* de Fargue et les *Poèmes de guerre* de Claudel indiquent déjà dans le titre qu'il s'agit d'un recueil de poésies dont les textes sont autonomes. Cela est dû au fait que la mention « paragénérique » est mise au pluriel, pratique fréquente dans le cas du recueil (Audet, 2000, p. 12). A propos du recueil des *Charmes* de Valéry, intitulé d'abord *Charmes ou poèmes*, Jarrety avance à juste titre que « [...] l'équivalence ouverte par le *ou* montre bien qu'il ne s'agit pas d'un volume dont l'architecture aurait été préméditée, mais d'un recueil pour lequel sans doute Valéry a cherché un ordre, mais où l'on aurait tort de voir – on le fit parfois naguère – l'unité d'un unique poème » (Jarrety, 2001, p. 845).

Les indications « paragénériques » accompagnant les œuvres poétiques organiques signalent en revanche une unité prononcée. Aragon, par exemple, dans *Le Fou d'Elsa* (1963), indique à la page de titre que cette œuvre de plus de 500 pages constitue un « poème ». Puisqu'un poème constitue un seul texte, Aragon semble faire de son œuvre une unité organique.

Quant à l'autobiographie poétique, Queneau et Perros nomment leurs œuvres respectivement « roman poème » (*Chêne et chien*) et « roman en vers » (*Une vie ordinaire*). Chaque œuvre étant composée de poèmes versifiés assez courts, les œuvres apparaissent concrètement comme des recueils de poèmes. Or, l'effet créé par les indications « paragénériques » est tel qu'il produit une unité où les poèmes sont liés les uns aux autres par une structure narrative – ce qui est corroboré par la chronologie interne et par l'intrigue, certes minimale, traversant les poèmes.

Du texte à l'œuvre en passant par le genre

Schaeffer (1989, pp. 156-164) a développé un modèle permettant d'évaluer le rapport entre texte, genre, œuvre et acte communicationnel : vu qu'il s'agit de cerner le cas où un texte a le statut d'une œuvre, ce rapport concerne l'exemplification (notion prise à Nelson Goodman), à savoir le cas où un texte exemplifie un certain acte communicationnel ou un certain genre (p. 156). Comme le soutient Schaeffer, « un acte communicationnel peut englober d'autres actes communicationnels ou être englobé par eux » (p. 162). Par conséquent, un texte peut constituer une suite d'actes communicationnels dont le statut dépend de l'acte communicationnel global et, ainsi, de la détermination générique globale. Précisons qu'acte communicationnel doit être appréhendé comme un « énoncé » au sens de Bakhtine (voir plus loin). Schaeffer affirme effectivement que « les déterminations génériques fonctionnent comme des parenthèses régissant la *globalité* du syntagme verbal réalisant l'acte communicationnel en question » (p. 160). Il s'ensuit que ces parenthèses déterminent « l'œuvre dans son *unité* : lorsque nous disons que *Phèdre* est un drame [...], c'est l'ensemble de l'œuvre qui est visé par ce nom et non pas telle ou telle de ses parties » (*ibid.* ; c'est Schaeffer qui souligne).

Cette appréhension de l'œuvre semble bien s'adapter au type d'œuvre poétique dont l'unité est organique et dont les genres de l'épopée lyrique, de l'autofiction poétique et de l'autobiographie poétique sont exemplaires. Par contre, elle va à l'encontre du recueil poétique.

Prenons le cas des *Petits poëmes en prose* (1869) de Baudelaire : ce recueil est composé entièrement de textes autonomes qui se réfèrent au même genre, à savoir le poème en prose. Chaque texte appartient au même genre. Or, l'ensemble des textes, cet ensemble qui en fait une œuvre, ne forme pas de genre en soi. Il n'est pas permis d'affirmer que les *Petits poëmes en prose* constituent un seul poème en prose (ou un autre genre). Un poème en prose ne peut que difficilement constituer une œuvre en soi, si par œuvre on entend un livre susceptible d'être publié séparément et non un texte diffusé parmi d'autres textes, comme faisant partie d'un recueil, d'une revue littéraire ou d'un journal.

Afin de poursuivre la logique du modèle de Schaeffer, le genre du poème en prose est susceptible d'englober d'autres actes communicationnels (d'autres genres), tels que la nouvelle, le récit, l'anecdote, la chronique, le reportage, le mythe, la fable, le dialogue (cf. Sandras, 1995, pp. 35, 69, 106ss). Formant ainsi une unité en soi, le poème en prose constituerait, selon la définition de Schaeffer, une œuvre, ce qui est d'ailleurs aussi l'avis de Genette affirmant qu'« un poème est toujours une œuvre littéraire » (Genette, 2004, p. 88). Ainsi, un recueil de poèmes en prose serait composé d'une multitude d'œuvres autonomes. Cela ne s'accorde guère, pourtant, avec la conception de l'œuvre comme un livre : tout comme la nouvelle, le poème « ne peut accéder au statut de livre » (Audet, 2000, p. 30). Tel est le paradoxe du recueil poétique : si le poème constitue une œuvre littéraire, le recueil est une œuvre englobant une multitude d'œuvres. On voit que deux conceptions de l'œuvre se heurtent ici : d'un côté, la notion d'œuvre dépend du rapport entre texte et genre ; de l'autre, elle dépend de la situation de communication inscrivant le texte spécifique dans un contexte éditorial (la publication du poème en revue ou en recueil) et dans « l'échange verbal » du discours humain (Bakhtine, voir plus loin). Pour ne pas confondre les termes, ce que nous appelons œuvre dans le présent article ne se rapporte qu'à l'ouvrage, au livre, et non au seul poème.

Selon le modèle de Schaeffer (1989, p. 163), dont nous nous sommes inspiré, on peut illustrer le recueil de poèmes en prose ainsi (Œ=œuvre, G=genre, pp=poème en prose, parenthèses normales=entité autonome, parenthèses {}=quantité) :

$$\left(\left\{ (G_{pp}), (G_{pp}), (G_{pp}), (G_{pp}), \ldots (G_{pp}) \right\} \right)_{\text{Œ}}$$

À cette illustration[77], il faut ajouter que l'œuvre ne coïncide pas avec le genre du poème en prose, ne pouvant être identifiée au genre que chacun de ses textes exemplifie. De surcroît, il n'existe pas de détermination générique formant un tout avec l'œuvre. Corroborant la notion de « parenthèse » de Schaeffer (cf. ci-dessus), les parenthèses entourant les G_{pp} mettent en évidence que chaque texte est autonome et qu'il n'y a pas d'unité globale (structurale) liant les poèmes. L'« existence autonome » du poème en prose (Sandras, 1995, p. 43) semble pouvoir également s'appliquer à tout poème faisant partie d'un recueil poétique. Les grandes parenthèses extérieures entourant l'ensemble des textes (illustré, lui, par les parenthèses {}) représentent les limites de l'œuvre : le recueil appréhendé comme acte communicationnel, comme œuvre faisant partie de l'histoire littéraire, car publiée à une date précise.

Il existe deux types de recueils poétiques : le premier, dit homogène, rassemble des textes exemplifiant le même genre, tel le recueil de poèmes en prose ; le second est hétérogène puisqu'il contient plusieurs genres. Dans *Poésies* de Valéry, on trouve par exemple des sonnets, des odes, des vers divers et un poème en prose qui ne forment pas de genre unique englobant l'ensemble de l'œuvre. Dans *Calligrammes* d'Apollinaire, les soi-disants « poèmes-conversation » (« Lundi rue Christine », par exemple), les calligrammes

---

77 Je tiens à remercier le professeur Henning Nølke, Université d'Aarhus, pour son élaboration.

et les poèmes divers coexistent ; chez Breton, dans *Clair de terre*, on trouve côte à côte des récits de rêves, des poèmes en prose, des vers libres, une sorte de calligrammes, un extrait de l'annuaire téléphonique. En vertu de ces deux types de recueils poétiques (homogène et hétérogène), on obtient le modèle généralisé suivant (où i_1, i_2, … i_n indiquent le genre spécifique : il est possible que les i_1, i_2, … i_n relèvent du même genre, ou que quelques-uns seulement soient pareils) :

$$\left(\left\{ (G_{i1}), (G_{i2}), (G_{i3}), (G_{i4}), \ldots (G_{in}) \right\} \right)_{\text{Œ}}$$

Le modèle généralisé permet ainsi de rendre compte simultanément des types homogène et hétérogène. Ce qui détermine en propre le recueil poétique, c'est que les textes formant le recueil sont autonomes et qu'ils ne forment pas, dans l'ensemble, un genre. En ce qui concerne le statut de l'*œuvre* du type recueil, il n'importe pas de savoir si le *recueil* est génériquement homogène ou hétérogène. Ce phénomène relèvent d'une typologie des *recueils* poétiques, et non de la distinction entre les deux types d'*œuvres* poétiques, à savoir le recueil et l'œuvre organique.

Dans le cas de l'œuvre poétique organique, on peut dresser un modèle légèrement différent :

$$\left(\left\{ G_{i1}, G_{i2}, G_{i3}, G_{i4}, \ldots G_{in} \right\} \right)_{\text{Œ}=G_{I}}$$

Le I de G_I indique que ce genre diffère des G_i : l'œuvre forme ainsi un genre en soi. Le faït d'omettre les parenthèses entourant les G_i signifie que les textes pouvant potentiellement exemplifier un certain genre autonome perdent leur statut de genre et de texte autonomes, vu qu'ils entrent dans la structure englobante de l'œuvre organique qui les transforme en segments textuels (comme un chapitre de roman ou une lettre insérée dans un roman, cf. Bakhtine, 1984, p. 267). Comme dans le cas du recueil, deux configurations sont possibles. Quant à la première, dite homogène, l'œuvre est constituée d'une suite de segments textuels relevant apparemment du même genre. Constituant le plus souvent une suite de poèmes en prose liés par une sorte d'intrigue, l'autofiction poétique exemplifie cette première configuration. En ce qui concerne la deuxième, dite hétérogène, les segments textuels renvoient fréquemment à des genres différents. Vu l'aspect génériquement hétérogène de ses segments textuels, l'épopée lyrique s'assimile plutôt à cette deuxième configuration. Dans les deux cas, la détermination générique « identifie une attitude discursive qui surplombe les segments textuels se trouvant dans sa portée » (Schaeffer, 1989, p. 163), c'est-à-dire que l'œuvre organique dans son unité constitue un genre.

Si l'œuvre poétique organique constitue un texte et un genre autonomes, il en découle que ce type d'œuvre consiste en un énoncé tel que Bakhtine le comprend : comme « un maillon dans la chaîne de l'échange verbal » (Bakhtine, 1984, p. 302). Ailleurs, le théoricien russe va jusqu'à préciser que « l'*œuvre* est un maillon dans la chaîne de l'échange verbal » (p. 282 ; c'est nous qui soulignons). Si l'œuvre constitue un énoncé au sens de Bakhtine, à savoir un acte communicationnel, il s'ensuit que ses éléments ne pourront pas en constituer un et, ainsi, que ses parties sont des segments textuels. La réflexion de Schaeffer va également dans ce sens : « […] une œuvre n'est jamais uniquement un texte, c'est-à-dire une chaîne syntaxique et sémantique, mais elle est aussi, et en premier lieu, l'accomplissement d'un acte de communication interhumaine, un message émis par une personne donnée dans des circonstances et avec un but spécifiques, reçu par une autre personne dans des circonstances et avec un but non moins spécifiques » (Schaeffer, 1989, p. 80).

Monotextualité et polytextualité

Constituant un énoncé au sens de Bakhtine et un livre par son mode de publication, l'œuvre poétique organique s'inscrit dans le régime de la « monotextualité » (Audet, 2000, p. 23). Elle s'apparente aux genres du roman et du drame « qui constituent généralement un seul texte couvrant la totalité du livre qui sert à le publier et proposant une histoire somme toute unique et cohérente » (p. 12).

Cette conception de l'œuvre s'oppose à celle du recueil. D'une part, l'ensemble du recueil peut être considéré comme un énoncé au sens de Bakhtine. D'autre part, si on prend l'exemple d'un recueil de poèmes en prose, chaque poème en prose peut également constituer un énoncé au sens de Bakhtine. Le statut de l'œuvre du type « recueil » est ainsi double, comme l'affirme Audet : « […] il semble difficile de trancher entre le recueil comme texte et le recueil comme somme textuelle, les approches théorique et empirique apportant des appuis à chacune des thèses » (Audet, 2000, p. 69). Cette « double strate textuelle » (p. 142) du recueil est au cœur de la réflexion d'Audet. Mettant l'accent sur « l'inadéquation entre l'unité textuelle et l'unité de publication » (*ibid.*), la « double strate textuelle » offre deux lectures du recueil : une qui revendique l'autonomie de chacun des textes et une autre qui considère à la fois chacun des textes en soi et les relations qu'entretiennent ces textes par l'organisation du recueil. Cette dernière lecture, très intéressante à nos yeux, combine la « polytextualité » (p. 23) à la « monotextualité », c'est-à-dire que le recueil est appréhendé *aussi* comme « un seul texte » (p. 70), comme un « livre » (p. 27).

La notion d'unité

La lecture du recueil comme *monotexte* pourrait conduire à l'idée que le recueil possède une unité. Or, comme le montre Audet (p. 42), cela ne peut être le cas. Suite à Audet qui fait la critique de la notion d'unité telle que les théoriciens l'appréhendent (p. 43), nous définirons la notion d'unité relativement à la coïncidence entre texte, œuvre, genre et acte communicationnel global. Cette unité organique relie des segments textuels par le biais d'éléments narratifs, énonciatifs, thématiques et stylistiques.

Selon Audet (*ibid.*), l'appréhension de l'unité d'un recueil ne peut provenir que du lecteur puisque les nouvelles (les poèmes) sont souvent publiées dans des revues avant la publication en recueil et que l'auteur n'écrit généralement pas de nouvelle (ou poème) en vue de construire une œuvre (p. 16) (cf. *supra* quant aux prépublications des poèmes). Or, cette appréhension d'unité du recueil relève en fait d'une notion se différenciant de l'unité conçue comme cohérence (narrative) : la « réticulation » (p. 71).

Dès qu'un auteur réunit des textes en un recueil – quelle que soit leur hétérogénéité, on peut en dégager des parentés thématiques et stylistiques. Ces parentés ne relèvent pas de l'organisation des textes, mais en revanche des thèmes et du style traversant le recueil, à savoir la « réticulation ». Celle-ci peut être marquée ou atténuée selon le recueil, mais elle ne détruit jamais l'idée d'autonomie de chaque texte (p. 101).

Etant donné la coïncidence entre texte, œuvre, genre et acte communicationnel, ce n'est que l'œuvre poétique organique qui est susceptible d'avoir une unité. De plus, les aspects narratifs et épiques contribuent à lier organiquement ce type d'œuvre, ce que Claudel a fait observer :

> La Veine épique, c'est le Poète exerçant sur l'inspiration […] dans l'intérêt d'une certaine histoire dont il est responsable une action distributive et organisatrice. (Claudel, 1965, p. 626)

L'unité de l'œuvre poétique organique consiste précisément en une « action distributive et organisatrice » où tous les éléments sont interdépendants en raison de leur position ou de leur fonction dans la trame narrative.

Compte tenu de sa composition en séquences autonomes (Audet, 2000, p. 108), le recueil se définit en revanche par la « non-linéarité » (p. 104). Il s'ensuit que la chronologie interne dans l'œuvre du type « recueil » est absente.

Pour conclure

En résumé, on peut dire que l'unité d'une œuvre poétique ne se trouve ni dans le langage poétique ni dans les thèmes, mais dans la relation que le texte et le genre entretiennent avec l'œuvre. En fait, c'est le genre qui détermine l'unité et l'étendue de ce qu'est un texte (Rastier, 2001, p. 22) : puisque le recueil ne forme pas de genre en soi, il ne constitue pas *a priori* un seul texte ; il « distribue », pour paraphraser la citation claudélienne, en revanche ses parties en textes différents et autonomes ; ce n'est qu'après la « distribution » qu'il pourra être lu comme un *monotexte*. Par contre, l'œuvre poétique organique, formant un genre, distribue ses parties en segments textuels. Un texte, selon Rastier, ne constitue une unité qu'« en tant qu'il se distingue par exemple du chapitre ou de la phrase » (p. 62). Seul le lecteur est capable d'évaluer si un assemblement de phrases équivaut à un chapitre ou à un texte autonome : ses facultés à repérer les genres discursifs (« premier » et « second » au sens de Bakhtine, 1984, p. 267), facultés apprises simultanément à l'apprentissage de la langue (p. 285), l'aident à distinguer l'unité du texte et, par là, celle de l'œuvre.[78]

Nous avons rendu compte de deux types d'œuvres poétiques sans considérer le rapport que ces œuvres entretiennent avec l'ensemble des textes d'un auteur. Pourtant, cette distinction est primordiale ; déterminant la production littéraire d'un auteur comme une « œuvre-texte » et l'ouvrage isolé comme un « texte-œuvre » (Audet, 2000, p. 67), Audet met en évidence la complexité de la notion d'œuvre. Cette complexité devient notamment évidente au cas où

---

78 On pourrait également se référer à Ricœur qui pose le problème ainsi : « Telle est donc la chose à laquelle s'adresse le travail d'interprétation : c'est le texte comme œuvre : disposition, appartenance à des genres, effectuation dans un style singulier, sont les catégories propres à la production du discours comme œuvre » (Ricœur, 1975, p. 277).

un « texte-œuvre » entre dans une « œuvre-texte » très homogène, à l'instar du cycle des Rougon-Macquart de Zola où chaque roman est intégré dans un ensemble plus vaste. On peut s'interroger sur le fonctionnement du roman « œuvre-texte » dans une telle « œuvre-texte » romanesque : a-t-il le même statut dans l' « œuvre-texte » qu'une nouvelle ou un poème dans un recueil ? C'est-à-dire : les lois du recueil, fonctionnent-elles au niveau de l'« œuvre-texte » ? Et si oui, comment considérer les relations complexes entre le poème dans le recueil et l'intégration de celui-ci dans l'« œuvre-texte » ?

Bibliographie

Audet, R. (2000) : *Des Textes à l'œuvre : la lecture du recueil de nouvelles*. Éditions Nota bene, [Québec].

Bakhtine, M. M. (1984) : Les Genres du discours, in : *Esthétique de la création verbale*. Seuil, Paris.

Baudelaire, Ch. (1973) : *Petits poëmes en prose (Spleen de Paris)*. Gallimard, Paris.

Baudelaire, Ch. (2004/1980) : Notes nouvelles sur Edgar Poe, *Œuvres complètes*. Robert Laffont, Paris.

Besnier, P. (1992) : Préface, in : Jarry, A. : *Siloques, superloques, soliloques et interloques de pataphysique*. Le Castor Astral, s.l.

Claudel, P. (1965) : Un poème de Saint-John Perse, *Œuvres en prose*. Gallimard, Paris.

Claudel, P. (1967) : *Œuvre poétique*. Gallimard, Paris.

Combe, D. (1989) : *Poésie et récit : Une rhétorique des genres*. Corti, Paris.

Combe, D. (1993) : *Aimé Césaire : Cahier d'un retour au pays natal*. PUF, Paris.

Combe, D. (2001) : Narration, in : Jarrety, M. (éd.) : *Dictionnaire de poésie de Baudelaire à nos jours*. PUF, Paris.

Combe, D. (2004) : *Poésies. Une saison en enfer. Illuminations d'Arthur Rimbaud*. Gallimard, Paris.

Gardes Tamine, J. (éd.) (2002) : *Saint-John Perse sans masque*. La Licorne, Poitiers.

Genette, G. (1987), *Seuils*. Seuil, Paris.

Genette, G. (2004) : *Fiction et diction précédé de Introduction à l'architexte*. Seuil, Paris.

Goujon, J.-P. (1997) : *Léon-Paul Fargue : poète et piéton de Paris*. Gallimard, Paris.

Guyaux, A. (1985) : *Poétique du fragment : essai sur les Illuminations de Rimbaud*. A la Baconnière, Neuchâtel.

Jarrety, M. (2001) : Valéry, in : Jarrety, M. (éd.) : *Dictionnaire de poésie de Baudelaire à nos jours*. PUF, Paris.

Larbaud, V. (1991) : *Lettres à Adrienne Monnier et à Sylvia Beach*. Institut Mémoires de l'édition contemporaine, s.l.

Maulpoix, J.-M. (2002): *Le Poète perplexe*. José Corti, Paris.

Paulhan, J. (1992): *Enigmes de Perse*. Babel, Mazamet.

Rastier, F. (2001) : *Arts et sciences du texte*. PUF, Paris.

Raybaud, A. (2002) : Poésie-banyan, poétique-rhizome : Glissant (*Les Indes*), le passage par Perse (*Vents*), in : Caduc, E. (éd.) : *Postérités de Saint-John Perse, Actes du colloque de Nice 4, 5, et 6 mai 2000*. Faculté des Lettres de Nice.

Ricœur, P. (1975) : *La Métaphore vive*. Seuil, Paris.

Rigolot, C. (1987) : *Amers* : à la recherche d'une poétique du discours épique. *La Revue des lettres modernes*, « Saint-John Perse 1, l'obscure naissance du langage », pp. 103-119.

Saint-John Perse (1982) : *Œuvres complètes*. Gallimard, Paris.

Sandras, M. (1995) : *Lire le poème en prose*. Dunod, Paris.

Schaeffer, J.-M. (1989) : *Qu'est-ce qu'un genre littéraire ?* . Seuil, Paris.

Valéry, P. (1992) : *Ego scriptor*. Gallimard, Paris.

Ægidius, A. (2002) : Den prosa-poetiske autobiografi – modernitetens førstegenre. *Passage – tidsskrift for litteratur og kritik*, 41, pp. 35-47. [sur l'autofiction poétique]

Ægidius, A. (2004a) : Det lyriske epos – en 'ny' genre i moderne fransk litteratur. *Passage – tidsskrift for litteratur og kritik*, 49, pp. 39-50. [sur l'épopée lyrique]

Ægidius, A. (2004b) : La chronique poétique – esquisse d'un genre littéraire moderne. *Revue romane*, 39, 1, pp. 132-155.

Ægidius, A. (à paraître) : *L'énonciation dans la poésie moderne : approche linguistique des genres poétiques*. Thèse de doctorat, Université d'Aarhus.

Je tiens à exprimer toute ma gratitude à Cyrille François, doctorant à l'Université de Lausanne, pour ses commentaires utiles concernant cet article.

L'effet d'œuvre – Un défi pour le lecteur

par Steen Bille Jørgensen

Quelles sont les vertus de la théorie face aux phénomènes littéraires? Telle est une des questions que nous sommes obligés de nous poser à une époque où l'on se rend compte que la scientificité (structuraliste et sémiologique) n'a peut-être pas apporté toutes les réponses attendues. Loin d'avoir l'intention de prendre une position d'arrière-garde en retrouvant par exemple des méthodes de travail (académiques et pédagogiques) comme l'explication de texte, il s'agit d'examiner quelle est la place réservée à la notion d'œuvre dans quelques-unes des théories qui nous offrent depuis les années soixante une alternative à la posture « scientifique ». Le défi de l'œuvre m'intéressera donc en tant qu'interrogation des limites de la théorie et en tant que défi réel posé au lecteur par les phénomènes littéraires. Il s'agira, au départ, de considérer l'effet d'œuvre comme un jeu formel entre la dimension linéaire du texte et sa fragmentation. La question que je me poserai sera de savoir si l'œuvre comme effet ne dépend pas de tensions formelles susceptibles de laisser bifurquer le lecteur qui, à partir du texte, lit à sa manière pour régénérer son expérience du fictif et du réel. Une telle compréhension des phénomènes littéraires ne s'arrête ni à une approche narratologique avec ses explications des tensions textuelles (voir par exemple Peter Brooks, 1984) ni à une analyse de l'univers fictif établi par l'écrivain. Elle vise bien plutôt – et c'est là son point d'aboutissement – à mettre en avant la tâche difficile pour le critique qui consiste à rendre compte, conceptuellement, de ce qui devrait constituer le fondement de toute conceptualisation de la littérature.

Lecture et effets

En prenant avec du recul non seulement le débat sur l'œuvre mais également la formation de théories multiples dans la deuxième moitié du vingtième siècle, un critique danois propose de reconsidérer la distinction entre l'œuvre ouverte et l'œuvre traditionnelle plus fermée (Goldbæk, 2003). Son point de vue consiste à dire que, dans des œuvres modernes, éclatées ou fragmentées, on évite difficilement de prendre en compte l'importance de la fabula et le besoin de l'achèvement. En m'inspirant de cette réflexion, je dirai que, plutôt que d'établir une distinction nette entre l'œuvre organique et l'œuvre fragmentée, il est nécessaire de considérer l'effet d'œuvre comme une dialectique entre la logique narrative linéaire et une logique fragmentaire du texte. L'avantage de ce point de vue est, d'une part, qu'on retrouve la pratique de la lecture par le biais de l'explication et de l'interprétation de textes (Goldbæk, 2003) et, d'autre part, que cela peut nous permettre d'aller plus loin pour tenter de comprendre le simple fait qu'on ressente la nécessité de commenter, d'interpréter ou de comprendre l'enjeu précis des textes lus qui nous ont marqués. Sans revenir à la notion idéologiquement chargée *d'aura de l'œuvre* (organique), on peut mettre au centre la dimension esthétique ou artistique des textes en parlant de l'*effet d'œuvre* qui concernerait donc ce qui nous incite à lire un texte et à comprendre sa logique littéraire particulière, sa manière de faire parler tel ou tel mot, telle ou telle expression, bref une configuration formelle quelle que soit l'échelle du texte. Considérons deux extraits de texte qu'on devrait *a priori* classer dans des catégories esthétiques bien distinctes afin d'observer ce qu'ils partagent au point de vue de leur effet donc au point de vue de leur manière de motiver et d'intriguer le lecteur. Le premier est un extrait de la nouvelle *Jeudi matin au Café du Commerce* publiée la première fois en 1987 (pour être légèrement modifiée au moment de sa réimpression en 1999) et *Eugénie Grandet* appartenant à la section Études de province dans *La Comédie humaine* de Balzac.

Le projet d'écriture d'Annie Saumont n'est pas sans affinités avec le formalisme des Nouveaux Romanciers (avec l'écriture de N. Sarraute en particulier). Se consacrant presque exclusivement au genre de la nouvelle, cet auteur examine à la loupe l'existence d'êtres ordinaires dans leurs cadres quotidiens. On peut observer cette double préoccupation dans son recueil de nouvelles *La Terre est à nous* où l'on ne trouve pas seulement le texte *Jeudi matin au Café du Commerce*, mais également une nouvelle s'intitulant *Samedi matin au Café du Commerce*. En élargissant davantage le cadre, on trouve de surcroît, dans un autre recueil portant le titre *Si on les tuait*, les deux nouvelles « Dimanche matin au Café du Commerce » et « Lundi matin au Café du Commerce ». Dans ces nouvelles, les aventures imaginaires (qu'elles appartiennent à la conscience des personnages ou sont à imaginer par le lecteur) sous-tendent une vie sans événements spectaculaires dont Saumont fait pourtant le cadre pour une analyse de la douleur. La logique répétitive-sérielle formelle correspond de bien des manières à ce qu'il y a de peu humain dans la vie des êtres, notamment dans celle d'enfants victimes du train de vie des adultes.

L'interrogation de l'effet d'œuvre est donc à mener par rapport au jeu subtil entre le thème de l'habitude aveuglante et la logique formelle répétitive avec ses effets d'ironie. Dans le Café du Commerce, d'un jeudi à un autre, apparemment, peu de choses changent : « Bon. C'était encore un jeudi. La semaine suivante. Même décors »(p. 30). En attirant de manière moqueuse notre attention sur le fait qu'on trouve le deuxième jeudi le trou d'une brûlure de cigarette dans l'écharpe de l'habitué nommé simplement « le type » et que sa « coupe Orlando » est peut-être plus longue «... (juste la pousse d'une semaine) » (p. 30) , le narrateur nous incite à réfléchir sur notre cécité quotidienne, sur notre négligence des détails qui consituent notre cadre de vie. La structure de la nouvelle fonctionne, en effet, à la manière des jeux enfantins auxquels on joue seul – à partir de deux images apparemment authentiques – et dans lesquelles le défi consiste à chercher les cinq variations introduites d'une image à l'autre (les cinq objets supprimés par exemple)... Une telle structure subvertit la logique narrative linéaire du récit et incite le lecteur à observer l'écriture dans sa matérialité (les italiques dans les titres de journaux économiques qui suggèrent la vitesse et le dynamisme etc.) autrement dit à prendre conscience de ses attentes ou de ses habitudes de lecteur. Cette stratégie est radicalisée au niveau de la narration qui se caractérise par de nombreuses modifications ou reprises et parenthèses subvertissant le statut même du narrateur.

Néanmoins, on peut, en suivant la logique de l'ordre narratif-linéaire, lire un « drame sentimental » : La serveuse-étudiante étant l'objet de l'amour du serveur Jo, elle cherche elle-même à attirer l'attention du « type » qui évoque ironiquement le héros imperturbable tel qu'on le trouve par exemple dans les Westerns américains. Il est suggéré que ce triangle classique ait donné lieu à un drame de jalousie réel se concluant dans le meurtre du type par Jo le serveur. Il est question de « La détonation d'une arme à feu » (p. 34), mais à la fin du récit, on apprend que la seule action dans le cadre du café est le geste du serveur qui « ...venait de découper une tarte aux groseilles » (p. 35). Ce geste habituel, ce « rien du tout » ainsi que la forme schématique de l'intrigue illustrent simplement le fonctionnement du « désir narratif » (Brooks, 1984). Ce désir narratif est provoqué par une structure qui invite le lecteur à lire selon ses attentes d'un drame fictif avec sa résolution alors que la posture ironique de l'écrivain consiste à faire respecter ce « lecteur implicite » emprunté au modèle des thrillers ou des récits à suspense, seulement pour l'inciter à lire autrement, le type étant plutôt un anti-héros caricaturé.

Ainsi, chez Saumont, l'humour et l'ironie nous permettent de dépasser le seul niveau de l'écriture en faveur d'une interrogation des rapports humains. Pour le lecteur, il s'agit de mesurer l'importance du non-dit à tous les niveaux du texte et le scandale de la franchise :

> La non-voyante a relevé la tête. Le petit garçon a dit, pourquoi que celle-là nous regarde de travers, sa mère lui a donné une tape, le petit a pleurniché ben quoi qu'il avait rien fait. La mère a dit tu veux te taire? Il a eu droit à une vraie baffe. Le temps s'est comme arrêté. (Saumont, p. 33)

Ce passage représente le seul événement dans le cadre fictif, à savoir la présence d'une femme avec son fils qui sont d'abord décrits comme de simples apparences physiques, le garçon étant d'une remarquable beauté pour se faire remarquer ensuite en raison de leurs paroles (du discours direct en dépit de l'absence de guillemets). Cependant, le lecteur risque de négliger l'importance de cet événement révélateur quant aux codes (et aux tabous) qui régissent cet univers. Il est significatif que le dialogue en reste aux formalités à l'exception d'un échange précis entre la femme aveugle et la serveuse (étudiante en philo). Alors que toutes les personnes s'interrogent sur l'état des yeux de la femme aveugle, cachés par des lunettes, la question pour le lecteur est précisément de savoir comment on perçoit le monde conformément à l'interrogation du philosophe Berkeley à propos de qui la femme aveugle interroge la serveuse pour savoir si elle croit que « ce qu'on ne voit plus cesserait d'exister » (p. 31). Pour le lecteur, le problème est de savoir qui voit quoi et ce qu'il entend lui-même[79]. Autrement dit, la voix qui se fait entendre dans la salle dénonce l'absence de dialogue réel et, en tant que lecteur, il faut prêter attention au fait que cette dimension auditive dans le récit à dominante visuelle, déclenche le développement du « faux suspens ».

---

[79] Au niveau du style, le langage quotidien et la reprise en grosses lettres de noms de journaux et de producteurs ne fait que renforcer l'importance d'une interrogation de ce qui fonctionne selon des structures bien définies et closes. Mais en même temps, le jeu entre le littéral et le figuré fonctionne. Au moment où il est question des lunettes noires de la femme aveugle et énigmatique, l'écrivain présente l'interrogation de la façon suivante : "Des yeux à jamais fermés ou des *globes* opaques baignant dans une eau bleuâtre". A propos du type on apprend qu'il "a pris l'air satisfait de celui qui fout la pagaille sur un coin de *la planète* (ici Le Café du Commerce) rien qu'en levant le petit doigt". Les deux mots (que j'ai soulignés) reprennent l'interrogation du titre "La terre est à nous"… serait-elle à celui qui fout la pagaille en faisant de l'esbroufe ou à la femme-lectrice (femme écrivain potentielle?) discrète qui s'intéresse à la vie des autres en essayant de se la représenter.

On aurait tendance à se dire que la femme non-voyante est peut-être en réalité voyante, mais si cela est en partie vrai, cela impliquerait la prise en compte du fait qu'elle regarde de manière oblique en écoutant. Ce genre de court-circuitage ironique de la focalisation s'appuie sur le modèle de *la Jalousie* de Robbe-Grillet seulement pour suggérer les implications humaines de tout travail textuel. Par conséquent, il s'agit pour le lecteur d'écouter le récit et de considérer par exemple la dimension phénoménologique de la lecture d'un texte en braille. Cette écoute irait à l'encontre du drame du silence, logique impossible selon laquelle fonctionne la supression de force de la parole qui dit la vérité (conformément au dicton qui veut que « la vérité sort de la bouche des enfants »). L'ironie atteint donc le lecteur réel en l'obligeant à (re-)considérer le monde quotidien de son propre point de vue et à prendre au sérieux le jeu entre l'imaginaire et le réel qui ne connaît pas de limites…

A la différence du récit répétitif d'Annie Saumont, celui d'*Eugénie Grandet* de Balzac respecte l'ordre narratif linéaire. En tant que récit du destin d'une femme scrupuleusement inscrit dans le temps historique et chronologique, cette représentation reste apparemment cohérente et transparente. Dans ce texte, le désir narratif obéit à la logique de l'attente dans la mesure où le point de vue du lecteur dédouble celui du protagoniste qui espère pouvoir retrouver son cousin, l'objet de son amour. Le lecteur espère parallèlement voir le protagoniste arraché à l'univers monotone et morbide de la province. Ainsi, le lecteur reste avide d'action alors que les deux tiers du texte développent le coup de foudre d'un instant chez la fille et en moins d'un cinquième du livre l'attente, pendant plus de sept ans, de retrouvailles qui n'auront pas lieu. Mais au-delà du sentiment claustrophobique et étouffant que partage le lecteur avec le personnage, notamment à la fin du récit (celle-ci confirme la force despotique des valeurs de province), on peut apprécier la force du désir (réfreiné) dans un passage de ce récit qui est également celui de l'obsession et du despotisme d'un père avare qui amasse l'or.

Il s'agit d'un inventaire qui suit la lecture par Eugénie de deux lettres reçues de son cousin Charles Grandet, et ce fragment constitue une transgression du contrat de lecture (des limites de la communication) qui annoncerait la rupture du « contrat » passé entre les deux parents qui se destinent l'un à l'autre. Si le caractère énumératif de celui-ci et l'arrêt que marque formellement cet inventaire peut s'expliquer par l'estimation de sa fortune par Eugénie, la contemplation des pièces à laquelle est convié le lecteur, le fait osciller entre le sentiment d'étrangeté et l'exotisme qui fait rêver. Examinons ce passage :

Là ce ne fut pas sans une vive émotion de plaisir qu'elle ouvrit le tiroir d'un vieux meuble en chêne, l'un des plus beaux ouvrages de l'époque nommée la *Renaissance*, et sur lequel se voyait encore à demi effacée, la fameuse Salamandre royale. Elle y prit une grosse bourse en velours rouge à glands d'or, et bordée de cannetille usée, provenant de la succession de sa grand-mère. Puis elle pesa fort orgueilleusement cette bourse et se plut à vérifier le compte oublié de son petit pécule. Elle sépara d'abord vingt portugaises encore neuves, frappées sous le règne de jean V en 1725, valant réellement au change cinq lisbonines ou chacune cent soixante-huit francs soixante-quatre centimes, lui disait son père, mais dont la valeur conventionnelle était de cent quatre-vingt francs, attendu la rareté, la beauté desdites pièces qui reluisaient comme des soleils. ITEM, cinq génovines ou pièces de cent livres de Gênes, autre monnaie rare et valant quatre-vingt-sept francs au change, mais cent francs pour les amateurs d'or. Elles lui venaient du vieux monsieur La Bertellière. ITEM, trois quadruples d'or espagnols de Philippe V, frappés en 1729, donnés par madame Gentillet, qui en les lui offrant, lui disait toujours la même phrase : "Ce cher serin-là, ce petit jaunet vaut quatre-vingt-dix-huit livres! Gardez-le bien, ma mignonne, ce sera la fleur de votre trésor." ITEM, ce que son père estimait le plus (l'or de ces pièces était à vingt-trois carats et une fraction), cent ducats de Hollande, fabriqués en l'an 1756, et valant près de treize francs. ITEM, une grande curiosité!… des espèces de médailles précieuses aux avares, trois roupies au signe de la Balance, et cinq roupies au signe de la Vierge, toutes d'or pur à vingt-quatre carats, la magnifique monnaie du Grand-Mogol, et dont chacune valait trente-sept francs quarante centimes au poids ; mais au moins cinquante francs pour les connaisseurs qui aiment à manier l'or. ITEM, le Napoléon de quarante francs reçu l'avant-veille, et qu'elle avait négligemment mis dans sa bourse rouge. Ce trésor contenait des pièces neuves et vierges, de véritables morceaux d'art, desquels le père Grandet s'informait parfois, et qu'il voulait revoir, afin de détailler à sa fille les vertus intrinsèques, comme la beauté du cordon, la clarté du plat, la richesse des lettres dont les vives arêtes n'étaient pas encore rayées. (Balzac, p. 1127-1128)

Dans cette séquence, c'est bien le geste ou l'action entreprise par Eugénie qui motivent la description hyper-détaillée des pièces en or. Cependant, on a l'impresssion que, même à ce moment-là, c'est davantage la logique du père qui régit les formules et il faut prendre le mot "trésor" au sens littéral. En ce qui concerne les valeurs et les désirs d'Eugénie, on a pu apprendre qu'elle s'émerveille en recevant pour son anniversaire une « boîte à ouvrage… véritable marchandise de pacotille ». Cet objet qui n'a donc que peu de valeur (d'échange) peut aux yeux de l'enfant prendre les apparences d'un trésor ; mais ce sens « figuré » appartient clairement à la rêverie enfantine. En la voyant, dans le passage cité, peser « fort orgueilleusement », on peut mesurer le passage qui s'opère dans son esprit vers le monde adulte, étant donné que son attitude avant ce stade est caractérisée par le mot « négligemment » qui qualifie l'attitude de la jeune femme envers son or. Ce mot entre en contraste précisément avec les termes valorisants employés par ailleurs pour caractériser l'émerveillement des adultes face à l'or. Ce « trésor » est donc celui du père et en l'imposant à sa fille, celui-ci semble de même la priver de son enfance, de ses rêves à elle et de la possibilité de choisir sa propre vie et ses propres valeurs. En ce qui concerne l'évaluation de ce passage par le lecteur, il est essentiel de saisir comment l'effet d'œuvre concerne l'acte même de valorisation du texte.

On connaît l'importance symbolique de l'or dans la *Comédie humaine* (dans la *Fille aux yeux d'or* par exemple), et il est d'autant plus bouleversant de lire ce genre de matérisalisation de l'or d'une part dans son aspect purement quantitatif (qui se prête à différents calculs), d'autre part dans sa dimension de pièces artisanales, travaillées en fonction de différentes séries nationales et culturelles. Au fond, cet inventaire, tout en opposant l'idée de totalité (d'un nombre fini) et d'ouverture (symbolique-imaginaire et culturel), nous situe en tant que lecteurs dans la position du collectionneur-fétichiste maniaques pour nous inciter à prendre de la distance et considérer dans un même mouvement l'agencement du texte. Nous croyons lire un texte (réaliste) de représentation transparente mais en réalité nous sommes confrontés à la réalité matérielle du travail artistique et donc à l'altérité de l'écrivain (dans sa solitude maniaque)[80].

---

80 Différents ordres semblent sous-tendre l'ordre de cet inventaire. La suite se présente comme chronologique (les dates mentionées sont d'avant la Révolution), on va du moins précieux vers le plus précieux (en valeur du poids et pureté de l'or qui va jusqu'au vingt-quatre carat). De surcroît cet inventaire dresse… ° La série existentielle, *romanesque* d'Eugénie : Il s'agit de son « trésor » des pièces qu'elle a cumulées le long de sa vie. Certaines lui ont été offertes le jour de sa naissance (expression de l'amour de son père?). ° La série historique *testimoniale* de l'écrivain : les pièces sont empruntées à des cultures différentes, marqueurs d'exotisme et de virtualités non-développés (lisbonines, génovines, quadruples espagnols, ducats de Hollande et la monnaie du Grand-Mogol). ° Série de la valeur et point de vue du *lecteur* : Du point de vue de la valeur ces pièces n'ont rien d'univoque. Au contraire, elles s'inscrivent dans des sous-séries (poids de l'or pur ; l'échange ; valeur affective pour le collectionneur-fétichiste).

Il est, en effet, essentiel de souligner l'importance du commerce et des échanges qui sont au centre de ce livre avec toute leur potentialité de sens (cadeaux, commerce, communication par lettre, dons potlatch/charité chrétienne), l'absence d'échange y répond sous diverses formes (tyrannie, fétichisme, silence, brouillage de la parole, bégaiement, interruption d'une lettre etc.). Ce problème des échanges a été abordé par la critique au niveau thématique en tant que démesure et court-circuitage (Lotringer, 1972). il est significatif que la naissance des sentiments chez Eugénie, – ce primevère de la jeune fille dont il est question – est dédoublée par le calcul de la femme qui compte « son petit pécule » pour venir en aide à son cousin. Le personnage cherche à éliminer le trop plein pour changer le cours des événements. En faisant le vide, elle transgresse l'ordre autoritaire pour établir sa propre logique et se constituer comme sujet. Parallèlement, le lecteur subit les effets de la saturation. Le détail-fragment marque le dédoublement de la logique fatale (déterministe) de ce récit. A son insu, le personnage « innocent » confirme sa propre destinée en prenant sa première décision en matière d'investissements. Là ou le vide du récit de Saumont incitait le lecteur à fournir un complément de travail imaginaire, avec Balzac, c'est plutôt la surcharge qui crée un besoin de vide ou de distance chez le lecteur qui correspond au moment de son *évaluation de l'échange littéraire*. Rien ne paraît plus subir la médiation par le narrateur; on est confronté à des formes emblématiques du temps de l'auteur, à une présence pure (par rapport à laquelle nous sommes à jamais distanciés) qui est à la fois l'expression d'un désir et d'un manque.

Qu'il s'agisse d'une méta-fiction ou d'une fiction transparente plus traditionnelle, l'effet d'œuvre a à voir avec la tension entre la dimension narrative-linéaire, la dimension fragmenté-séquentiel du récit. Saumont accentue la fragmentation (et le visuel) pour mieux faire jouer l'ironie autour du suspens, alors que Balzac réussit, du fait de la progression infaillible du récit, à ménager une sorte de latéralité par le biais de l'inventaire qui relève autant du réel que de la fiction. Au-delà du mouvement herméneutique, il s'agit d'interroger la nécessité qu'éprouve le lecteur à biaiser et la difficulté se présente, au point de vue de la théorie, de savoir comment rendre compte de tels effets liés à l'acte de lecture même. Avant de proposer une solution, visant à cerner l'importance de la singularité de l'œuvre, je voudrais d'abord examiner deux points de vue théoriques dans la perspective de la complémentarité entre texte et lecteur.

Théories pour une lecture littéraire

Au point de vue de l'œuvre, il me semble pertinent d'évoquer deux positions théoriques, accordant à l'œuvre un statut de notion-clé. La première est celle proposée par Pierre Macherey dans son livre *Pour une Théorie de la production littéraire* de 1966. Il propose, en effet, analyses à l'appui, une réflexion méta-théorique qui défend – en pleine vogue structuraliste – la « complexité réelle » des œuvres. La seconde est la théorie de la lecture d'inspiration phénoménologique telle que la formule Wolfgang Iser pour attirer l'attention sur le fait que l'œuvre dépend de l'interaction entre texte et lecteur. La notion de « critique », étant celle qu'il s'agit de cerner pour Macherey, la première de ces orientations considère l'œuvre comme le domaine de l'activité critique. La seconde aborde l'œuvre, dans le sillage d'Ingarden (et de sa réflexion sur l'expérience littéraire), en accentuant l'importance des tensions formelles du texte et de ses effets esthétiques.

Pour commencer par la position méta-théorique, on peut en le citant rendre compte de la manière dont Macherey présente la problématique de l'interprétation et du sens de l'œuvre : « L'œuvre littéraire donne la mesure d'une différence, donne à voir une absence déterminée » (Macherey, 1966, p. 97). Ainsi, l'œuvre littéraire partirait d'une négativité ou d'un manque pour constituer un discours de type inédit. Dans une telle perspective, le rôle de la critique serait de tenir compte de l'autonomie du langage littéraire (l'œuvre est à elle-même sa propre règle (p. 66)) qui reste cependant dépendant du langage en tant que tel comme une réalité seconde (p. 68)[81]. L'œuvre entretient notamment des rapports avec les discours de type théorique et idéologique ainsi qu'avec les autres formes littéraires. Selon Macherey, l'œuvre ne vient jamais seule et il est essentiel d'observer qu'elle entretient avant tout des relations avec une réalité de type langagier.

Si l'auteur est responsable de la production du texte, le sens de l'œuvre (considéré comme une connaissance ou un savoir établi à partir de l'œuvre) relève de sa théorisation et donc de la connaissance scientifique. En critiquant l'idéologie de l'*œuvre ouverte*, Macherey plaide en faveur de l'établissement du rapport entre l'œuvre et les conditions (historiques et sociales) de sa production. Cela signifie que le critique porterait la responsabilité d'expliciter

---

81 « Cependant, il ne faut pas confondre autonomie et indépendance. L'œuvre n'institue la différence qui la fait être qu'en établissant des rapports avec ce qui n'est pas elle : autrement elle n'aurait aucune réalité et serait proprement illisible et même invisible » (p. 67)

et d'expliquer la logique de ce rapport en s'appuyant –ce qui témoigne d'une pluri-disciplinarité avant l'heure – sur tout un éventail de disciplines avec leurs théorisations propres. Le sens de l'œuvre résidant dans une telle élucidation dépasse donc le *projet initial* de l'auteur (p. 66) et Macherey réalise une série de lectures éclairantes à partir de Jules Verne et de Balzac par exemple[82]. L'éclairage de la complexité réelle de l'œuvre reste, pour le théoricien marxiste, la tâche de la critique, sans que la théorie de Macherey tombe dans le dogmatisme matérialiste.

L'œuvre se situe ainsi au croisement d'une donnée textuelle immanente et de l'apport scientifique d'une époque. Dans cette perspective épistémologique, abstraction est faite de l'acte de lecture et donc de ce qui se passe au moment de la lecture et qui est sans doute tenu pour secondaire, quoique les analyses de Macherey tirent une force de conviction certaine de ses dons de lecteur. Si Macherey semble accorder des compétences spécifiques aux lecteurs- spécialistes, l'importance d'une lecture autre que celle marquée par l'épistémologie, autrement dit celle dont tout un chacun peut faire l'expérience est au centre des théories de la lecture. En abordant cette dimension de la lecture (de prose), Wolfgang Iser partage avec Macherey sa critique de l'illusion herméneutique et l'idée selon laquelle le texte littéraire porterait sous forme cachée ou cryptée un sens précis. Le sens serait bien plutôt à construire au moment de l'*interaction entre texte et lecteur*. A propos de l'œuvre, Iser précise qu'elle « ne peut être identique ni avec le texte ni avec son actualisation, mais qu'elle se situe quelque part entre les deux »[83]. Ainsi, Iser met la *notion d'œuvre* au centre de sa théorie dans la mesure précisément où le lecteur la réalise à la fois dans sa dimension formelle concrète (selon la logique du "lecteur implicite") et dans sa dimension virtuelle qui dépend du lecteur empirique. Cette analyse d'une duplicité de l'expérience littéraire tient compte aussi bien de l'ordre linéaire que des perspectives multiples assurées par la complexité de l'objet littéraire avec ses *blancs textuels* (*Leerstellen*).

82 Il a lui-même proposé la perspective d'une dialectique entre le langage esthétique des formes littéraires et le langage conceptuel philosophique. Mais sans aller jusqu'à interroger le rôle des discours littéraires et philosophiques, ne peut-on pas de manière plus simple poser la question de savoir ce qui dans un texte nous mobilise en tant que lecteurs de littérature.

83 « It's clear that the work itself cannot be identical with the text or with its actualisation but must be situated somewhere between the two » (Iser, 1980, p. 106).

Grâce à Iser, nous comprenons que la lecture littéraire se caractérise par le rapport dynamique entre le texte et le lecteur dont les expériences de lecteur et d'être humain lui permettent de bifurquer pour ouvrir des horizons de lecture insoupçonnés par l'écrivain. La difficulté pour le critique-théoricien consiste avant tout à saisir, à évaluer et donc à exprimer ce qui dans son expérience précise de lecteur est pertinent par rapport à l'éclairage du texte et de l'écriture d'un écrivain précis. Iser nous fait comprendre que le sens d'un texte littéraire ne va jamais sans un certain *effet esthétique*. Cet effet dépend étroitement de la négativité du texte avec ses places vides ou ruptures textuelles auxquelles viennent correspondre l'imaginaire (et l'inconscient) du lecteur. Ainsi, l'œuvre institue un nouvel ordre à partir d'une négativité – point de vue théorique qui correspond à celui de Macherey – pour se proposer au travail intellectuel du lecteur qui correspond lui-même à un besoin ou à un manque. L'œuvre se situe comme donnée positive entre deux négativités et, paradoxalement, elle s'institue dans une dimension purement intellectuelle qui nous invite à transgresser l'ordre exclusivement textuel (avec sa cohérence syntaxique-syntagmatique-narratif linéaire) en faveur d'enjeux tels que la vérité (Macherey) ou le sens (Iser) qui n'appartiennent ni pour l'un ni pour l'autre à la simple dimension de l'interprétation.

En nous apprenant à considérer l'œuvre comme une notion-limite (entre texte et instance réceptrice), ces deux théoriciens, et leurs conceptions de l'œuvre nous permettent de prendre nos distances par rapport au structuralisme, de dépasser l'herméneutique et d'interroger le sens (littéraire) en fonction du jeu (ou de la limite) entre théorie et lecture.

La singularité de l'œuvre

> « Un effort presque sans fin est exigé pour que l'œil se laisse capter par la forme, se laisse communiquer l'énergie qu'elle détient. Il y a ici un travail à faire pour tenir à l'écart les présupposés, les interprétations, les habitudes de lecture, que nous contractons avec l'usage prédominant du discours » (Lyotard, 1985, p. 218)

Cette limite me semble être ce qu'explore précisément Laurent Jenny en formulant dans son livre *La Parole singulière* une « poétique du figural ». Son analyse des *effets esthétiques* met l'accent sur ce qui « déclenche les procédures interprétatives » (Jenny, 1990, p. 82). Que nous partions d'un texte plutôt fragmenté ou de la transparence représentative, ce qui importe est ce qui nous incite à interroger un événement langagier. Dans la préface du livre de Jenny, Starobinski parle de « travail de singularisation »… Quelque chose bouge dans le texte et nous nous mettons en quête d'un sens qui dépasse les effets de sens locaux. Chez Jenny, il n'est pas explicitement question de l'œuvre mais des effets esthétiques qu'il faut comprendre « comme [des] formes de crise, [des] types de tension qu'impose le discours à la réception de l'énoncé » (Jenny, 1990, p. 83)

De toute évidence, Jenny tient compte de l'apport des théories de la réception et donc de l'expérience esthétique; il mentionne ses affinités avec le travail de W. Iser. Cependant, en s'appuyant sur la théorie de Freud et sur la philosophie post-structuraliste, il procède dans son évaluation des phénomènes esthétiques à une réflexion poétologique et philosophique très complexe (et pluri-disciplinaire), susceptible d'articuler le cheminement depuis une première expérience de lecture vers la conceptualisation critique. En se consacrant notamment à l'analyse d'effets esthétiques en puissance dans le langage parlé ou écrit, Jenny ne pose pas cependant le problème de l'œuvre et du jeu entre le fragment textuel et le cadre formel auquel celui-ci appartient. Il dit à propos des crises et de l'intranquilité du lecteur que « le figural a partie liée avec l'essence du discursif » (Jenny, 1990, p. 85)[84]. Autrement dit, le figural dépend de l'achèvement du discours. A mon sens l'œuvre provient, comme le dit Macherey, de cette idée d'achèvement en nous laissant le loisir de considérer des effets d'œuvres à toutes les échelles du texte littéraire (voir Pingaud, 1974). Au-delà des modulations très concrètes du langage, il s'agit de prendre en compte l'économie d'une forme avec ses tensions textuelles et ses rythmes particuliers.

Ainsi, l'effet d'œuvre présuppose le pôle narratif qui rend possible une lecture en fonction du pôle de la fragmentation. La lecture littéraire contribue à la constitution de l'œuvre dans son caractère oblique. Il s'agit pour le lecteur de répondre à une interpellation spécifique pour examiner la manière dont les mots nous parlent de la spécificité du langage formel. Donc, nous nous mettons à lire le texte dans sa qualité de texte composé d'objets textuels susceptibles d'acquérir une certaine autonomie (Pingaud, 1974).

Si le texte littéraire est, dans la perspective pragmatique, considéré comme une communication, celle-ci relève du paradoxe puisqu'il faut dépas-

---

84 en tant que *double représentation* ou événement langagier qui ouvre à un événement du monde.

ser les significations immédiates du texte en faveur de l'échange unique qui peut avoir lieu entre le lecteur et l'écrivain. Ni l'auteur ni le lecteur ne maîtrisent ces effets de l'œuvre. Tout se passe comme si le texte prenait tout seul en charge les conditions de l'échange, comme s'il opèrait une sorte d'hypercodage qui situe l'échange essentiel entre le fictif et le réel.

Toute construction de sens se doit, finalement, de tenir compte de la manière dont le lecteur fait l'expérience de moments troubles, pour hésiter et s'interroger sur la manière de parler du langage ou, plus précisément, sur la manière dont le langage lui parle. Cette intranquilité caractérise l'*effet d'œuvre*, en modifiant notre rapport à la littérature ; la dimension virtuelle nous confronte de manière violente avec nos habitudes de lecteurs et avec l'effort intellectuel à fournir pour reconsidérer nos catégories d'évaluation littéraire et donc de pensée d'êtres humains.

Le défi qu'on expérimente au moment de la lecture littéraire est un défi auquel ne peut répondre qu'une présence d'esprit particulière. Le texte d'Annie Saumont nous met sur nos gardes en nous faisant observer les effets matériels du texte seulement pour nous faire lire de manière oblique un détail infime à première vue négligeable. Cet effet d'œuvre nous oblige, en somme, à considérer ce qu'il y a de plus proche de nous et de terriblement humain. Inversement, Balzac nous introduit dans un univers excessivement cohérent pour nous inviter à suivre le destin d'un personnage, alors que tout bascule dans un excès d'ordre textuel, susceptible de nous faire comprendre que l'enfermement de ce texte concerne autant nos propres attentes et catégories de pensée que celles de l'univers fictif.

Cette dimension virtuelle de l'œuvre fait de manière paradoxale coïncider l'expérience positive de la double dimension narrative et séquentielle du texte avec l'impression d'un dépassement singulier du rapport au texte concret. La compréhension littéraire ne correspond pas uniquement au sens herméneutique du texte, mais davantage à une conscience renouvelée de l'altérité même. En fin de compte, l'œuvre est la dimension de la lecture qui assure le caractère quasi-initiatique de l'expérience littéraire.

Remarques pour conclure

Dans les deux extraits de texte analysés, l'interprétation et la lecture même connaissent des phases de trouble. La question des habitudes et des conventions sociales traitées dans les deux récits prend des formes littéraires qui correspondent à des interrogations littéraires de leur temps, donc à une « production littéraire ». Toutefois, l'effet d'œuvre met le lecteur face au problème complexe de l'échange littéraire. L'œuvre étant sa propre règle, il revient au lecteur de prendre au sérieux l'expérience esthétique et le fait de la singularité de l'objet littéraire. Dans la littérature en prose, l'effet d'œuvre nous met face au jeu ou aux tensions formels du récit. Le phénomène littéraire dépend de l'apport virtuel du lecteur et la position de celui-ci n'a rien de commode ; le défi nous atteint au plus profond de nous pour nous pousser à nous mettre en quête du caractère de cette interaction entre le texte et notre motivation pour reprendre le texte et articuler éventuellement (conceptuellement) l'enjeu de ce qui, dans le texte, bouleverse notre rapport au langage. Cette interrogation se situe ainsi à l'intersection du statut de la littérature et de notre position de sujets-lecteurs sinon de sujets tout court. S'il s'agit pour le critique de donner sa théorie à l'œuvre, celle-ci ne peut jamais précéder l'œuvre. La radicalité de l'effet d'œuvre nous oblige à prendre au sérieux l'altérité qui se manifeste au niveau du texte et qui ouvre la possibilité pour le lecteur de devenir autre.

Bibliographie

Balzac, H. (1976) : *Eugénie Grandet* (1833). Editions Gallimard, coll. La Pléiade, Paris.

Brooks, P. (1992) : *Reading for the Plot* (1984). Harvard University Press, Cambridge, London.

Goldbæk, H. (2003) : Det litterære værk, in : Søndergaard, L. (2003), *Om litteratur*. Systime, Aarhus.

Iser, W. (1980) : Interaction between Text and Reader, in : Suleiman S. R. et Crosman I (1980), *The Reader in the Text*. Princeton University Press, Princeton.

Lotringer, S. (1972) : Mesure de la démesure. *Poétique* n° 12, Paris, pp. 486-491.

Lyotard, J.-F. (1985) : *Discours, figure* (1971). Editions Klincksieck, Paris.

Macherey, P. (1966) : *Pour une Théorie de la production littéraire*. Klincksieck, Paris.

Pingaud, B (1974) : L'objet littéraire comme ready-made, in : Pingaud, B. (1992) : *Les Anneaux du manège*. Gallimard, coll. Folio, Paris, pp. 134-150.

Saumont, A. (1987) : *La Terre est à nous*. Ramsay, Paris.

Révisions et interprétations

Réflexion sur le défi de l'œuvre : pour une topologie matérielle

par Carsten Meiner

1. Baumgarten et l'esthétique de l'œuvre

Si la notion d'œuvre provient de la philosophie antique, la notion d'esthétique, on le sait, est plus récente. Forgée au milieu du XVIIIe siècle par Baumgarten, la notion d'esthétique figure dès 1735 dans ses *Méditations philosophiques sur quelques sujets se rapportant à l'essence du poème* où Baumgarten amorce le développement d'une science du monde sensible, définissant le concept d'esthétique à l'aide d'une sorte de commentaire philosophique sur *L'Art poétique* de Horace. Dans *Métaphysique* de 1739 Baumgarten continue son projet en s'efforçant de systématiser la discipline esthétique comme « la science du mode de connaissance et d'exposition sensible » (Baumgarten, 1988, p. 89). Les idées sur l'esthétique déployées dans ces deux textes seront ensuite consolidées dans son *Æsthetica* de 1750 où Baumgarten détermine de façon définitive le décor conceptuel et épistémologique de l'esthétique. Avec la nouvelle science de Baumgarten, l'œuvre d'art obtient un nouveau cadre systématique visant à définir la connaissance sensible et de ce fait Baumgarten rompt avec une longue tradition qui plaçait la sensibilité humaine à un niveau inférieur à celui de la raison et aux concepts clairs et distincts. Baumgarten promeut en effet la sensibilité au même rang que la raison, comme faculté de connaissance autonome de l'intellect, étant toutes les deux susceptibles de *perfectibilité*, notion combien dix-huitiémiste, et ayant chacune leur propre domaine d'étude. À la raison reviennent les définitions générales, à la sensibilité l'essence de l'individuel qui se révèle selon Baumgarten dans la Beauté des œuvres d'art. La beauté, et c'est là la vraie rupture avec la tradition rationaliste, est sensible et non pas intelligible car la beauté d'un tableau ou d'un poème ne se laisse pas analyser et identifier par des concepts scientifiques. La beauté d'un paysage ne saurait être relevée par une analyse géologique et météorologique des éléments du paysage, la beauté de l'œuvre se donnant donc seulement à l'intuition qui contemple le paysage comme un tout indivis et autonome. La sensibilité peut dès lors être considérée comme une véritable forme de connaissance et l'unité autonome de son objet est signe non seulement de beauté mais de vérité dans la mesure où il intègre apparence et essence dans une identité formelle.

2. Les idées sensibles claires et confuses

Dans ce qui va suivre nous nous interrogerons moins sur la question de la connaissance sensible que sur une dimension particulière de la science esthétique de Baumgarten qui semble à même d'élucider un des grands problèmes non seulement du statut ontologique de l'œuvre d'art mais également d'indiquer la portée analytique du concept d'œuvre. Il s'agira en effet non pas tant de la *finalité véridique* de l'œuvre, que de la *perfectibilité de la science* de l'œuvre, science qui prend donc son point de départ dans la connaissance sensible. Qu'est-ce donc que ce problème de la connaissance sensible ? Selon Baumgarten – en cela non seulement héritier de Leibniz et Wolff, mais également précurseur de Kant, qui utilisait *La Métaphysique* de Baumgarten pour ses cours à Königsberg – un des problèmes de la connaissance sensible réside très précisément dans les *qualités* des idées sensibles, lesquelles sont à la fois claires et confuses. L'idée du beau que provoque l'œuvre est en effet à la fois claire : trouver un objet beau, c'est connaître sa nature ; mais l'idée que l'œuvre fait venir à l'esprit est également confuse, car les déterminants et les sources du beau nous demeurent inconnus (cf. l'exemple du beau paysage). Dans son *Esthétique* Baumgarten peut justifier son programme scientifique ainsi :

> À l'objection – La confusion est mère de l'erreur – je réponds a) mais elle est la condition *sine qua non* de la découverte de la vérité, là où la nature ne fait pas le saut de l'obscurité à la clarté distincte. [...] ; b) si la confusion doit être objet de préoccupation, c'est afin d'éviter les erreurs, qui sont si grandes et si nombreuses chez ceux qui n'en ont pas cure ; c) on ne préconise pas la confusion, mais on corrige la connaissance dans la mesure où quelque confusion lui est nécessairement mêlée. (Baumgarten, 1988, pp. 122-123).

Une interrogation sur l'œuvre peut aujourd'hui prendre son point de départ dans le problème des qualités sensibles claires-confuses, justement parce que l'œuvre ne déclenche pas seulement l'idée du beau, (idée déjà dépassée chez Hegel par l'idée de l'art romantique comme *eine nicht mehr schöne Kunst*[85]), mais également de nombreuses autres idées : celles de l'auteur, du style, ou encore du genre qui, elles aussi sont claires et confuses. Lisant *Phèdre* nous sentons et reconnaissons les alexandrins de Racine, sans pourtant savoir, c'est-à-dire avec la même clarté que celle provenant de la reconnaissance, comment expliquer cette reconnaissance. Et en lisant *L'Education sentimentale* nous sentons et reconnaissons clairement tout un milieu urbain et des événements parisiens, tout en sachant qu'il s'agit d'une fiction et que la clarté de notre reconnaissance est *a priori* brouillée par la non-concordance entre le Paris de Flaubert et le vrai Paris[86]. Ces notions de « style » et de « réalité » sont claires – c'est bien « du Racine » et c'est bien Paris que nous reconnaissons – mais elles sont également confuses car nous ne saurions *distinctement* identifier les sources et la vérité de leur contenu. Ces idées sont en parfaite analogie avec les exemples que propose Leibniz, grand précurseur de Baumgarten, du clair-confus sensible : la mer agitée présente un tout clairement reconnaissable dont les composantes ne s'analysent pas, tout comme la couleur rouge est clairement rouge, sans que nous puissions, faute de concept du rouge, l'expliquer à un aveugle. En fait une version de l'histoire de la critique littéraire ferait de celle-ci une série de solutions au problème du clair-confus des idées sensibles, dans la mesure où cette histoire serait synonyme de développements continus de concepts en vue d'identifier l'aspect confus des catégories de style, d'auteur ou de référentialité littéraires. Dans cette perspective, l'histoire moderne de la critique littéraire se présente comme un véritable débrouillage ou démêlage du fait littéraire clair-confus, justement par le biais de la perfection progressive des concepts scientifiques littéraires ; la conceptualisation et systématisation des catégories, au départ plus ou moins impressionnistes, d'auteur et de style, figurent ainsi une véritable *Aufklärung* réunissant finalement les participants des batailles littérai-

---

85 Cf. Hans Robert Jauss, 1968 et les tentatives de récupération du Beau à travers les notions de Jeu, Symbole et Fête chez Hans-Georg Gadamer, 1977.

86 Cette distinction n'amène aucune hiérarchie de vérité entre référent et fiction. Précisément en ce qui concerne *L'Education sentimentale* les commentateurs (Alberto Cento, Lorenza Manini et Michel Sandras) se sont accordés à y voir un travail de documentation de premier ordre. Paradoxe délicieux par ailleurs, un des meilleurs historiens du XIXe siècle français, Maurice Agulhon, cite à plusieurs reprises le roman de Flaubert comme source ! Cf. Claudine Gothot-Mersch, 1985, p. 16.

res les plus virulentes, comme Proust et les symbolistes, Picard et Barthes, Sokal et le poststructuralisme.

Ces remarques préliminaires nous permettent de proposer une perspective légèrement décalée par rapport aux discussions courantes sur l'œuvre en tant que catégorie esthétique. Depuis la naissance de l'esthétique de Baumgarten le problème de l'œuvre se loge certes dans les questions de nature ontologique, et dans le défi essentialiste qui y est relatif, défi relevé aussi bien par l'esthétique classique, de Schiller disons, que par l'esthétique vitaliste de Deleuze, au moins à en juger par leur insistance sur « l'unité » et « l'autonomie », bref sur la cohérence immanente de l'œuvre (Deleuze et Guattari, 1991, pp. 154-188) ; pour notre part nous voudrions plutôt nous pencher sur le statut *qualitatif* des idées que l'œuvre fait naître : l'œuvre d'art nous parvient par définition comme entité claire-confuse, et puisque aujourd'hui la finalité de l'œuvre à notre sens n'est nullement identifiable par sa Beauté, nous sommes non seulement libres de nous interroger sur les idées claires-confuses déclenchées par telle ou telle œuvre, mais plus précisément contraints d'inventer des concepts pour distinguer et démêler les composantes des idées du style, du genre et du réel que les œuvres diverses nous font découvrir clairement mais confusément.

La topologie

Un des concepts littéraires qui a le plus souffert du défi du clair-confus sensible, ou qui a peut-être trop bien su le relever, est celui de *topos* littéraire. Si l'on a débattu des problèmes relatifs au style, au genre, au contexte littéraire, et à la notion de l'auteur, proposant à ces noms de nouveaux concepts pour en identifier cette dimension confuse, le concept de topos a été plus ou moins négligé par la critique littéraire. La raison en est évidente : puisque un topos par définition est un élément conventionnel, et de par ce statut à l'avance clairement reconnaissable comme lieu commun du narratif ou de l'énonciation, toute discussion sur l'aspect confus du topos semble *a priori* futile sinon maladroite. Comme récurrence narrative ou linguistique un topos ne se prête pas à des discussions conceptuelles ; le topos donne d'emblée des certitudes au lecteur, et malgré ses différentes conceptualisations par exemple chez Curtius et Elisabeth Frenzel aucun malaise conceptuel n'est à noter au sujet de la topologie, sauf celui découlant d'une terminologie plutôt désorganisée qui a tendance à mélanger motif, topos et thème. Nous voudrions analyser d'abord quelques scènes topiques ou conventionnelles qui montrent toutefois comment le clair-confus régit également le domaine un peu négligé (ou franchement désuet) de la topologie. Ensuite nous allons revenir à l'expérience de l'œuvre et à la possibilité d'une réhabilitation de la topologie.

Trois topoï : « le bruit de carrosse »

Voici trois exemples d'un topos classique provenant de *Miss Jenny* de Madame Riccoboni (1764), de *Cleveland* de Prévost (1731-39) et de *La Paysanne parvenue* de Mouhy (1735):

> Le douzième jour après son départ, le bruit d'une voiture venant au grand trot, m'attira aux fenêtres de mon cabinet. Je vis entrer dans ma cour un carrosse à six chevaux, escorté de quatre cavaliers; les couronnes qui étaient sur la berline annonçaient un paire du royaume. (Mme Riccoboni, 1818, p. 243).

> Cependant le bruit d'un carrosse qui s'avançait à grand train, nous fit croire que ce devait être celui de milord. Nos yeux le reconnurent bientôt plus certainement. Je fis un effort pour me lever ; il m'aurait réussi, et mes forces suffisaient pour me soutenir sans secours ; mais les dames et M. de R. me forcèrent absolument de demeurer assis. Le carrosse arriva pendant cette contestation. (Abbé Prévost, 1731, p. 494).

> [...] je commençai à concevoir que j'étais bien éloignée du point auquel j'aspirais, et dont je m'étais flattée trop aisément. J'avais l'imagination remplie de ces choses, lorsque j'entendis un carrosse avec un grand bruit de chevaux qui s'arrêta devant la maison. (Mouhy, 1739, p. 385).

L'identité entre ces trois passages est évidente. Premièrement l'on comprend que c'est par la même fonction narrative que l'aspect topique de la scène est garanti : un état psychologique ou physique est interrompu par le bruit d'un carrosse, qui gouverne ou change la direction du narratif. La similarité frappante entre les trois scènes (on en trouve en abondance aux XVIIIe et XIXe siècles) réside dans la fonction qu'occupe les trois carrosses comme gonds narratifs qui, tout en n'étant pas en eux-mêmes significatifs, ouvrent une nouvelle perspective dans l'existence des personnages principaux. Se fait alors jour, et c'est là le deuxième aspect que nous voudrions souligner, un aspect *indéterminé* dans ce topos, aspect qui en lui-même ne garantit en effet aucun sens, mais juste un changement de scène. Il n'implique aucun sens *a priori*, ne faisant qu'introduire « quelque chose » dans le texte, ce quelque chose étant présagé par le bruit du carrosse sans pour autant en être révélé. En fait le topos peut faire arriver qui que ce soit (un paire de France, mylord, un inconnu) et l'idée même du bruit, qui annonce sans révéler le contenu, implique fort justement cette relativité sémantique. Le topos « bruit de carrosse » est presque par définition synonyme d'introduction d'un personnage ou d'un message, mais il est également, et toujours par définition, mi-vide, inconnu et brouillé comme l'idée même du bruit implique exemplairement. Autant le bruit du carrosse est conventionnel et reconnaissable, donc topique, autant il paraît en lui-même sous-déterminé, accusant une espèce de déficit sémantique. Ainsi le cadre topique est conventionnel et *a priori* alors que son sens est *a posteriori*.

Une première objection à ce raisonnement consisterait à remarquer que le manque de sens de ces scènes de carrosse provient du fait qu'il s'agit justement du bruit indistinct des carrosses ; maintes sont au contraire les scènes de carrosse où par exemple une rencontre précise et distincte a lieu, précision sémantique qui invaliderait la thèse du sens *a posteriori* du topos. Selon la logique de cette objection les trois scènes relevées sont non seulement exemplaires mais exceptionnelles dans la mesure où leur contenu indistinct et à développer (le bruit) s'accorde avec l'idée que nous proposons du topos en général. Contre une telle objection nous soutenons que les trois occurrences du topos sont exemplaires de la règle topologique du sens *a posteriori* car lorsque nous considérons de près d'autres occurences du topos du carrosse nous pouvons à juste titre tirer la même conclusion en ce qui concerne leur construction de sens. Prenons pour preuve deux passages. Le premier provient des *Liaisons dangereuses* (1784): dans un embarras de voiture Valmont et Emilie croisent Mme Tourvel, laquelle a finalement succombé aux charmes du premier. Valmont écrit :

> […] J'étais à peine à quatre maisons de l'Opéra, et ayant Emilie dans ma voiture, que celle de l'austère Dévote vint exactement ranger la mienne, et qu'un embarras survenu nous laissa près d'un demi-quart d'heure à côté l'un de l'autre. On se voyait comme à midi, et il n'y avait pas moyen d'échapper. (Laclos, 1979, p. 321).

Dans ce passage se configurent des éléments et relations dont le sens est déjà établi : le triangle érotique, l'Opéra, la vie mondaine, le cynisme de Valmont, la transformation des vertus de Mme Tourvel en « austérité ». Seulement, à bien y regarder, ce sont les carrosses qui intègrent *concrètement* ces composantes diverses, carrosses qui, eux, n'ont pas de sens *a priori*, mais qui arrivent néanmoins à développer une situation inédite dans le roman, situation qui amorce la désintégration psychologique même de Mme Tourvel. Ainsi le topos du carrosse implique avec nécessité des sens préétablis, mais ce fait ne l'empêche pas de *constituer*, à partir des éléments qu'il intègre, une nouvelle situation dans le roman, dont le sens avec égale nécessité est *a posteriori*.

Notre second exemple se trouve à la fin de *Madame Bovary* où Emma se promène dans Rouen lorsqu'une porte cochère s'ouvre :

> Alors elle se rappela ce jour où, tout anxieuse et pleine d'espérances, elle était entrée sous cette grande nef qui s'étendait devant elle moins profonde que son amour ; et elle continua de marcher, en pleurant sous son voile, étourdie, chancelante, près de défaillir. - Gare! cria une voix sortant d'une porte cochère qui s'ouvrait. Elle s'arrêta pour laisser passer un cheval noir, piaffant dans les brancards d'un tilbury que conduisait un gentleman en fourrure de zibeline. Qui était-ce donc? Elle le connaissait… La voiture s'élança et disparut. Mais c'était lui, le Vicomte! Elle se détourna : la rue était déserte. Et elle fut si accablée, si triste, qu'elle s'appuya contre un mur pour ne pas tomber. Puis elle pensa qu'elle s'était trompée. Au reste, elle n'en savait rien. Tout, en elle-même et au dehors, l'abandonnait. Elle se sentait perdue, roulant au hasard dans des abîmes indéfinissables (Flaubert, 1988, p. 415).

Il s'agit du Vicomte avec qui Emma avait dansé lors du bal initial du roman et qui avait par là même déclenché les rêveries fatales d'Emma. Toute la tristesse de l'imaginaire d'Emma est en quelque sorte condensée dans ce passage où le carrosse intègre donc à nouveau des éléments déjà connus ; mais même si nous assistons ici à un plus haut degré de détails relatifs à l'apparence du carrosse, et donc à un sens *a priori* du carrosse même (Tilbury, cheval noir, puissance mondaine etc.) ce n'est justement pas cette précision descriptive qui devrait intéresser l'analyse topologique du roman ; bien sûr, le Tilbury marque la différence entre la légèreté et la mobilité de la vie mondaine et la pesanteur prosaïque de celle d'Emma ; le Tilbury file devant elle comme un rappel d'un monde perdu, comme une possibilité manquée de mobilité sociale ; mais au-delà des détails descriptifs un autre sens général est constitué : justement parce qu'Emma n'arrive finalement pas à déterminer qui était le propriétaire du carrosse « elle n'en savait rien », ce manque de savoir produit par le carrosse, donne à Emma un sentiment généralisé de perdition, livrée à la contingence du monde. S'il s'agit du carrosse du vicomte, cela en ferait un rappel efficace des premiers (et seuls) instants heureux du roman. Mais Emma, au début de la citation et avant d'apercevoir le carrosse, pensait justement au moment heureux et amoureux de sa vie et cet état pourrait bien expliquer une fausse identification du carrosse. Quoiqu'il en soit, dans les deux cas, le carrosse fait comprendre à Emma que sa vie est perdue à cause de la rupture irréparable entre espérances romantiques et contingence réelle et cette rupture – incarnée par le carrosse – met de la sorte en porte-à-faux le parcours entier d'Emma.

Autrement dit, nous reconnaissons, dans ces scènes, et au-delà de l'éventuel sens *a priori* de leurs éléments, une fonction stable qui, elle, n'a pas de sens *a priori*. Par cela même la situation paisible et légèrement vieillotte de la topologie cache un problème : les concepts classiques de topos impliquent que les scènes identifiées, possèdent un sens *à l'avance*. Ils sont des cadres sémantiques reconnaissables qui présentent une situation dont le contenu est prédéterminé par la nature du topos. Les topoï « meurtre fratricide » ou « Locus amoenus » ne peuvent signifier quoi que ce soit, car ils doivent fatalement comprendre des éléments de haine, de famille, de nature ou de calme comme coordinations sémantiques stables. En revanche les scènes de carrosse ne sont pas ancrées dans une sémantique préalable qui fonctionnerait comme leur condition de possibilité, c'est-à-dire comme la raison même que l'on se donnerait pour les appeler topoï ou motifs. À chaque fois rempli de façon contingente, le topos du carrosse ne saurait participer à une sémantique universelle. En revanche et à bien y regarder, ce qui paraît stable dans les scènes de carrosse mentionnées à l'instant, c'est la *fonction relationnelle* du carrosse ; ce qui détermine la stabilité des trois topoï de Mouhy, Riccoboni et Prévost réside dans la mise en relation d'éléments spirituels et matériels : le carrosse met en scène une relation entre deux ou plusieurs éléments qui ne se trouvaient pas liés à l'avance, mais dont la constellation ne s'excluait bien évidemment pas non plus. Des éléments de méditation, de désir, de mobilité sociale, de rencontre fortuite, etc. sont constitués par les relations de carrosse dont le sens est *a postériori* et non *a priori* comme dans les topoï classiques[87].

Dès lors, une modification importante du concept topologique s'est opérée : à partir des remarques précédentes nous pouvons parler d'un concept topologique *structurel* qui n'est pas déterminé par un contenu *a priori* mais par une mise en relation. Cette topologie structurelle intègre deux dimensions classiques, à savoir le sujet et l'objet, donc le personnage principal et le monde de l'œuvre, mais intégration qui ne s'opère pas comme simple mise-ensemble dans la représentation, mais comme intégration opérée plus précisément par *la constitution d'une nouvelle dimension* de leur relation. Par conséquent nous pouvons quitter la discussion terminologique sur le concept le plus approprié pour identifier les scènes de carrosse : au lieu d'hésiter entre topos, motif ou thème nous proposerons d'identifier les scènes de carrosses comme des *interfaces*. Ce concept que nous empruntons plus ou moins directement à la médiologie de Régis Debray, a le mérite, nous l'espérons du moins, de venir remédier aux aspects proprement confus des topoï de carrosse. Trois aspects de cette médiologie et du concept d'interface doivent d'abord être soulignés. Premièrement : malgré les ressemblances apparentes avec les études de com-

---

87 Un certain flou définitoire est en fait au cœur de ces concepts mêmes. Dans l'ouvrage classique *Motive der Weltlitteratur* (1976) Elisabeth Frenzel définit le motif et le thème de façon analogue : « Le thème est la mélodie entière, tandis que le motif en est un accord ». Cette hiérarchisation semble avoir été acceptée par la plupart des chercheurs, mais François Jost peut, dans l'Introduction du *Dictionary of literary Themes and Motifs* édité par Jean-Charles Seigneuret renverser la hiérarchie pour affirmer : « ...the motif represents the abstract substance of a work, while the theme is its concrete treatment, its application to various particulars of striking happenings, its illustration ». Edward Quinn, lui aussi, ajoute à la confusion dans *Dictionary of literary and thematic Terms*, en proposant la définition suivante du topos : « Topos is used to describe conventional literary motifs such as *Carpe Diem* and *Theatrum mundi"* et Elisabeth Frentzel, cette fois-ci dans *Stoff- und Motivgeschichte* explique que pour Curtius topos signifie « thèmes de pensée devenus des clichés ». Premièrement, c'est ce genre d'embarras conceptuels mélangeant de façon plus ou moins chaotique topos, thème et motif qui nous dissuade de choisir, parmi ces mots mêmes, pour l'analyse des carrosses. Deuxièmement, et parce qu'un tel choix entre thème, topos et motif dépendrait du contexte particulier où est placé le carrosse, il est révélé par là même qu'aucun de ces concepts n'est absolu par rapport au topos du carrosse. Autrement dit, les scènes de carrosse que nous avons citées jusqu'à présent appartiennent à tant de niveaux de réalité et à tant de configurations littéraires qu'aucun des concepts topologique, thématique et de motif possède la précision conceptuelle nécessaire à une identification satisfaisante. Elisabeth Frenzel, 1976, p. vi. Jean-Charles Seigneuret, 1988, p. xxi. Edward Quinn, 1999, p. 326. Elisabeth Frenzel, *Stoff- und Motivgeschichte*, 1974, p. 17. Ernst Robert Curtius, 1956.

munication, la médiologie de Debray n'a presque rien en commun avec celles-ci :

> L'idéal serait de parvenir à penser l'impensable de la pensée, son action.
> Interférences, commutations, régulations. La médiologie a pour but, à
> travers une logistique des opérations de pensée, d'aider à clarifier cette
> question lancinante, indécidable et décisive déclinée ici comme 'le pou-
> voir des mots', là comme 'efficacité symbolique' ou encore 'le rôle des
> idées dans l'histoire', selon qu'on est écrivain, ethnologue ou moraliste.
> 'La puissance matérielle des paroles' qui faisait rêver Edgar Poe. Elle se
> voudrait l'étude des médiations par lesquelles 'une idée devient force
> matérielle', médiations dont nos 'médias' ne sont qu'un prolongement
> particulier, tardif et envahissant. (Debray, 1991, p. 14).

La médiologie prend donc toujours son point de départ dans le devenir-maté-
riel des idées, des symboles et des valeurs, matérialité comprise comme l'endroit concret par lequel ces valeurs et idées sont transmises. Rien de bien
inédit dans ce constat. Mais lorsque nous continuons la lecture de Debray,
celui-ci fournit des indications fort utiles pour la réhabilitation de la topologie.
L'inventeur de la médiologie offre en effet en second lieu une série d'exemples
qui nous permet de préager la construction d'un concept de topos qui serait à
même d'identifier les scènes de carrosse comme des interfaces qui constituent
les deux volets de spiritualité et d'objectivité dans de nouvelles relations :

> Dans médiologie, *médio* désigne en première approximation l'ensem-
> ble, techniquement et socialement déterminé, des moyens de transmis-
> sion et de circulation symboliques. Ensemble qui précède et excède la
> sphère des médias contemporains... Une table de repas, un système
> d'éducation, un café, une chaire d'église, une salle de bibliothèque, un
> encrier, une machine à écrire, un circuit intégré, un cabaret, un parle-
> ment ne sont pas faits pour 'diffuser de l'information'. Ce ne sont pas
> des 'médias', mais ils entrent dans le champ de la médiologie en tant que
> lieux et enjeux de diffusion, vecteurs de sensibilité et matrices de socia-
> bilités. (Debray, 1991, p. 15).

Ce passage nous fait comprendre que le champ d'étude de la médiologie serait une sorte de topologie matérielle, c'est-à-dire des lieux communs culturels qui actualisent concrètement diverses formes de sensibilité et de socia-

bilité et Régis Debray aurait très bien pu inclure par exemple la malle-poste dans sa liste. Une des différences entre la topologie classique (celle de Curtius par exemple) et la nôtre est évidemment l'assise matérielle qui distingue la nôtre sans que sa dimension de lieu conventionnel disparaisse pour autant. Debray souligne d'ailleurs dans ce contexte l'aspect historique des lieux matériels, qui non seulement sont matériels, mais impliquent aussi une histoire : la chaire, le laboratoire, et la bibliothèque ont besoin d'un culte, d'une tradition de recherche et d'une institution de savoir qui connaissent et retiennent les idées relatives aux lieux :

> On regroupera sous le terme de transmission tout ce qui a trait à la dynamique de la mémoire-collective; et sous le terme de communication, la circulation des messages dans un moment donné. Ou encore en durcissant l'opposition, on dira que communiquer consiste à *transporter une information dans l'espace*, à l'intérieur d'une même sphère spatio-temporelle, et transmettre : à *transporter une information dans le temps*, entre des sphères spatio-temporelles. La communication a un horizon sociologique et pour tremplin de départ une psychologie interindividuelle [...]. La transmission a un horizon historique et pour socle de départ, une performance technique. (Debray, 2000, p. 3).

En cela la médiologie de Debray conserve des ressemblances évidentes avec la topologie classique littéraire dans la mesure où la mémoire littéraire – l'histoire littéraire – elle aussi soutient et consolide les topoï dans la longue durée. Un dernier point doit être soulevé : on pourrait croire que Debray reprend la devise classique de Mcluhan « The Medium is the message ». Ce n'est pas le cas. Il est clair que la médiologie ne vise pas le contenu du message mais elle ne vise pas non plus le médium lui-même. La médiologie est orientée vers les *relations* constituées par les interfaces et c'est là que nous pourrons revenir à nos scènes de carrosses analysées à l'instant comme autant de constituants de relations. Régis Debray affirme dans *Introduction à la médiologie* :

> La médiologie ne concerne pas un domaine d'objets mais un domaine de relations. Ce point est capital. Pris en eux-mêmes les médias, au sens large ou étroit, ne l'intéressent pas *ès qualités* ...On deviendra un médiologue de plein exercice en interfaçant l'interne et l'externe, lorsqu'on reliera positivement un ceci, 'matériel', et un cela, 'spirituel'. (Debray, 2000, p. 69)

Cette citation donne à notre avis des bases suffisamment solides pour une réhabilitation de la topologie classique comme étude des interfaces littérai-res. Récapitulons alors : tout comme les lieux dans la topologie classique, les interfaces concrétisent des idées mais à cette différence près que l'interface ne dépend pas de l'idée à concrétiser. Malgré leur nature contradictoire l'idée de fuite et l'idée d'attaque ou l'idée de solitude et l'idée de rencontre publique sont similairement « actualisables » par le carrosse. L'interface est plurifonc-tionnelle, car extérieure aux termes qu'elle intègre. Et tout comme les topoï classiques, les interfaces sont actualisées sur la base d'une historie, à cette différence près que l'histoire des interfaces, en considération de leur ancrage matériel et institutionnel, n'est pas seulement une histoire générique, c'est-à-dire relevant de la mémoire des genres littéraires, mais aussi et surtout une historie technologique et institutionnelle. Relationnelles, matérielles et his-toriques, telles sont les composantes conceptuelles des interfaces. Par cette affirmation nous soulignons comment le carrosse n'est pas juste une ressour-ce conventionnelle qui fonctionnerait comme médiateur entre un sujet et un monde pré-définis mais qu'il fonctionne comme *constitution* effective des possibles littéraires développant ainsi l'espace virtuel de l'œuvre dans une di-rection en principe inattendu. Malgré son minimalisme, le passage de Mouhy est exemplaire à cet égard, car le bruit le plus conventionnel et en quelque sorte le plus insignifiant et sourd, force la paysanne à quitter un état de dé-ception dû à sa position sociale pour un état de curiosité envers une réalité dont le bruit semble ouvrir de nouvelles dimensions. Ainsi l'interface consiste en des mélanges de moments reconnaissables et de moments productifs, de conventionnalisme et de nouveauté produisant une longue série de hasards, d'accidents, de surprises et de détours. La puissance de la culture romanes-que de la littérature pourrait bien être cet état hésitant où la hiérarchie en-tre volonté critique et conscience conventionnelle n'est jamais définitivement établie. De ce point de vue, le roman serait le déploiement d'une certaine for-me de raison, qui pour être raisonnable pose une *condition de mobilité* : la rai-son du roman est raisonnable lorsqu'il y a mouvement ou tension réelle entre ses composantes conventionnelles et critiques. Ces échanges, connexions et équilibres provisoires entre effort critique et détente conformiste n'ont toute-fois pas leur racine dans une logique universelle au niveau de l'histoire des idées mais nécessite plutôt, comme une sorte de non-dit déterminant, une promenade en carrosse pour se mettre en marche. Balzac l'avait très bien compris lorsque, dans *Le Père Goriot*, son narrateur s'écrie : « Le bruit d'une voiture devient un événement » (Balzac, 1971, p. 58).

Cette réhabilitation de la topologie comme étude des interfaces littéraires laisse apparaître un lien avec les remarques initiales sur l'esthétisation de l'œuvre de Baumgarten. Une analogie semble surgir entre, d'une part, les idées claires et confuses que provoque l'œuvre d'art et, d'autre part, les deux dimensions, conventionnelle et productive, du carrosse comme interface. Nous apellerons volontiers la dimension productive et constitutive des scènes de carrosse un des moments proprement confus de l'œuvre. Nous reconnaissons en effet clairement la fonction-carrosse, c'est-à-dire son statut de convention littéraire, mais ses implications sémantiques et sa portée narrative demeurent confuses, exigeant analyse. Par cela même nous aurons replacé le problème des qualités claires-confuses de la connaissance sensible, bref, de l'esthétique, au niveau le plus conventionnel de l'œuvre, celui de la topologie.

Conclusion

Le défi que nous lance l'œuvre littéraire est universel dans la mesure où les qualités de la connaissance sensible seront toujours le clair et le confus. Or, on objectera que la connaissance sensible n'est pas exclusivement artistique ; il suffit en effet de feuilleter *Les Nouveaux essais* de Leibniz pour s'en assurer : la couleur rouge nous est claire car il est clair que nous reconnaissons le rouge mais elle est également confuse car, n'ayant pas de concept du rouge, nous ne saurions expliquer à un aveugle ce que c'est que le rouge. Par conséquent le clair-confus n'est pas exclusivement limité à l'art mais à notre condition d'êtres sensibles tout court. Pour y répondre admettons d'emblée qu'une telle objection est justifiée, mais soulignons en même temps que c'est justement la catégorie de l'œuvre qui marque une limite entre connaissance sensible et connaissance sensible *à travers l'art*. Or, cette limite n'est pas fondée sur une séparation entre, d'une part, la beauté artistique qui serait la marque de l'œuvre et d'autre part des objets sensibles qui seraient sans marque artistique. Ce qui distingue l'œuvre dans cette perspective est bien plutôt le fait d'être consciente de ses qualités claires-confuses. L'œuvre sait que malgré toute la clarté qu'elle octroie au monde qu'elle représente, malgré le langage clarifiant qu'elle déploie à cet effet et malgré l'utilisation de ses lieux communs clairement reconnaissables, ce sont ces efforts mêmes de présentation claire qui révèlent ses « faiblesses » confuses. Lisant Robbe-Grillet, Blanchot remarquait que plus grand est le degré de clarté de l'œuvre, plus sensible devient le manque de détermination de son idée (Blanchot, 1959, pp. 195-201). La conscience de ce paradoxe de la clarification est proprement ce qui sépare l'œuvre des objets prosaïques non-artistiques. Or, s'il est facile d'expliquer par exemple l'hermétisme de la poésie symboliste dans cette perspective comme recherche de ses propres déterminants de clarté, une grande majorité d'œuvres littéraires emploie en fait la stratégie opposée. La plupart des œuvres littéraires utilisent les lieux et les formes les plus clairs et reconnaissables non pas pour explorer leur possible vérité ; elles profitent au contraire de la clarté de ces lieux conventionnels pour inventer des scènes fictives, tout à fait probables, et y sonder les possibles des événements, hasards et rencontres qui constituent la vie des hommes. Fort d'une historie incontestable comme lieu commun littéraire à la fois conventionnel et vide, le carrosse a, de toute évidence, été un endroit privilégié pour ce projet d'invention. Et fort d'un concept d'interface qui prendrait en compte ses aspects confus, le carrosse littéraire peut être promu au rang des objets qui participeront à la science esthétique matérialiste. Celle-ci aura donc pour objet quelque chose d'aussi insignifiant que les bruits et les embouteillages des carrosses qui développent autant de sentiments et pensées non seulement à Emma Bovary, mais aussi aux comédiens de Scarron ou à Swann chez Proust. Tous ces carrosses qui circulent entre les œuvres les plus différentes et qui constituent comme la base matérielle de leur histoire littéraire.

BIBLIOGRAPHIE

Balzac, H. (1971) : *Le Père Goriot* (1835). Gallimard, éditions folio, Paris.

Baumgarten, A.G. (1988) : *Esthétique* précédée des *Méditations philosophiques sur quelques sujets se rapportant à l'essence du poème* et de la *Métaphysique*. (traduction, présentation et notes par Jean-Yves Pranchère), L'Herne, Paris.

Blanchot, M. (1959) : La Clarté romanesque, in : *Le Livre à venir*. Gallimard, Paris, pp.195-201.

Curtius, E.R. (1956) : *La Littérature européenne et le Moyen Age latin*. PUF, Paris.

Debray, R. (1991) : *Cours de médiologie générale*. Gallimard, Paris.

Debray, R. (2000) : *Introduction à la médiologie*. PUF, Paris.

Deleuze, G. et F. Guattari (1991) : *Qu'est-ce que la philosophie ?*. Les Editions de minuit, Paris.

Flaubert, G. (1991) : *L'Éducation sentimentale* (1869). GF-Flammarion, Paris.

Flaubert, G. (1988) : *Madame Bovary* (1857). Gallimard, coll. Folio Plus, Paris.

Frenzel, E. (1974) : *Stoff- und Motivgeschichte*. Erich Schmidt Verlag, Berlin, 2eme éd.

Frenzel, E. (1976) : *Motive der Weltlitteratur – ein Lexikon dichtungsgeschichtlicher Läng-schnitte*. Alfred Kröner Verlag, Stuttgart.

Gadamer, H.-G. (1977) *Die Aktualität des Schönen*. Reclam, Stuttgart.

Gothot-Mersch, C. (1991) : Introduction, in : Flaubert, G. *L'Éducation sentimentale*. GF-Flammarion, Paris.

Jauss, H.R. (éd.) (1968) : *Die nicht mehr schönen Künste*. Fink Verlag, München.

Laclos, C. (1979) : *Les Liaisons dangereuses*. in *Œuvres complètes*, (éd. Laurent Versini), Gallimard, la Pléiade, Paris (1784).

Mouhy, (1739) : *La Paysanne parvenue ou Les mémoires de Madame la marquise de L. V* (1735). sans maison d'édition, Amsterdam.

Prévost, (1731) : *Le Philosophe anglais ou Histoire de Monsieur Cleveland*. in : *Œuvres de Prévost*, (éd. Philip Stewart) tome II, Presses universitaires de Grenoble, Grenoble.

Quinn, E. (1999) : *A Dictionary of literary and thematic Terms*. Checkmark Books, New York.

Riccoboni (1818) : *Miss Jenny*, in *Œuvres complètes I* (1764). Éditions Foucault, Paris.

Seigneuret, J.-C., (1988) : *Dictionary of literary Themes and Motifs*. Greenwood Press, New York.

L'incarnation éclatée
– André Breton entre deux siècles

par Nikolaj Lübecker

Ce texte part d'une question simple : quel est le statut de l'œuvre dans le mouvement surréaliste ? La question est facile à poser, mais il est difficile d'y répondre. Les difficultés sont multiples. D'abord, il faut préciser que les surréalistes n'avaient pas tous la même conception de l'œuvre. Lorsque l'on compare les montages que Breton mettait en scène pour l'exposition surréaliste à New York en 1942 (*De la survivance de certains mythes et de quelques autres mythes en croissance ou en formation*) avec ceux de Max Ernst vers 1930 (*La Femme 100 têtes*, 1929 ; *Une semaine de bonté*, 1934), il est évident que les premiers forment des ensembles hétérogènes, tandis que les derniers tendent à réduire la différence matérielle entre les éléments constitutifs, créant ainsi des œuvres *à première vue* plus classiques. Ici, il ne s'agira pas d'explorer ces logiques différentes : André Breton sera le centre de notre réflexion. Ensuite, il faut ajouter que la conception bretonienne de l'œuvre – et plus générale-ment : la pensée bretonienne – varie avec les circonstances historiques et politiques dans lesquelles il intervient. Breton lui-même souligne cet aspect de sa pensée dans la préface de la *Position politique du surréalisme*. Même si ce livre est composé de textes écrits au cours de la même année 1935, on y trouve « certaines fluctuations » :

> Ces fluctuations, je m'assure, en effet, qu'elles sont en rapport avec le cours récent, singulièrement tumultueux, de l'histoire. J'estime, en outre, que toute pensée vivante, pour solliciter un effort quelconque à partir d'elle, doit comporter à la fois des constantes et des variables. (Breton, 1991, p. 9).

Au lieu de passer ces fluctuations sous silence (et au lieu de s'en réclamer comme la preuve d'une vivacité intellectuelle), nous essaierons d'expliquer pourquoi l'œuvre bretonienne peut prendre plusieurs formes et permettre des interventions à première vue très disparates. Mais précisons aussi que par la suite nous examinerons surtout la période entre 1930 et 1935.

La question de l'œuvre dans le mouvement surréaliste a souvent été étudiée. Non seulement dans la riche bibliographie sur le surréalisme, mais aussi chez les nombreux chercheurs qui se sont intéressés à l'avant-garde artistique – et par conséquent, au surréalisme. Afin de cerner notre propos, esquissons d'abord deux réponses classiques à la question du statut de l'œuvre dans l'avant-garde. La première se trouve dans la célèbre étude de Peter Bürger, *Theorie der Avantgarde* ; la deuxième dans un petit livre pédagogique de Benoît Denis, *Littérature et engagement* (2000).

Le dépassement surréaliste de l'opposition entre vie et art

Peter Bürger publiait sa *Theorie der Avantgarde* en 1974 (éd. augmentée en 1980). Depuis sa parution, le texte occupe une place centrale dans les recherches sur l'avant-garde. Quelques années avant cette théorie, Bürger avait écrit une étude du surréalisme (*Der französischen Surrealismus*, 1971) et il n'est donc guère surprenant que le surréalisme joue un rôle important dans le texte de 1974.

Bürger présente l'avant-garde comme un dépassement de l'antinomie entre *l'esthétisme* (il cite Mallarmé, Valéry et Hofmannsthal) et *l'art engagé* (de Zola et Sartre). Ce dépassement est un véritable *aufhebung*, car dans le mouvement même du dépassement, l'avant-garde maintient des éléments centraux de l'esthétisme et de l'art engagé. Voici les explications de Bürger :

A la fin du XIXe siècle, les auteurs de l'esthétisme se rebellent contre la société bourgeoise. Selon eux, cette société est dominée par une pensée simpliste et positiviste ; l'omniprésence d'une logique utilitaire empêche toute tentative de pensée indépendante. Par réaction, ils se retirent de la vie sociale et se vouent à la perfection des œuvres autonomes. De cet art, les artistes d'avant-garde reçoivent l'idée d'un art libre déployant une logique différente de celle de la société bourgeoise et de son système politique. Ils adoptent la critique d'une robotisation de la vie humaine (cf. Bürger, 1974, pp. 66-68). Mais les artistes de l'avant-garde ne souscrivent pas à toutes les idées de l'esthétisme – loin de là. Par exemple, ils s'opposent à la conception individualiste de l'artiste et considèrent l'activité artistique comme collective. Avant tout, le *retrait social* des auteurs de l'esthétisme – et la distance à la vie et aux objets quotidiens qui en résulte – parait trop défensif aux avant-gardistes. De l'art engagé, ils prennent donc le désir d'un art politiquement efficace. Ainsi, l'avant-garde préserve la haute conscience formelle de l'esthétisme et la volonté des auteurs engagés de changer le monde. Le résultat de cette double ambition est un art visant à promouvoir une pensée non-téléologique *dans la société*.

Afin d'imposer cette nouvelle logique, les artistes s'y prennent par deux chemins – parallèles. *D'un côté*, ils cherchent à miner la distinction entre art et vie (*Lebenspraxis*). Voilà ce qui se passe, par exemple, avec le *happening*. Certains happenings présentent des activités quotidiennes se déroulant dans un musée, d'autres présentent des activités artistiques ayant lieu dans le monde social – dans les deux cas, le happening défait la distinction entre art et réalité sociale. Un exemple surréaliste allant dans la même direction : l'établissement de *La Centrale du bureau de recherches surréalistes*. Ce bureau était ouvert à tous ceux qui voulaient contribuer à l'amélioration du monde par des moyens artistiques ou autres. *La Centrale* était à la fois un centre de documentation, un atelier d'artiste et un bureau politique – elle était un espace ouvert et hybride invitant à un nouveau partage entre esthétique et politique.

D'un autre côté, les avant-gardistes modifient la catégorie de l'œuvre. Ils ne cherchent plus à créer des unités organiques, mais construisent des objets permettant à un fragment de guitare de se faire accompagner par un ticket de métro et des coups de pinceau. Puisque l'œuvre d'avant-garde renonce à la constitution d'un organisme, elle peut rassembler des éléments hétérogènes. Idéalement, l'avant-garde évite ainsi que le message politique ne mine la dimension esthétique – et vice-versa :

> Le principe structural du non-organique [...] permet à l'œuvre d'avant-garde de faire co-exister des motifs politiques et non-politiques à l'intérieur d'une seule œuvre. [...] ainsi un nouveau type d'art engagé devient possible. (Bürger, 1974, p. 127)[88]

---

88 Sans entrer dans le détail de son argumentation, il faut préciser que Bürger ne se fait en rien un partisan de l'avant-garde. Pour aller vite : selon lui, l'avant-garde historique était un *échec* parce que ses œuvres ont été récupérées par les institutions contre lesquelles il se révoltait ; mais cet *échec* était productif parce qu'il permettait de poser la question du rapport entre politique et esthétique de manière nouvelle.

Selon une simplification bien connue, les artistes d'avant-garde voulaient en finir avec l'œuvre.[89] Bürger admet que le mouvement dada avait de
telles idées, mais dans l'ensemble cette appréciation lui paraît simpliste. L'of-
fensive contre l'œuvre concerne spécifiquement cette œuvre dans laquelle les
parties s'unissent afin de créer une unité globale dont la signification dépasse
les éléments isolés : *l'œuvre organique*. Dans l'œuvre d'avant-garde, l'unité est
différée. Les œuvres les plus radicales sont si hétérogènes que c'est au lecteur
(ou au spectateur) de créer une cohérence. Néanmoins, même dans ces cas-
là, il s'agit bien d'une œuvre. Bürger cite Adorno :

> Même lorsque l'art insiste sur le maximum de dissonance et de dishar-
> monie, ses éléments participent d'une unité. Sans cette unité, les élé-
> ments ne seraient même pas en dissonance. (Bürger, 1974, p. 77)

Après avoir insisté sur la volonté de dépasser l'opposition entre art et vie ;
après avoir souligné le caractère non-organique et non-fini de l'œuvre d'avant-
garde, il n'est guère surprenant que Bürger puisse considérer le montage
comme un procédé archétypique de l'avant-garde. Car que se passe-t-il dans
le montage ? Un exemple cubiste : d'abord, l'artiste (Picasso) choisit un élément souvent banal ; un morceau de corbeille, par exemple. Il l'enlève de son
contexte habituel, le libérant ainsi du système utilitaire dans lequel il était
pris. Ensuite, différents fragments sont montés ensemble et l'artiste ajoute
ses coups de pinceaux. Le résultat : l'unité de l'œuvre est déstabilisée, l'artiste
communique par secousses. Et Bürger conclut que l'œuvre d'avant-garde gagne sa cohérence par la permanence d'une opération.

Cette analyse de l'œuvre d'avant-garde souligne donc deux aspects : le
caractère non-organique de l'œuvre, et son aptitude à marier recherche formelle et engagement politique. Bürger ne parle pas d'une rupture complète
avec l'idée de cohérence, mais propose deux vues supplémentaires : la cohérence provient de la permanence d'une opération (le montage, par exemple) ;
la cohérence s'enracine – et se crée – dans le spectateur (ou le lecteur).

---

89 Par exemple Jean-Philippe Domecq dans *Artistes sans art ?* : « La mort de l'œuvre a pu naître
de la belle intention d'en finir avec la barrière entre l'art et la vie (d'où les *happenings, body
art, land-art*, etc.). Mais pour être généreuse, l'intention n'en est pas moins naïve, bornée […].
Il faut une délimitation, un cadre – *une forme* – pour que notre attention soit disponible à la
vie, et c'est cette délimitation qu'opèrent, et nous aident à opérer, ces choses qu'on appelait
"œuvre" » (Domecq, 1994, p. 202).

L'autonomie de l'œuvre surréaliste

Bürger faisait attention à bien distinguer entre une rupture avec l'œuvre organique et une rupture avec l'œuvre en général. Mais comme nous l'avons suggéré (cf. note 2 ci-dessus), d'autres sont moins subtils : c'est pourquoi les artistes d'avant-garde (les surréalistes compris) sont souvent présentés comme des *opposants à l'œuvre* ; ils sont ceux qui cherchent à tout prix à détruire cette catégorie.

Il est significatif que la compréhension opposée soit tout aussi répandue : souvent les artistes d'avant-garde sont présentés comme les défenseurs de l'autonomie de l'œuvre. Cette vue se trouve notamment chez les critiques et les auteurs abordant le rapport entre littérature et politique à partir d'une position engagée ou militante. Dès la fin des années 1920, les surréalistes devaient ainsi se défendre contre l'accusation d'esthétisme avancée par les auteurs et les intellectuels communistes. On leur reprochait d'être des bourgeois incapables de comprendre que le temps des méditations esthétiques était révolu et que maintenant seule la révolution politique importait.[90] Chaque fois, Breton répondait que les expérimentations formelles des artistes d'avant-garde constituaient un effort corrélatif et nécessaire au projet de l'émancipation politique (voyez, par exemple, *Légitime défense* (1926)).

Que les surréalistes étaient des adeptes de l'œuvre autonome peut se lire dans le livre de Benoît Denis : *Littérature et engagement*.[91] Denis propose un survol de la littérature d'engagement de Blaise Pascal à Roland Bar-

---

90 La première crise « politique » du mouvement surréaliste, en 1925-26, concerne précisément cette question. Pierre Naville quitte le mouvement surréaliste en accusant ses membres d'esthétisme bourgeois : « ...la vie du rêve, celle de l'amour, les différentes occupations artistiques, littéraires, pseudo-philosophiques auxquelles les surréalistes se sont livrés, et qu'ils considèrent de leur propre aveu, comme primordiales, sous leur apparence révolutionnaire et libérée des liens bourgeois, gardent toujours certains refuges, certains retraits mystiques, des attaches beaucoup trop facilement acceptées avec ce monde bourgeois » (Naville, 1975, p. 84). Par la suite, cette critique sera reprise par beaucoup d'autres, souvent dans des formulations plus virulentes.

91 Avant d'esquisser quelques idées centrales de ce texte, il convient de signaler qu'il ne constitue pas un partenaire logique de Bürger. Le livre de Bürger s'adresse à un public spécialisé avec une discussion théorique complexe (tout en diagnostiquant les impasses de l'art contemporain (1974), c'est-à-dire de la néo-avant-garde). Le livre de Benoît Denis est une œuvre pédagogique visant à expliquer le concept de littérature engagée à un public large à travers la lecture de quelques textes canoniques. Il n'empêche que, chacun dans son genre, ces deux textes sont très réussis.

thes. Lorsqu'il aborde le XXe siècle – l'époque de la littérature engagée, *stricto sensu*[92] – il introduit une distinction entre littérature engagée et littérature d'avant-garde. Pour expliquer cette distinction, il étudie le surréalisme.

Au centre de la conception surréaliste de l'art politique se trouve l'idée d'une « homologie de structure qui conjoint la position de rupture esthétique de l'artiste d'avant-garde avec celle du révolutionnaire en politique » (Denis, 2000, p. 234). Ainsi, le travail de l'artiste d'avant-garde accompagne l'effort du révolutionnaire : le premier prépare une révolution de la conscience humaine, le deuxième une révolution politique – aucun des deux ne peut atteindre son but sans l'appui de l'autre. En résulte cette maxime que Breton profère à plusieurs occasions dans les années 1930 : « "Transformer le monde", a dit Marx, "changer la vie", a dit Rimbaud : ces deux mots d'ordre pour nous n'en font qu'un » (Breton, 1991, 68).

Mais comment lire cette maxime ? Puisque les révolutions de Rimbaud et de Marx s'accordent, Breton s'imagine le partage suivant : les artistes doivent être libres de faire ce qu'ils font le mieux (produire de l'art), et les politiciens révolutionnaires, ce qu'ils font le mieux (la révolution). L'artiste surréaliste ne doit pas être contraint à travailler au niveau concrètement politique.[93]

Cette idée d'une homologie structurelle entre art et politique n'est pas nouvelle. Vers la fin du XIXe siècle, elle apparaît dans nombre de textes que les surréalistes lisaient et admiraient. Ainsi, dans les *Poésies* (1870) de Lautréamont, un de leurs auteurs préférés :

La mission de la poésie est difficile. Elle ne se mêle pas aux événements de la politique, à la manière dont on gouverne un peuple, ne fait pas allusion aux périodes historiques, aux coups d'État, aux régicides, aux intrigues des cours. Elle ne parle pas des luttes que l'homme engage, par exception, avec lui-même, avec ses passions. Elle découvre les lois qui font vivre la politique théorique, la paix universelle, les réfutations de Machiavel, les cornets dont se composent les ouvrages de Proudhon, la psychologie de l'humanité. Un poète doit être plus utile qu'aucun

---

92 Denis distingue entre littérature d'engagement (littérature politique au sens large) et littérature engagée (au sens de Jean-Paul Sartre, grosso modo)

93 Lorsque Breton rejoint le Parti Communiste en 1927, il se retrouve dans une cellule avec des ouvriers d'une usine à gaz. On lui demande de copier et de distribuer des tracts. Breton considère ce rôle comme une chicane et, au bout de quelques semaines, il cesse d'aller aux réunions.

citoyen de sa tribu. Son œuvre est le code des diplomates, des législateurs, des instructeurs de la jeunesse. (Lautréamont, 1990, p. 348)

Breton ne donne pas cette citation. Il évoque deux artistes contemporains de Lautréamont : Gustave Courbet et Arthur Rimbaud. Les deux étaient des communards passionnés par les événements politiques au printemps 1871 ; Courbet était même directement impliqué dans la Commune. Néanmoins, aucun des deux ne cherchait à réduire leur art à une chronique de la vie sous la Commune : au contraire, ils continuaient leurs recherches formelles dans les domaines de la poésie et de la peinture (cf. Breton, 1991, pp. 19-25). Il faut préciser que cet argument d'une homologie structurelle entre art et politique est plus normatif qu'il ne le paraît. Breton ne dit pas seulement que l'artiste doit être libre de créer des œuvres formellement progressistes – il spécifie que l'engagement socio-réaliste des artistes communistes demeure régressif et incapable d'exprimer l'esprit révolutionnaire.

Voilà, deux manières de décrire la relation entre les artistes d'avant-garde et la notion de l'œuvre. Selon Bürger, l'avant-garde propose avant tout une rupture avec l'idée de l'œuvre organique. Selon Denis, les artistes d'avant-garde sont ceux qui insistent sur le potentiel politique de l'œuvre autonome.

Il serait inexact de considérer ces deux positions comme frontalement opposées : Bürger ne présente pas les artistes d'avant-garde comme des opposants à « l'œuvre en général » et Denis ne parle pas d'une fétichisation de l'œuvre. Néanmoins, il existe une certaine tension entre ces deux portraits de l'artiste d'avant-garde. Chez Bürger, l'avant-garde propose une rupture radicale avec le culte de l'œuvre qu'il trouve à la fin du XIXe siècle. Dans le texte de Denis, les avant-gardistes apparaissent plutôt comme les héritiers d'une esthétique symboliste de l'œuvre. Ainsi, l'opposition entre modernisme et avant-garde (qui structure le livre de Bürger) nous invite à parler du caractère *ouvert* et non-arrondi de l'œuvre d'avant-garde ; tandis que l'opposition entre avant-garde et littérature engagée (chez Denis) conduit à l'idée de *l'autonomie* de l'œuvre d'avant-garde.

Si nous avons établi cette tension entre les lectures de Bürger et Denis ce n'est pas pour discuter lequel des deux critiques a raison. On peut construire des argumentations convaincantes soutenant les deux lectures (comme le font, précisément, Bürger et Denis). Cela nous invite à la conclusion suivante : la tension dont nous parlons est inhérente au surréalisme. Le surréalisme peut être considéré comme le conflit entre l'autonomie de l'art et son dépassement.

Quelles conséquences en tirer pour la description de l'œuvre ? A titre d'hypothèse proposons cette description – paradoxale ? – de l'œuvre surréaliste : il s'agit d'une œuvre non-organique portée par une forte idée de cohérence ; une œuvre éclatée qui communique par chocs en vue d'une nouvelle harmonie. La fin de ce texte s'emploiera à examiner le bien-fondé de cette description : peut-on parler d'une œuvre à la fois cohérente et non-organique ? Comment ce « compromis » pourrait-il s'articuler ? Afin de répondre à ces questions nous allons brièvement examiner un incident célèbre dans l'histoire du mouvement surréaliste : l'affaire Aragon.

Misère de la poésie

En été 1931, Aragon publie le poème *Front Rouge* dans la revue *Littérature de la révolution mondiale*. Ce poème lui vaut une inculpation pour incitation au meurtre : il risque jusqu'à cinq ans de prison. Il est donc logique que Breton et les autres surréalistes prennent sa défense. Breton écrit d'abord un petit pamphlet qui s'appelle *L'Affaire Aragon* (en janvier 1932), ensuite il compose une déclaration qui sera signée par des intellectuels tels que Thomas Mann, Garcia Lorca, Henri Matisse, Walter Benjamin et beaucoup d'autres ; et enfin il écrit un texte plus substantiel en son propre nom : *Misère de la poésie – « l'affaire Aragon » devant l'opinion publique* (mars 1932).

L'affaire est compliquée. Elle se produit à un moment où le rapport entre Breton et Aragon est conflictuel. C'est pourquoi il existe dans la critique surréaliste une lecture selon laquelle l'apparente défense de Breton serait en réalité une attaque déguisée (la rupture entre Aragon et Breton est imminente : elle se produit en mars 1932). Quoi qu'il en soit, *Misère de la poésie* déborde l'intérêt que l'on peut porter au rapport entre Breton et Aragon : dans ce texte, André Breton propose une poétique (complexe) de l'œuvre surréaliste.

Le poème d'Aragon est atypique du surréalisme. Il se situe dans une autre tradition, bien établie : celle de la poésie militante. Et pourtant, si Breton avait voulu ramener le texte au surréalisme, il aurait pu dire que *Front rouge* constitue une œuvre hétérogène associant des énoncés lyriques et des phrases dignent d'une satire politique. Mais telle n'est pas la lecture de Breton. Par contre, il insiste sur la présence d'une pensée latente capable de rassembler les énoncés hétérogènes. Ainsi, Breton relativise la fragmentation et l'hétérogénéité afin de tout ramener à ce principe structural qu'il appelle *l'idée*.

Ce désir d'homogénéisation s'exprime surtout dans un passage où Breton juxtapose deux vers du poème. D'un côté, il y a le vers « criminel » : « Camarades, descendez les flics » – un des énoncés pour lequel Aragon risque d'aller en prison (l'autre était un encouragement aux soldats français à déserter l'armée). De l'autre un vers lyrique : « Les astres descendent familièrement sur la terre ». Selon Breton, ces deux phrases ne peuvent pas se lire selon leur sens premier – elles nécessitent une analyse approfondie. Quelle est la signification du verbe *descendre* ? Quelle que soit la réponse, on ne peut certainement pas se satisfaire d'une lecture immédiate de la première phrase, car il n'est pas possible de faire la même chose avec la deuxième. (cf. Breton, 1992, p. 13).

Les différents vers du poème ne sont donc pas indépendants. Il existe un principe latent qui domine tout énoncé. Autrement dit : l'interdépendance des vers n'est pas directe, mais passe par un troisième terme (*l'idée*) qui reste latent. Plus généralement, la poésie est un genre particulier nécessitant une lecture propre. Breton n'explique pas comment cette lecture poétique se distinguerait de la lecture immédiate, mais il suggère que les phrases poétiques restent ouvertes à un grand nombre d'interprétations.

Est-ce pour sauver la peau d'Aragon que Breton propose cet argument ? Probablement. Mais pas seulement, car Breton va très loin dans son insistance sur le statut particulier du langage poétique.[94] A cette fin, il s'appuie sur Hegel pour montrer que prose et poésie sont deux manières distinctes d'approcher le monde : la prose établit des relations entre les choses tandis que la poésie cherche à fonder les choses. Autrement dit : la prose est horizontale, tandis que la poésie est verticale.[95] Breton poursuit :

> Le poème n'est pas à juger sur les représentations successives qu'il entraîne mais bien sur le pouvoir d'incarnation d'une idée, à quoi ces représentations, libérées de tout besoin d'enchaînement rationnel, ne servent que de point d'appui. […] La portée et la signification du poème sont *autre chose* que la somme de tout ce que l'analyse des éléments définis qu'il met en œuvre permettrait d'y découvrir […]. (Breton, 1992, p. 14)

Contrairement au discours prosaïque, la poésie refuse donc la logique additive, elle ne produit pas un sens cohérent de manière linéaire. Mais est-

94 Cet argument provoquait de multiples réactions. Nombreux auteurs (A. Gide, R. Rolland…) pensaient que Breton demandait l'immunité pour la poésie.

95 Breton revient à cette distinction hégélienne entre prose et poésie quelques années plus tard dans *Situation surréaliste de l'objet* (1935).

elle organique ou plutôt non-organique ? Quelle est la pertinence de ces concepts ?

La citation ci-dessus est complexe : Breton présente le poème comme une *incarnation éclatée*. Le poème accueille des représentations liées par aucun lien rationnel (de là son caractère éclaté). En même temps, toutes ces représentations servent à incarner « une idée ». Breton semble ainsi se situer entre l'organique et le non-organique – il cherche un équilibre difficile à comprendre.

Les difficultés disparaissent (au moins partiellement) si l'on admet que Breton nous invite à lire la poésie comme Freud lit le rêve. A première vue, les différents éléments du récit de rêve paraissent hétéroclites, voire incompatibles. Mais sous le désordre, il est possible de découvrir un système cohérent et logique. Pour Freud (voici une caricature[96]), il suffit de révéler le rapport complexe au tabou d'inceste et tout devient clair. Pour Freud (voici une paraphrase), le rêve est toujours la réalisation déguisée d'un désir – et ce désir se laisse souvent résumer en une seule phrase.

Dans *Le Mythe de l'état*, Ernst Cassirer propose une description (volontairement provocante) de ce qu'il appelle *la métaphysique freudienne*. Même si cette description paraît insensible à la psychanalyse, elle mérite d'être citée, car elle nous semble correspondre à la lecture surréaliste de Freud :

> [Freud] paraissait entièrement absorbé par l'étude des cas névrotiques très intéressants et très complexes. Mais même dans ses premières études, il ne se limitait pas à l'assemblage de faits. Sa méthode était déductive plutôt qu'inductive ; il cherchait *un principe universel à partir duquel tous les faits pouvait s'expliquer* [...] Pendant qu'il continuait de parler comme un physicien et un psychopathologue, il pensait comme un métaphysicien déterminé. (Cassirer, 1974, p. 31, nous soulignons)

Le désir de tout ramener à « un principe universel » se manifeste souvent dans l'œuvre de Breton. Un exemple parmi beaucoup d'autres se trouve dans la deuxième partie des *Vases communicants* (1932). Breton raconte un nombre d'événements apparemment non-liés et lorsque la confusion du lecteur semble atteindre son point maximal, il se sert des techniques de l'interprétation freudienne pour montrer que non seulement tous les éléments s'expliquent

---

96 Cette caricature se trouve dans *Le Mythe de l'état* (Cassirer, 1974, p. 33).

mais qu'ils forment aussi un ensemble cohérent (cf. Breton, 1996, pp. 129-130).

Ainsi l'inspiration « freudienne », nous invite à revenir sur l'idée non-organique de l'œuvre. Plus précisément : pour Breton, une œuvre ouverte, hétérogène et pleine de chocs internes n'exclut en rien la présence d'une idée structurante. Mais maintenant il est indispensable de ne pas simplifier la pensée bretonienne. La question essentielle se pose ici : Quelle est la nature de cette idée structurante ?

Pour répondre, il convient de continuer la lecture de Cassirer. Selon lui, *la métaphysique freudienne* relève de la rencontre entre les deux systèmes qui dominaient la philosophie allemande au XIXe siècle. D'un côté, il y a Hegel et son idée de l'accomplissement progressif de l'Esprit Absolu ; de l'autre, la révolte schopenhauerienne contre cet optimisme rationaliste : le monde n'est pas rationnel, il est le produit d'une volonté aveugle, donc irrationnel dans son essence et dans son principe. Selon Cassirer, l'*Esprit* de Hegel et la *Volonté* de Schopenhauer se retrouvent dans le *Trieb* freudien (Cassirer, 1974, 31-32). Le désir sexuel serait ainsi la manifestation concrète de ce que Hegel appelait « le souverain du monde » (chez Hegel cette expression désigne donc l'*Esprit*).

L'analyse de Cassirer est polémique : il reproche à Freud de tout ramener un principe universel et simpliste. Mais Cassirer ne nous explique pas si le *Trieb* dont il parle serait celui du premier ou du deuxième Freud, s'il est dominé par Eros ou par Thanatos. Lisant sa description, il semble logique de comprendre le *Trieb* – à moitié hégélien, à moitié schopenhauerien – comme un *conflit* entre Eros et Thanatos. Et à notre avis, c'est précisément ce conflit entre désir de synthèse (Eros) et principe de rupture (Thanatos) qui se retrouve dans l'œuvre de Breton dans les années 1930. L'idée structurante dans l'œuvre de Breton (le désir) reste ainsi de nature complexe ; il s'agit d'un phénomène instable capable de produire des œuvres très dissemblables.[97]

---

97 Selon Hal Foster, Breton cherchait à refouler le désir de mort pour promouvoir une théorie du désir plus vitaliste, romantique et synthétisante – cependant, il échouait dans cette tentative (Foster, 1993, 1-17). Steven Harris s'oppose à cette lecture : Breton n'aspirait pas à un idéalisme romantique, ses œuvres cherchaient de manière systématique à miner toute idée de synthèse et à exposer le caractère sexuel et violent du désir humain (Harris, 2004, 7-12). A notre avis, Breton hésitait entre ces deux possibilités : les assemblages de Breton de 1931 (par exemple) sont des œuvres agressives, fortement marquées par la pulsion de mort (cf. Harris, 2004, 40-43), mais le plus souvent Breton reculait devant des explorations de cet ordre (en témoigne, par exemple, la conclusion (très romantique) des *Vases communicants*).

Pour résumer : nous avons vu que la poétique avancée dans *Misère de la poésie* permet une œuvre très hétéroclite (et ainsi confirme la lecture de Bürger) ; de plus, elle insiste sur le statut particulier de la poésie (et ainsi confirme les idées d'autonomie proposées par Denis) ; et enfin elle semble s'appuyer sur la logique freudienne telle que celle-ci est présentée par Ernst Cassirer dans *Le Mythe de l'état*. Ainsi, la cohérence de l'œuvre ne vient pas seulement de ce que Bürger appelait « la permanence d'une opération », elle n'est pas non plus un pur « produit du lecteur » – elle est dans l'œuvre même, dans la référence systématique à ce que Breton appelle « l'idée ». Mais cette idée n'est pas un phénomène simple ; elle résulte d'un conflit permanent entre désir de synthèse et fragmentation. Par conséquent, la conception bretonienne de l'œuvre manifeste à la fois l'aspiration de faire exploser un monde fossilisé et une volonté de synthèse généralement associée aux mouvements romantique et symboliste du XIXe siècle.

Entre deux siècles

Les mouvements d'avant-garde, le surréalisme compris, témoignent souvent d'un rapport étonnant entre esthétique et politique. Les surréalistes créent des œuvres permettant des relations très souples entre les différentes parties de la totalité. Ils proposent un art humoristique qui fait preuve d'une grande liberté envers la tradition artistique. On peut être tenté de demander si cette *incarnation éclatée* pourrait servir d'idéal à la construction sociale : serait-il possible de créer une société tout aussi libre, hétérogène et cohérente ?

L'étude des idées politiques des surréalistes montre qu'ils n'ont pas exploré cette piste : leurs idées sur la construction sociale sont traditionnelles, souvent organicistes. Après une longue période marquée par des difficiles négociations avec le Parti Communiste, Breton s'inspire de plus en plus ouvertement du romantisme utopique (Fourier, Saint-Simon…). Il insiste sur l'importance des mythes pour la construction sociale, et vers la deuxième guerre mondiale cet intérêt pour le mythe se transforme en un ésotérisme parfois très bizarre (en témoignent, par exemple, les différents passages sur *Les Grands transparents* (Breton, 1985, pp. 161-62 ; Breton, 1988, p. 20) et l'exposition surréaliste à Paris en 1947).[98]

---

[98] José Pierre a raison de préciser que l'ésotérisme est un composant important du mouvement surréaliste dès 1923 (Pierre, 1980, p. 366). Néanmoins, c'est surtout à partir de 1935 que Breton cherche à intégrer cet ésotérisme à sa pensée sociale.

Nous pouvons désormais comprendre cette opposition entre l'hétérogé-néité de la praxis artistique et l'idéalisme romantique de la pensée sociale à la lumière de notre description du statut de l'œuvre dans le mouvement surréa-liste.[99] Le « compromis » entre l'hétérogénéité et le désir de synthèse (l'insis-tance sur l'idée) reste incertain dans l'œuvre bretonienne. Breton hésite entre ces tendances et le dosage entre les deux semble dépendre du contexte dans lequel son intervention s'inscrit : ses textes sur les questions sociales, en parti-culier, sont très romantiques, certaines œuvres artistiques plus hétérogènes.

On peut estimer que le mouvement surréaliste occupe une position exem-plaire dans l'histoire des idées et de la littérature moderne : Breton cherche un mariage difficile entre des idées des XIXe et XXe siècles. Il s'inspire d'une pen-sée organiciste bien enracinée dans le XIXe siècle, mais en même temps certai-nes de ses œuvres justifient amplement que l'on puisse parler d'une esthétique de chocs et de ruptures. On peut choisir d'insister sur l'aspect organique de son œuvre : c'est-à-dire mettre l'accent sur la fonction du sacré dans le mouve-ment surréaliste, citer les noms de Victor Hugo et Charles Fourier, étudier le rapport au mythe, s'intéresser à l'inspiration mystique et ésotérique et parler de l'ambition bretonienne de donner à l'art un rôle social précédemment attribué à la religion (cf. Breton, 1996, pp. 170-72). Une telle analyse du surréalisme resterait partielle et insatisfaisante. Elle négligerait le caractère provocateur et choquant du mouvement surréaliste, et elle serait incapable d'expliquer pour-quoi des artistes tels qu'Antonin Artaud et André Masson, par exemple, pou-vaient se retrouver dans le groupe surréaliste. Inversement, on peut insister sur le côté anarchiste du surréalisme, la volonté de choquer, la révolte contre l'œuvre organique et la déconstruction humoristique des valeurs de la société bourgeoise. On risquerait alors de sous-estimer la dette surréaliste envers le XIXe siècle, et l'on serait incapable de comprendre l'évolution de l'œuvre bre-tonienne et la place de plus en plus prépondérante qu'il accorde à des notions comme le mythe et le sacré. L'étude de la catégorie de l'œuvre dans le mouve-ment surréaliste nous a permis de souligner les deux versants dans l'œuvre bre-tonienne, car cette œuvre constitue un équilibre précaire – entre incarnation et éclatement – rendu possible par une lecture personnelle de Freud.

---

99 S'ajoute ici un troisième élément : la sociologie du groupe. Lorsqu'on étudie les témoignages sur la vie dans le groupe surréaliste, être membre paraît peu attirant. Le groupe souffre de nombreuses crises et polémiques que ses membres cherchent à dominer par une discipline très forte, quelquefois presque totalitaire. (Pour une description satirique et romancée du surréalisme au jour le jour, voyez Raymond Queneau : *Odile*).

BIBLIOGRAPHIE

Breton, A. (1985) : *Manifestes du surréalisme*. Gallimard, Paris.

Breton, A. (1988) : *De la survivance de certains mythes et de quelques autres mythes en crois-sance ou en formation*. Eric Losfeld, Paris.

Breton, A. (1991) : *Position politique du surréalisme*. Coll. Le Livre de poche, Paris.

Breton, A. (1992) : *Œuvres Complètes vol. II*. Gallimard, Paris.

Breton, A. (1996) : *Les Vases communicants*. Gallimard, Paris.

Bürger, P. (1974) : *Theorie der Avantgarde*. Suhrkamp, Frankfurt am Main.

Cassirer, E. (1974) : *The Myth of the State*. Yale University Press, New Haven & London.

Denis, B. (2000) : *Littérature et engagement*. Seuil, Paris.

Domecq, J-P. (1994) : *Artistes sans art ?* Editions Esprit, Paris.

Foster H. (1993) : *Compulsive Beauty*. MIT Press, Cambridge (USA).

Freud S. (1961) : *Die Träumdeutung*. Fischer, Frankfurt am Main.

Harris S. (2004) : *Surrealist Art and Thought in the 1930s*. Cambridge University Press, Cambridge (UK).

Lautréamont (Ducasse, I.) (1990) : *Les Chants de Maldoror. Poésies I et II. Lettres*. Flam-marion, Paris.

Naville, P. (1975): *La Révolution et les intellectuels*. Gallimard, Paris.

Pierre, J. (éd.) (1980) : *Tracts surréalistes et déclarations collectives (1922/1939)*. Eric Los-feld, Paris.

Queneau, R. (2001) : *Odile*. Gallimard, Paris.

L'œuvre débordée. Autonomie littéraire et souci de la société dans le roman contemporain

par Michel Collomb

Pour donner d'emblée le fil directeur de ma réflexion, je dirais qu'au cours des deux dernières décennies est apparue toute une génération de romanciers qui ne privilégient plus les recherches formelles et cherchent à renouer avec la vocation historico-sociale du roman. Pour nombre d'écrivains qui se sont affirmés au cours de cette période – citons, parmi eux, Didier Daeninckx, Annie Ernaux, François Bon, Michel Houellebecq, Jean Echenoz en France, Don DeLillo aux Etats-Unis, Bernhard Schlink en Allemagne, Salman Rushdie et Hanif Kureishi en Grande-Bretagne –, le roman doit traiter des maux qui frappent nos sociétés contemporaines : grande pauvreté, chômage, violences urbaines, inégalités hommes-femmes, familles éclatées, toxicomanie, sida, exploitation des immigrés, affairisme et corruption, etc. Ces auteurs conçoivent à nouveau le roman comme un moyen d'analyser et de figurer le monde dans lequel ils vivent. Ils expriment la souffrance sociale engendrée par la désindustrialisation (François Bon) ou par l'épidémie du sida (Hervé Guibert), mais leur souci de la société n'est pas seulement l'effet d'une curiosité documentaire ou d'un affect compassionnel. Dans leurs récits, l'image de la société n'est plus d'emblée négative et répressive comme dans une bonne partie du roman moderne ; elle apparaît beaucoup plus complexe, moins source d'oppression que lieu de rencontre et d'expérimentation, où l'on tente de remédier à la déstructuration des cadres traditionnels. Les communautés ethniques, les sectes, les nouvelles approches de la famille, les bandes urbaines, les néo-ruraux y apparaissent comme les éléments d'un folklore contemporain, mais surtout comme autant d'aspects d'une inventivité sociale, qui essaie de nouvelles formes du « vivre ensemble ». Tout se passe comme si ces romanciers découvraient un imaginaire très actif à l'œuvre dans la société et s'en servaient pour irriguer leur propre création.

L'émergence d'une sorte de « souci de la société » chez les écrivains d'aujourd'hui est particulièrement intéressante lorsqu'elle les conduit à des innovations narratives, qui peuvent aller, chez François Bon ou Annie Ernaux, jusqu'à une véritable remise en question de la fiction. Ce sont ces textes où la forme romanesque est débordée et où la littérature n'affiche plus sa vieille prétention à l'autonomie qui retiendront ici mon attention.

L'idée d'autonomie

Cette idée sur laquelle s'est basée une théorie assez consensuelle de l'art et de la littérature « modernes » n'est pas une idée éternelle : elle ne s'est véritablement imposée que dans la seconde moitié du XIXe siècle pour affirmer, face à la pression croissante des déterminations économiques et sociales, l'indépendance absolue d'une production esthétique qui s'assigne ses propres normes et finalités.

En me limitant à la littérature, je remarquerais que cette affirmation d'autonomie a deux faces. À l'évidence, elle vise à mettre en garde tout pouvoir – politique, religieux ou économique –, qui prétendrait interférer dans la création littéraire. Mais elle implique aussi un parti pris esthétique qui refuse que la littérature soit vouée à la seule imitation de la réalité extérieure. L'aspiration à l'autonomie totale de l'œuvre littéraire valorise donc la créativité de l'écrivain qui va devoir trouver, d'une part, dans le matériau littéraire (la langue, le système des genres et les autres critères de littérarité dont il hérite), et, d'autre part, dans l'élaboration la plus poussée de ce matériau par ses prédécesseurs, des stimuli suffisants pour produire une œuvre novatrice. S'il lui arrive d'aborder des données sociétales ou des événements historiques, la représentation littéraire qu'il en donne ne relève pas du jugement de vérité, comme ce serait le cas pour un reportage. Le roman – ne nous l'a-t-on pas assez répété ? – exige d'être évalué selon les critères propres à la série littéraire, critères qui ne prennent pas en compte la validité de la représentation par rapport au réel, mais valorisent des caractères intrinsèques tels que la cohérence du « projet d'écriture » ou l'originalité de la mise en forme.

La notion d'œuvre autonome s'est inscrite dans la doxa littéraire, parce que le contexte culturel, marqué par l'essor très rapide du journalisme, appelait à une redéfinition du champ propre de la littérature. Comme le consta-te Marc Angenot en étudiant le champ littéraire français autour de 1889, l'autonomie fut, dès l'origine, partie prenante d'une poétique et d'une esthéti-que d'inspiration symboliste, qui visaient à séparer nettement la littérature de « l'universel reportage » (Mallarmé, « Avant-Dire ») et redoutaient l'influence que l'industrie de la grande presse pourrait avoir sur le statut et la pratique de l'écrivain :

> Désormais, la littérature va se définir contre une forme omniprésente de langage public. [...] Le littérateur, non sans un certain affolement, va chercher à se « distinguer », à conquérir la position hautaine et sublime à laquelle il croit que l'art lui donne droit, à se trouver des alibis et des mandats qui le rendent inaccessible à l'enlisement journalistique, à cloi-sonner son écriture en une « tour d'ivoire ». (Angenot, 1989-1, p. 85)

Autant dire que le dogme de l'autonomie découle, pour une large part, de l'institution littéraire et de son besoin de pérennisation. Il était normal que le débat, dès cette époque, se nouât autour de la question du réalisme. L'af-firmation de l'autonomie de la littérature n'était pas seulement une procla-mation d'indépendance, c'était aussi une rupture avec la grande entreprise réaliste qui avait occupé l'art et la littérature tout au long du XIXe siècle. Le grand roman réaliste exprimait un souci de la société, moins d'ailleurs par ses peintures sociales que par le point de vue critique qui les inspirait, dirigé contre les conventions et l'idéologie de la bourgeoisie. En dispensant les écri-vains du souci de la société, en liant l'innovation formelle à l'introspection psychologique et aux jeux autoréflexifs, l'affirmation de l'autonomie s'est tra-duite en dépréciation de la littérature réaliste, accusée d'être trop réceptive aux injonctions de la société et de la politique.

Sous le principal de « l'art autonome », les romanciers du XXe siècle ont multiplié des recherches formelles qui ont conduit à un élargissement considérable du matériau et à un extraordinaire affinement des techniques narratives. En relation avec ces innovations, la théorie littéraire a produit de nouveaux concepts : mise en abyme, autoréférence, intertextualité, polypho-nie, etc… Elle a aussi défini de nouvelles grilles de lecture qui privilégient les structures immanentes de l'œuvre, celles qui en font un objet autosuffisant, fermé sur lui-même, et rejettent comme inadéquate toute interrogation sur le rapport de cet objet avec le contexte historique et social. Les théories de la réception et de la lecture parachèvent la déliaison de l'œuvre et du social en laissant à l'initiative de chaque lecteur la découverte de ce que Michaël Riffaterre nomme la « signifiance » ultime du texte, découverte qui coïncide le plus souvent avec celle de l'intertextualité génératrice de sa cohérence. Le discours critique qui veut rendre compte des romans de Nabokov, Butor ou Calvino se modèle sur le fonctionnement interne de ces textes ; il s'emploie à mettre à jour des parallélismes, des combinatoires, des parcours et recouvre ces textes de métaphores spatiales, négligeant en revanche leurs aspects temporels et discursifs, qui permettraient de relier ces récits à la temporalité historique.

Alors que, dans les années 1970 et 1980, la suprématie de la critique immanente faisait de l'autonomie de l'œuvre un a priori théorique, la sociocritique a été le seul courant critique à poursuivre l'exploration des rapports liant les œuvres littéraires à leur contexte de production.

L'impasse de la sociocritique

Ce courant critique est né dans le sillage des travaux de Claude Duchet, Régine Robin, Pierre Barberis et Marc Angenot à partir des années 1970. Il se développa autour d'un projet intéressant, qui visait à formuler une théorie nouvelle de l'inscription du social dans la littérature, qui intégrerait les acquis du formalisme. Pour ces théoriciens formés pour la plupart à l'école du marxisme, il s'agissait de reposer la question de la socialité inscrite dans les œuvres littéraires tout en respectant la doxa de l'œuvre autonome. Sur cette voie étroite, la démarche de la sociocritique prétendit se démarquer du « sociologisme primaire », qui se bornait à étiqueter les contenus sociaux d'un texte, en laissant croire que la réalité intratextuelle, produite par la diégèse, renvoyait à des référents précis, que le lecteur pourrait reconnaître dans la réalité sociale. La sociocritique renoncera à cette relation directe avec les choses et partira du postulat qu'on ne peut trouver dans une œuvre littéraire que des « référents textuels ». Selon elle, quand bien même l'écrivain prétend viser la « vérité du monde », il ne produit que des discours, dont la signification pourrait se résumer, selon Roland Barthes[100], dans l'affirmation : « nous

---

100   Dans « L'Effet de réel » (1968), in *Littérature et réalité*, Seuil, Points,1982. Comme le remarque Thomas Pavel (« Thématique et politique », in *La Politique du texte, enjeux sociocritiques*, J. Neefs et M.Cl. Ropars éd, P.U.Lille, 1992, p. 163-174) les principes d'analyse sémiologique appliqués à la littérature réaliste rendaient caduque toute critique thématique et, j'ajoute, vidait de tout contenu la notion de réalisme.

sommes le réel ». Refusant de verser dans le tout sémiologique – ce qui fut un moment la tentation de la critique barthienne-, la sociocritique émet au contraire l'hypothèse qu'il y a dans tout texte une inscription du social, mais que celle-ci, au lieu d'être directe et explicite, passe par des médiations langagières bien précises.

Pour se référer à des objets, décrire des lieux, mettre en récit des situations, transposer des signes sociaux, chaque société détermine des médiations qui peuvent se situer aussi bien au niveau de la langue (lexique, syntaxe), qu'à ceux du genre littéraire et de la position adoptée par le narrateur vis-à-vis du social. À chaque époque et pour chaque société donnée, les écrivains trouvent ces médiations, déjà présentes dans le langage et servant de filtres à leur appréhension du réel. Pierre Barberis aimait dire que la littérature, lorsqu'elle aborde l'histoire et le social, le fait en dehors des discours de l'histoire ou de la sociologie. La littérature parle de l'histoire et du social dans son langage propre, qui ajoute à la diction du réel les compétences et les interrogations de l'écrivain, ses peurs et ses espoirs. La plupart des travaux sociocritiques s'acharnent à repérer et à décrire les médiations au moyen desquelles un texte littéraire se laisse modeler par le discours social, le reprend ou s'en démarque. Ils marquent une prédilection pour des œuvres anciennes, dont les contextes idéologiques ont été bien étudiés par les historiens, en particulier celles du Siècle d'Or espagnol ou du XIXe siècle français. Pour être précis, le repérage des médiations littéraires oblige à travailler sur des unités textuelles brèves, aisément délimitables et comparables entre elles : il est significatif que les meilleurs travaux sociocritiques, tel que celui de Claude Duchet sur l'incipit (Duchet-1971) ou celui d'Angenot et Darko Suvin sur le dénouement des récits de S.-F. (Angenot-Suvin,1981) portent sur des séquences très restreintes, dont la fonction stratégique, par rapport à la totalité du texte, est surévaluée pour les besoins de l'analyse. La plupart des études sociocritiques consacrent de longs prolégomènes au positionnement théorique, mais échouent à fournir une interprétation d'ensemble d'une œuvre entière ou d'un écrivain particulier[101]. L'éclatement des travaux et le chantier sans fin de la théorie ont généré lassitude et oppositions chez les adeptes de la sociocritique. Dans leurs travaux les plus récents – ceux de Marc Angenot par exemple –, la prise en compte de l'écrivain et de la littérarité est mise de côté et l'inscription du dis-

---

101 Mentionnons toutefois l'étude de Jean Fabre sur Simenon : *Enquête sur un enquêteur. Maigret, un essai de sociocritique*, Etudes sociocritiques, Université Paul-Valéry, 1981.

cours social dans le texte littéraire polarise la démarche critique. Contraint de radicaliser sa position par réaction à la mollesse théorique du culturalisme nord-américain, Marc Angenot n'hésite plus à déclarer que la littérature n'est jamais qu'une forme de vecteur idéologique parmi d'autres et que c'est en tant que processus d'idéologisation qu'elle intéresse la sociocritique. Dès lors le projet de mener simultanément l'étude de l'œuvre en tant qu'objet esthétique et celle de son insertion dans le discours social ambiant est perdu de vue.

Le souci de la société

L'impasse à laquelle la sociocritique semble être arrivée ne résulterait-elle pas des précautions mêmes qu'elle s'impose pour saisir au sein du texte la rumeur par trop insaisissable du discours social ? Ses scrupules méthodologiques n'auraient-ils pas abouti à lui dissimuler ce qui est souvent la motivation la plus pressante de l'écrivain : le désir de montrer la société, d'en parler sans détour, de la faire voir sous l'éclairage le plus cru, qu'il soit celui de l'ironie, de la haine ou de l'adhésion? Les romanciers dont je voudrais parler à présent laissent leur récit s'ouvrir largement à des expériences, des images et des discours issus de la société, au risque d'être débordé par une accumulation de données brutes, de perceptions partielles, d'idées mal digérées.

Qu'est-ce que connaît de la société la génération des écrivains qui ont commencé à écrire vers 1980 ? D'un côté, un processus accéléré de réification et de déshumanisation; de l'autre, des aspirations sincères, mais confuses, à une utopie alternative. Née de ce remous de contradictions, une énergie féconde pour la création littéraire ! Certains en usent sous la forme actuellement très prisée de l'autofiction, d'autres en l'insufflant à leurs personnages. Hervé Guibert a profité du mélange de confidence et d'affabulation que permet l'autofiction pour livrer sur l'épidémie du sida un terrible témoignage. Les textes qu'il a consacrés à sa maladie relèvent inégalement du genre romanesque : plus la maladie avance, plus la hâte de s'exprimer et le besoin d'une écoute ont réduit la part de la fiction. Chroniques de la maladie, ils mêlent les souvenirs et les confidences intimes à la description horrifiée de la déchéance physique et à de multiples détails sur les traitements reçus et leurs effets. Ces récits, dans lesquels Hervé Guibert se révèle un écrivain parfaitement mature, ont frappé par l'impudeur avec laquelle l'auteur avoue son angoisse, règle ses comptes, évoque la susceptibilité exacerbée des malades et leur attente irraisonnée d'un traitement inédit. Ils sont aussi des documents rares sur le ressenti des personnes atteintes du V.I.H., maladie dont le pronostic à l'époque était toujours mortel et qui, par le sentiment de culpabilité et les réactions de rejet qu'elle provoquait, ébranlait profondément la personnalité de ceux qui en étaient atteints. Rarement, à la lecture de textes littéraires, on a eu autant l'impression qu'une réalité extérieure, d'autant plus puissante sur le plan fantasmatique qu'elle était indéfinissable, envahissait le monde policé de l'écriture et menaçait d'en faire éclater tous les cadres.

L'attention des romanciers contemporains aux phénomènes de société peut s'appliquer à des évolutions sociales, qui n'ont pas la dimension tragique du sida, mais concernent une part importante de la population. La condition de mère-célibataire a été très bien restituée par Marie Despléchin à travers l'héroïne de son roman *Sans moi* (1998), une jeune journaliste qui recueille chez elle une jeune toxicomane, issue de la DDASS, prostituée occasionnelle et « fourmi » pour un dealer et tente de la sauver de la rue en la recrutant comme baby-sitter. C'est le roman de la vie harassante de toute femme qui doit à la fois travailler et élever un jeune enfant. Cette situation très prosaïque est transfigurée par la solidarité qui se noue entre les deux femmes, aussi rebelles l'une que l'autre. La possibilité d'une issue à la drogue, l'apparition d'un lien sentimental inédit autour de l'enfant, l'humour qui accompagne l'affrontement de ces deux caractères soucieux de ne pas être dupes l'un de l'autre font de *Sans moi* une étude sociale très aigue et un roman plein d'humanité.

Avec *Un an*, court roman paru en 1997, Jean Echenoz a pris un tournant : dans ses précédents romans, ce romancier évitait soigneusement les sujets de société, les références à un contexte historique identifiable et même tout commentaire d'auteur qui aurait pu faire croire qu'il avait une opinion à transmettre, une conception personnelle du monde à faire partager au lecteur. L'histoire de Victoire, héroïne de ce récit, dépeint la rapide transformation d'une jeune femme qu'une peur infondée a poussée à fuir soudainement Paris. Se retrouvant seule et sans ressources à l'autre bout de la France, la jeune femme subit l'enchaînement fatal des misères qui aboutissent à la clochardisation complète. Ce récit, quasiment abstrait dans son parcours logique, renvoyait, lors de sa parution, à une certaine actualité sociale : il illustrait l'apparition d'un nombre croissant de marginaux, qui faute de travail et de logement étaient rapidement réduits à la condition de S.D.F.

À un journaliste qui lui demandait s'il y avait une raison précise à cette irruption du social dans son œuvre, Echenoz répondait :

> Pour ce qui est des raisons, l'irruption de la pauvreté, de la misère, dans le quatrième pays du monde représente quelque chose d'une violence

énorme surgissant dans la vie quotidienne. Je n'ai pas voulu écrire du tout un témoignage, mais le sentiment de cette violence était tel que ça ne pouvait que se retrouver dans ce roman. Cette violence se répercute à travers les modifications que subit l'apparence de Victoire, qui se clochardise, et qui, même si elle se prostituait –ce qu'elle envisage- ne trouverait pour clients que ses compagnons de misère. Il n'y a plus d'argent, il n'y a plus de corps. (Echenoz, 1997-2)

Je pourrais citer bien d'autres exemples pris chez les écrivains de cette génération. Ils semblent partager ce « souci de la société » dont parle le philosophe Harry Frankfurt dans *The Importance of What We Care About*, (Frankfurt, 1988, p. 83 sq.) H. Frankfurt y décrit l'état d'esprit dans lequel nous « prenons intérêt à… » , nous nous « soucions de… » quelque chose. Cet état n'est pas réductible à des croyances ou à des comportements, mais est de l'ordre de l'action consciente. Se soucier de quelque chose signifie investir dans cette chose, s'y identifier. En se souciant de la société, les romanciers contemporains s'associent à elle, lient leur futur à son devenir. Pour eux, le mode d'inscription du social passera moins par une mimesis d'ordre spatial, que par la dimension temporelle d'une dynamique partagée.

Débordements

Dans ces œuvres que Bruno Blanckeman définit comme « néo-réalistes » (Blanckeman, 2005), je distingue diverses stratégies d'écriture qui visent à dépasser la frontière entre réalité et fiction. Elles conduisent souvent les auteurs à introduire dans le roman des formes non-fictionnelles d'indexation du réel, empruntées au monde pratique.

Photographies

L'une de ces stratégies consiste à intercaler des photographies dans le corps même de la narration. Le romancier autrichien W.G. Sebald a ainsi publié plusieurs « récits illustrés » (Sebald-1993), dans lesquels des photos, sans prétention artistique, ouvertement redondantes avec le texte, altèrent sensiblement le caractère fictionnel de celui-ci en imposant au lecteur des images précises de la « réalité » dans laquelle l'histoire est censée se dérouler. La tension entre représentation et réel qui résulte de la présence des photos ou de l'évocation d'autres formes de copies, comme la maquette du temple de

Jérusalem construite par l'un des personnages, est exploitée très efficacement dans les *Anneaux de Saturne* (Sebald, 1999).

Annie Ernaux va encore plus loin dans une œuvre écrite à deux mains avec son compagnon Marc Marie *L'Usage de la photo* (Ernaux, 2005) reproduit au début de chaque séquence la photo de leurs vêtements hâtivement dépouillés à chacune de leurs rencontres. Le texte qui suit est la description minutieuse de ce cliché et des circonstances de sa prise que chaque partenaire fait à tour de rôle.

Le débordement est aussi au centre des expériences que mène Sophie Calle dans des textes qui relèvent tout à la fois du récit, de la création plastique et de la performance. Dans *De l'obéissance*, publié en 1998, elle associe texte et photographie pour décrire une expérience consistant à soumettre strictement sa production artistique et son existence quotidienne à une règle alphabétique inspirée par une phrase de son ami, le romancier Paul Auster :

> Des journées entières s'écoulaient sous le signe du b, du c ou du w et puis, aussi brusquement qu'elle l'avait commencé, elle abandonnait le jeu et passait à autre chose. (Calle, 1998, p. 39. Citation de P. Auster, *Léviathan*, Actes Sud, 1993, p. 85)

Inventaires

Il est aussi possible de brouiller la distance qui sépare le roman du monde de la référence en le laissant envahir par de la matière non narrative, issue d'un réel débordant et incompressible. Le romancier prend alors l'attitude d'un enquêteur épris d'exactitude et d'exhaustivité. Son récit s'obnubile sur l'inventoriable : listes, archives, rapports, notices en tout genre y prennent place, non plus comme les écriteaux publicitaires ou les articles de presse dans les romans de Sinclair Lewis, d'Alfred Döblin ou de Paul Morand, mais comme d'authentiques fragments récupérés du monde du dehors, encore riches de leur valeur d'usage. Par leur présence, ils suggèrent que l'univers du roman se juxtapose étroitement aux choses, comme s'il allait devenir opératoire, que c'est même dans cette possibilité que réside la fiction.

Lorsque les énumérations étaient pratiquées par les auteurs du Nouveau Roman, c'était souvent pour exprimer la désagrégation du réel, son morcellement infini sous le regard de l'observateur. Chez les romanciers auxquels nous pensons, elles découlent plutôt du désir d'aller au-devant du monde et de le faire sien. Georges Perec, déjà, avait proposé une *Tentative d'épuisement d'un lieu parisien* [102] qui commençait par la phrase « Il y a beaucoup de choses place Saint-Sulpice, par exemple… », suivie d'une soixantaine de pages d'énumération. C'est d'ailleurs un texte de Perec, *W. ou le souvenir d'enfance* qui fournit à Sophie Calle, dans l'ouvrage déjà cité, la dernière de ses expériences alphabétiques, *W. comme Week-end en Wallonie*. (S. Calle, *De l'obéissance*, o.c. p.58-59)

L'inventaire s'offre en tant que "forme simple" d'une réalité qui n'est pas encore organisée dans un savoir, hiérarchisée dans un usage, articulée dans un discours…Dans tel roman de Jean Echenoz, il n'apparaîtra que comme une séquence extravagante, une plongée momentanée dans le monde des choses possibles. Ainsi, dans *Cherokee*, le narrateur nous montre deux personnages fuyant par un passage secret qui serpente à travers une série d'arrière-boutiques et d'appartements occupés :

> Entre deux portes discrètes, ils traversèrent prestement une cuisine ensoleillée où mijotait un fricot solitaire, pendant qu'une voix dans la pièce à côté criait « Robert, c'est l'heure ! »Puis ce fut à nouveau le silence et la nuit. Plus loin, entre deux autres portes, ils franchirent un placard à balais derrière la troisième porte duquel un homme criait en espagnol son amour pour une femme. Puis le silence et la nuit. Puis une sorte d'antichambre équipée en secrétariat miteux, d'où une vieille sténodactylo assoupie sur un bottin ne voulait pas sortir ; ils durent se résoudre à passer devant elle, sur la pointe des pieds, elle ne montra aucun étonnement. Le silence et la nuit. Une salle de bains désaffectée depuis trente ans : un savon plus sec qu'un galet sur le rebord d'une baignoire débordant de toiles d'araignées, des légions de blattes sur le carrelage poudreux. […] Le silence, la nuit, les archives d'un avoué, une chambre d'enfant très en désordre, la salle d'attente d'une infirmière avec son jeu complet de clients, enfin le soleil froid de la rue de Berri, par le sas embaumé d'un dépôt de fleuriste, devant lequel stationnaient deux mobylettes Peugeot bleu fumée. (Echenoz, 1983, pp. 162-163.)

Qu'il s'agisse de l'insertion des photographies au sein de la narration, ou du parasitage de celle-ci par des inventaires ou des collections, l'effet obtenu est, me semble-t-il, le même : l'activité d'indexation du réel s'emballe, la frontière

---

102 Ed. Bourgois, 1975.

entre l'œuvre et le monde extérieur est débordée, le lecteur est conduit au bord du récit pour constater, avec Jacques Roubaud, qu' « il y a un dehors du roman, affirmé comme un réel : un monde possible où se passe autre chose que la mise en lignes noires de la mémoire » (J. Roubaud, 1989).

Roman et sociologie

Le « souci de la société » ne me semble pas s'expliquer par quelque évolution interne de l'institution littéraire. Il se fonde plutôt sur le renouvellement du discours social, celui par lequel la société occidentale se dit et invente son propre imaginaire. Dans ce discours, il est désormais impossible de ne pas reconnaître l'apport des sciences sociales. La sociologie y tient une place importante. Son intérêt récent pour la mise en récit du social, opérée lors des enquêtes et des entretiens, la rapproche de la littérature. Dans l'introduction à *La Misère du monde*, une importante enquête menée par son équipe auprès des populations du Nord de la France frappées par le démantèlement industriel, Pierre Bourdieu explique que « les lieux dits 'difficiles' sont d'abord difficiles à décrire et à penser » et que leur complexité exige le recours à des formes narratives complexes et multiples. Pour effectuer ce travail d'écriture, le sociologue ne peut plus se contenter d'un point de vue unique, central, dominant ; à l'image de Faulkner ou de Virginia Woolf, il devra faire jouer plusieurs perspectives « correspondant à la pluralité des points de vue coexistants et parfois directement concurrents » (Bourdieu, 1993, p.14).

Une telle ouverture vers la littérature trouve sa contrepartie chez certains romanciers qui utilisent les concepts et les informations fournis par les sociologues et les ethnologues des sociétés contemporaines. Houellebecq a mis en exergue, dans *Plateforme*, les travaux d'un sociologue du tourisme. Dans *Les Particules élémentaires,* l'un de deux héros masculins, Bruno, paraît être une confirmation vivante des spéculations de Jean Baudrillard dans *L'Echange symbolique et la mort* (Gallimard, 1976) et de la description du vécu post-moderne donnée par Gilles Lipovetsky dans *L'Ere du vide* (Gallimard, 1983), dont on retrouve l'écho dans le roman. L'importance qu'y prennent les digressions réflexives, ordinairement réservées à l'essai, crée un régime de lecture particulier : en faisant appel à l'intérêt intellectuel du lecteur pour les problèmes de société, Houellebecq risque de faire dérailler sa lecture vers des formes d'adhésion ou de rejet tout à fait inhabituelles pour un romancier. Bien qu'ils ne mettent en scène que des célibataires, quadragénaires et intellos, ses romans constituent ce que j'appellerais une « interprétation du social » beaucoup plus large que

cet échantillon. Ils montrent comment, au tournant du XXIe siècle, les individus voient, vivent et interprètent leur destin à travers une idéologie unique,
celle du libéralisme et de l'individualisme postmodernes. Les débats intenses
que Houellebecq suscite illustre ce que Claude Duchet disait de « l'idéologique », qu'il fallait désormais entendre « comme textualité active et non plus
comme fausse conscience » (Cl. Duchet, 1988, présentation).

Des réactions comparables ont accueilli les œuvres d'Annie Ernaux, une
romancière extrêmement réceptive aux moindres variations du discours social
et qui ne cache pas sa proximité intellectuelle et politique avec Bourdieu. Elle
a publié neuf romans que l'on pourrait considérer comme des « autofictions »,
si elle-même ne récusait pas catégoriquement cette dénomination. Tout en
s'appuyant sur une expérience vécue par l'auteur, ils n'ont pas, selon elle, une
visée autobiographique. Qu'elle aborde le traumatisme de l'avortement, dans
Les Armoires vides, ou la douleur de la trahison amoureuse dans *Passion sim-*
ple, ce sont aux interactions entre le ressenti psychologique et le répercuté
social que va toujours l'attention de cette romancière. Elle s'attache à montrer
comment ses personnages sont influencés dans leur comportement par leur
désir de conformité et celui, contraire, de distinction :

> Dire que ma mère lit *Confidences*, et qu'à cause d'elle j'ai cru que Delly
> était un grand écrivain. Je les hais plus que jamais. Ils ne connaissent
> rien, mes parents, des minus, des péquenots, ni musique, ni peinture,
> rien ne les intéresse à part vendre des litrons, bouffer du poulet sans
> parler le dimanche. Dans ce monde moderne, évolué auquel j'aspire,
> ils ont encore moins leur place. Aux moments de lucidité, je sens que
> je reste pouffiasse, je ne sais pas comment, à cause d'eux peut-être, le
> mauvais goût, leurs manières. Les rires des filles, « tu aimes Luis Ma-
> riano ! ». Et cette paire de lunettes qui a fait la risée des filles les plus
> chouettes, les plus fascinantes. « Tu l'as eue à tout-à-un-franc ? » Et
> cette permanente trop frisottée dont je n'arrive pas à me débarrasser,
> comprimée en touffe au bout d'une queue de cheval trop courte…Je n'ai
> pas de conversation, elles m'apprennent tout, et moi je n'ai rien à leur
> raconter. (Ernaux, 1974, pp. 123-124).

Avec *Le Journal du dehors* et *La Vie extérieure*, on voit Annie Ernaux renoncer
à utiliser son vécu personnel et se projeter tout entière dans l'observation du
monde extérieur. Si elle se détourne du roman, c'est, dit-elle, parce que « cette
forme a moins de véritable action sur l'imagination et la vie » (Ernaux, 2003).

Le regard prime désormais sur la voix, mais il s'agit toujours d'objectiver des phénomènes qui sont à la croisée du psychologique et du sociologique. Ces œuvres sont constituées de courts textes, relatant des observations faites dans des hypermarchés, des conversations captées dans le R.E.R., ou encore des réflexions sur les modes et les codes en usage. Cette matière l'intéresse, nous dit Annie Ernaux, car elle n'est ni du passé, ni du présent, mais « un passé qui arriverait au présent », c'est-à-dire la rémanence et l'affleurement dans la parole ou les gestes d'un non-dit social où se mêlent des hontes refoulées, des réflexes d'imitation, des peurs enfantines. L'attention maximale au monde extérieur se paie d'un renoncement, non seulement à la fiction, mais aussi à la continuité narrative ; les notes se suivent de façon discontinue, soumises à la contingence du dehors, dans un hiatus constant, comme s'il s'agissait d'un journal intime, sauf qu'ici l'intériorité cherche à s'effacer et que la rumeur que l'on écoute est la bande sonore du social.

L'exemple d'Annie Ernaux et de son éloignement de la forme romanesque pose en termes nouveaux la question de l'autonomie de l'œuvre littéraire, au moment où semble renaître chez les romanciers un souci de la société, stimulé par les médias et nourri par la réflexion sociologique. Or, ce souci, qui est aussi un désir pour de nouvelles formes du « vivre avec » expérimentées ici ou là, ne peut se dire dans les cadres du grand réalisme du XIXe siècle, qui étaient nés, eux-mêmes, d'un imaginaire social aujourd'hui révolu. On comprend que pour certains écrivains, il y ait une urgence personnelle, proprement identitaire, à restituer littérairement leur expérience sociale et que cette urgence puisse les amener à déborder la fiction et parfois même la passer par-dessus bord.

BIBLIOGRAPHIE

Angenot, M., Suvin, D. (1981) : Thèses sur la « sociologie » de la littérature. *Littérature*, n° 44.

Angenot, M., R. Robin (1985) : L'inscription du discours social dans le texte littéraire. *Sociocriticism*, Uni. Pittsburgh, n° 1.

Angenot, M. (1989-1) : Ceci tuera cela, ou : la chose imprimée contre le livre. *Romantisme*, 44.

Angenot, M. (1989-2) : *1889 : Un État du discours social.* Le Préambule, Longueuil (Montréal).

Blanckeman, B. (2005) : Le Souci de société ; sur quelques écritures néo-réalistes, in : Collomb, M. (éd.) *L'Empreinte du social dans le roman depuis 1980*. Publications de l'Université Paul-Valéry, Montpellier, pp. 25-33.

Bourdieu, P. (éd) (1993) : *La Misère du monde*. coll. Points, Seuil, Paris.

Calle, S. (1998) : *De l'Obéissance (Livre 1)*. Actes Sud, Arles.

Conant, C. (2003) : *La Littérature, la photographie, l'hétérogène. Étude d'interactions contemporaines*. Thèse de Littérature Comparée, Université de Limoges.

Collomb, M. (2005) : Distance sociale. Sur *Un An* de Jean Echenoz, in Collomb, M. (éd.) : *L'Empreinte du social dans le roman depuis 1980. o. c.*, pp. 287-300.

Despléchin, M. (1998) *Sans moi*, éd. de l'Olivier et collection « Points », Seuil, Paris.

Duchet, Cl. (1971) : Pour une sociocritique ou variations sur un incipit. *Littérature*, n° 1.

Duchet, Cl. (1979) : *Sociocritique*. Nathan, Paris.

Duchet, Cl., Robin, R. (1988) : Médiations du social. *Littérature*, n°70, Paris.

Echenoz, J. (1983) : *Cherokee*. éd. de Minuit, Paris.

Echenoz, J. (1997-1) : *Un An*. éd. de Minuit, Paris.

Echenoz, J. (1997-2) : Entretien avec Hervé Delouche. *Regards*, n°26, juillet-août. Consulté sur www. regards.fr.

Ernaux, A. (1974/2003) : *Les Armoires vides*. Folio, Gallimard, Paris.

Ernaux, A. (1993) : *Journal du dehors*. Folio, Gallimard, Paris.

Ernaux, A. (2003) : *L'Ecriture comme un couteau*. Stock, Paris.

Ernaux, A. (2005) : *L'Usage de la photo*. Gallimard, Paris.

Frankfurt, H. (1988) : *The Importance of What We Care About*. Cambridge Uni. Press, Cambridge.

Guibert, H. (1990) : *A l'ami qui ne m'a pas sauvé la vie*. Gallimard, Paris.

Guibert, H. (1991) : *Le Protocole compassionnel*. Gallimard, Paris.

Guibert, H. (1992) : *Cytomégalovirus*. Seuil, Paris.

Houellebecq, M. (1998) : *Les Particules élémentaires*. Flammarion, Paris.

Houellebecq, M. (2001) : *Plateforme*. Flammarion, Paris.

Pavel, Th. (1992) : Thématique et politique, in : J. Neefs et M.Cl. Ropars : *La Politique du texte, enjeux sociocritiques*. éd, P.U.Lille, Lille, p. 163-174.

Robin, R., Angenot, M. (1985) : L'inscription du discours social dans le texte littéraire, *Sociocriticism*, Uni. Pittsburgh, n°1.

Robin, R. (1992) : Pour une Socio-poétique de l'imaginaire social, in : J. Neefs et M.Cl. Ropars : *La Politique du texte, enjeux sociocritiques*. éd, P.U. Lille, Lille.

Roubaud, J. (1989) : *Le Grand incendie de Londres ; récit avec incises et bifurcations, 1985-1987*. Seuil, coll. Fictions, Paris.

Sebald, W.G. (1993/2001) : *Die Ausgewanderten*. Frankfurt, Eichborn (*Les Emigrants*, trad. P. Charbonneau, Actes Sud.

Sebald, W.G. (1995/1999) : *Die Ringe des Saturn. Eine angliche Wallfahrt*. Frankfurt, Eichborn (*Les Anneaux de Saturne*, trad. B. Kreiss, Actes-Sud).

« Entre ironie et tendresse, pleurire aux larmes »

par Jean-Yves Pouilloux

« Vous battez le briquet de la joie de vivre sur la meule du désespoir »
Jean Dubuffet à Raymond Queneau (Dimanche, 1962)
Prospectus… II, p. 371

« Tu es arrivé au maximum d'ambiguïté entre le burlesque et le sublime »
à propos de Michel Leiris (Journal, 28 8 58, p. 985)

Je voudrais tenter une « lecture affective » de quelques romans de Raymond
Queneau, ou plus précisément de quelques passages choisis selon une atmosphère particulière dans les textes, atmosphère à laquelle je me suis trouvé exposé moi-même à cause d'un accent singulier que j'ai cru percevoir en lisant.
Comme une hésitation passagère qui m'empêchait de choisir avec confiance
une signification plutôt qu'une autre (son inverse), comme il arrive souvent
dans les situations où prévaut l'ironie, et où on n'est jamais assuré d'avoir atteint le degré de distance qui met à l'abri de la sottise. Je veux dire par là que
je m'aventure très volontairement à céder à l'impression, mieux, à m'ouvrir
à la force des intuitions, et donc que je m'expose, selon les impératifs d'une
critique rigoureuse auxquels je m'imaginais m'être moi-même jusqu'à présent
tenu, à être taxé de flou, de partialité subjective, de vague sentimental. Lecture donc suspecte de recourir à de vieilles catégories psychologiques désuè-
tes, ou supposées telles, comme la pudeur, la honte, la réserve, la réticence
ou la timidité. Malgré le discrédit auquel de telles notions s'exposent, il ne me
semble pas vraiment, expérience et réflexion faites, qu'elles soient beaucoup
moins flottantes que des notions critiques supposées claires et distinctes, do-
tées d'un adossement théorique qui les fonde ou les cautionne, et même je

crois possible de délimiter avec non moins de rigueur leurs contours, leurs définitions et leurs effets dans un texte, dans une aventure d'écriture. Il s'agit d'une « matière subtile », évanescente et fluide, aussi fugitive qu'un accent, qu'une inflexion de voix. Ainsi en est-il de l'esquisse d'un sourire, d'un plissement d'yeux, d'un changement de coloration dans le visage. Et il faut bien avouer qu'en ce domaine, les données enregistrables, constatables, quantifiables, font défaut, et cela par une contrainte nécessaire puisque les catégories arrêtent et figent un mouvement existentiel pour les faire entrer dans une taxinomie rationnelle et ordonnée. En sorte que toute tentative d'interprétation précise se trouve écartelée entre le souci de coïncider avec un réel fuyant, par nature équivoque, et la volonté d'éclairement réfléchi.

Il s'agit d'une question banale, ressentie obscurément par tout lecteur de Raymond Queneau, et explicitement formulée par plus d'un critique, question qui traduit un embarras, voire un désarroi pour toute personne habituée à vivre, à sentir ou penser dans une logique du « ou bien… ou bien », et qu'on pourrait peut-être formuler ainsi : Queneau se propose-t-il, avec une bonne dose d'optimisme et une naïveté légèrement idéaliste, de réconcilier les hommes (lui-même, ses personnages et ses récits) avec leur histoire, avec la justice des relations sociales telle que l'espérance révolutionnaire peut la figurer, avec la simplicité des relations affectives et sentimentales (et par exemple l'amour), avec les étranges créatures volatiles et imprévisibles qu'on appelle des femmes, avec l'ordre réglé, intelligible, mesurable et donc déchiffrable de l'univers ? Ou, au contraire, ricaneur désabusé et revenu de toutes les illusions, trouve-t-il un amer plaisir à ressasser des sarcasmes impitoyables et corrosifs qui se moquent de la sottise, de la bêtise quotidienne obstinément renaissante, de la niaiserie sentimentale ? Or ce qui déconcerte, c'est que les deux côtés qu'on pourrait croire exclusifs l'un de l'autre et incompatibles, ici non seulement coexistent, mais se mêlent et s'imbriquent l'un dans l'autre, de manière semble-t-il systématique ; et cette perpétuelle réversibilité intrigue, elle est assez singulière pour qu'on soit enclin à y entendre l'accent propre des textes de Raymond Queneau, et qu'on souhaite approcher de plus près cet alliage improbable et illogique de gravité et de jeu, d'aveu et de retrait, de pudeur et de dévoilement cynique. Il s'agit bien d'entendre ce que Proust appelait « l'air de la chanson ». « Dès que je lisais un auteur » écrit-il, « je distinguais bien vite sous les paroles l'air de la chanson qui en chaque auteur est différent de ce qu'il est chez tous les autres, et, tout en lisant, sans m'en rendre compte, je le chantonnais, je pressais les mots ou les ralentissais ou les interrompais tout à fait, comme on fait quand on chante où on attend souvent longtemps, selon la mesure de l'air, avant de dire la fin d'un mot » (*Contre Sainte-Beuve*, Pléiade, p. 303. Il est remarquable que ces quelques lignes trouvent un écho précis dans *Du Côté de chez Swann*, lorsque le narrateur évoque la manière dont sa mère lui lit *Fran-çois le Champi*, et la justesse de son ton, fût-ce au prix d'amputations textuelles importantes et de censures morales qui rendent incompréhensible l'histoire ; mais la fidélité au ton a plus d'importance que le respect de l'intrigue).

Evidemment il n'est pas donné à tout le monde de posséder l'oreille fine et juste de Proust, j'essaierai pourtant d'aller dans la direction de lecture qu'il indique[103]. S'agissant de l'écriture de Raymond Queneau, cela intrigue d'autant plus que l'ambivalence et l'alternance des tons semble une constante. A titre d'emblème, on remarque que dans un même temps, il traduit *Peter Ibbetson* (1946), roman romantique et sentimental s'il en est, et dont il reprendra des années plus tard un certain nombre de données factuelles et d'orientations métaphysiques dans *Les Fleurs bleues*, et d'un autre côté, il compose un récit coquin sinon explicitement érotique, *On est toujours trop bon avec les femmes* (1947). Dans les romans, on observe que cette ambivalence se laisse aperce-voir à des dénivellations de ton, à des ruptures, à des écarts soudains, comme on change de pied quand on court pour tromper celui qui en face devrait vous arrêter. Dans ce jeu à deux, un attaquant et un défenseur, il s'agit toujours de leurrer l'autre, de lui faire croire qu'on va adopter une trajectoire définie et continue, puis, à un moment choisi, de modifier soudain la direction et de bi-furquer à contresens pour surprendre l'opposant. Un récit sollicite l'adhésion du lecteur, le capte dans sa vague rêverie intime, pour le conforter dans son imaginaire, mais du même coup il le rend vulnérable, exposé à se voir pris au piège de sa propre sensibilité, de sa niaiserie sentimentale.

---

103 Je crois avoir trouvé quelques aides dans des pratiques qui m'ont paru ne pas être aussi mécaniques et stériles qu'elles pourraient sembler : par exemple recopier à la main une ou plusieurs pages, ce qui produit, par un subterfuge certes grossier mais efficace, une illusion d'intimité avec le texte dont je ne suis pas persuadé qu'elle soit entièrement trompeuse ; par exemple travailler sur des traductions en langues étrangères relativement familières en se donnant pour objectif de formuler soi-même une version qui paraisse moins insatisfaisante – expérience extrêmement instructive, car il est probablement peu de lecteurs aussi astreints au scrupule et à l'advertance que le traducteur ; expérience enfin de la lecture à haute voix devant un public sinon hostile au moins refusant la complicité habituelle des « lectures ». Ou encore un examen patient des « fleurs de rhétorique » dont on sent assez vite qu'elles sont vivantes et fertiles si on ne les range pas dans un Traité. Tout remède est bon quand il s'agit de se rendre moins sourd.

C'est ce que pratique admirablement Flaubert quand il nous propose d'entrer dans les rêves d'Emma, de l'accompagner avec sympathie sinon ferveur, jusqu'au point où une note faussée nous suggère de nous désolidariser de sa rêverie romantique[104]. Mais c'est de façon si discrète que le lecteur de bonne foi peut se laisser entraîner sans en avoir clairement conscience. Comme il n'est pas assuré que dans les dernières pages, tout lecteur soit suffisamment alerté pour déchiffrer l'horrible formule par laquelle s'exprime l'autopsie de Charles Bovary, entreprise par le chirurgien Canivet à la demande de M. Homais : « Il l'ouvrit et ne trouva rien », non pas au sens dans lequel nous incite le texte qu'il n'y aurait aucune cause physiologique ni infectieuse à la mort de ce bon Charles, mais au constat hélas définitif que Charles était aussi vide mort que vivant. En un sens Queneau est moins âpre, moins cruel que Flaubert, moins sadique ; aux points de retournements, de ruptures, il offre la main secourable d'une fine plaisanterie, d'une blague de potache, d'un jeu de mots en guise de signal, pour aider son lecteur à se déprendre du somnambulisme habituel de la lecture. Il n'hésite pas à souligner les effets théâtraux de décalage. Le duc d'Auge découvre une merveilleuse sauvageonne dans une cabane de bûcheron. La scène entière (*Les Fleurs bleues*, p. 106-110) joue sur les registres acrobatiquement réunis dans une scène dont les différences de registre constituent évidemment l'attrait : « Vous êtes un rien gironde, dit le duc.

Elle fait semblant de ne pas *réceptionner le madrigal* ». Double dénivellation en fait, puisque ce qui figure en italiques n'appartient pas particulièrement au registre élevé auquel on pourrait s'attendre, mais à un étrange mélange où « réceptionner » appartient au vocabulaire proche de l'argot, et « madrigal » à un langage plus conventionnel sinon précieux. Du coup le lecteur sauf à être complètement obtus n'a pas trop le choix, rien n'est stable, et il lui faut être alerte.

Ce genre de dénivellation apparaît avec constance quand il est question de sentiments, comme l'évocation de Ducouillon dans *Un rude hiver*,

---

104   Au retour de sa "lune de miel", Emma condense l'ensemble des clichés du voyage amoureux, et Flaubert glisse subrepticement des pronoms insidieux : « Dans des chaises de poste, sous des stores de soie bleue, *on* monte au pas des routes escarpées… puis, le soir, sur la terrasse des villas, seuls et les doigts confondus, *on* regarde les étoiles en faisant des projets… » (I, VII). Cruel Flaubert qui offre en partage un doux rêve d'amour, qu'interrompt brutalement l'image du « mari », « vêtu d'un habit de velours noir à longues basques, et qui porte des bottes molles un chapeau pointu et de manchettes ». Il suffit d'une touche de trop pour que l'adhésion initiale devienne impossible, mais il faut au lecteur une grande attention pour ne pas se laisser prendre lui-même au piège d'un rêve en marche.

« Ducouillon. Vous savez bien, mon lieutenant, Ducouillon, le chanteur comique des Folies-Bergères, ah un rigolo. Moi, mon lieutenant, tel que vous me voyez je l'ai entendu chanter. Pas vous ?

-Non.

-Il chantait :

quand hon haime hon hest hun imbeciiile
hon écoute que ses sentiiiments,

ah il était rigolo » (p. 162). Comme le clown sentimental et ridicule à la fois, attendrissant et comique, Ducouillon est l'occasion d'un périlleux exercice de style, dans lequel Queneau fin orfèvre et fidèle écouteur (les « h » de « haime » évoquent irrésistiblement les « hénaurme » ou les « pohésie » de Flaubert) comme à son habitude excelle. Comme dans la scène fameuse des comices où Rodolphe susurre « -Cent fois même , j'ai voulu partir, et je vous ai suivie, je suis resté » pendant qu'en contrepoint, en bas les distinctions s'égrènent : « Fumiers ». Et un peu plus loin, « Oh ! Non, n'est-ce pas, je serai quelque chose dans votre pensée, dans votre vie ? -Race porcine, prix ex æquo : à MM. Lehérissé et Culembourg ; soixante francs ! », les différences de registre se contaminent et se détruisent réciproquement. Les engrais flamands se mêlent au « un désir suprême faisait frissonner leurs lèvres sèches ; et mollement, sans efforts, leurs doigts se confondirent ». Mais là où Flaubert nous sollicite insidieusement d'entrer en sympathie avec les romanesques ridicules, Queneau maintient bien visible l'écart qui retient d'adhérer tout en ménageant un espace pour que la raillerie ne soit pas aussi prompte et féroce qu'un rire moqueur qui se donne libre cours. Lorsque le père Taupe sort de sa torpeur et bêle « Nestine, Nestine » et se met à chanter, tout à la fois la mise en scène le tourne en ridicule et attendrit :

« *Mais le plus joli rêve, c'est le rêve d'amour,*

Que l'on fait sur la grève,

A l'heure où meurt le jour »

Ernestine rentre avec le mousseux ; lorsqu'elle est à portée de sa main, le père Taupe lui tape sur la fesse. Il glousse :

« *Une voix enivrante,*

Monte du flot berceur…

Il n'y a plus moyen maintenant d'avoir une conversation sérieuse.

« *… C'est la chanson du cœur.* »

Etienne se lève. » (*Le Chiendent*, p. 89)

On dirait un pastiche de la scène des comices, mais avec un accent tendre qui enveloppe les personnages dans une grande bienveillance moqueuse sans méchanceté, le père Taupe n'est pas un vieux cochon lubrique, même s'il est tenté par la jeunesse de la serveuse, et la gouaille des témoins ne va pas jusqu'au sarcasme facile. « Et le mousseux, s'écrie Belhôtel, vous allez bien boire du mousseux ?». Boiterie qu'on retrouve un peu plus loin dans le texte, cette fois avec un témoin extérieur-intérieur, Mme Cloche : « Ses yeux, remarque Mme Cloche, ne quittent pas Ernestine ; il la suit constamment. Elle passe près de lui. Pour pas s'en faire faut rien désirer, proclame le père Taupe, et il pince les fesses d'Ernestine » (*Le Chiendent*, p. 148). Ce n'est pas tout à fait sans raison si le mot de « boiterie » m'est venu à l'esprit, par une singulière coïncidence le personnage lui-même du père Taupe incarne la démarche du texte : « ... posant le vase sur une commode édentée, il se mit à dansoter sur place en gloussant comme une pintade.

-Alors, père Taupe, tu m'le vends combien ton vase ?

Et cet acrobate qui avait un pied dans la tombe et l'autre dans le berceau, cet acrobate susurra :

-Un baiser.

Ernestine ne vit que le côté comique de la chose et se retourna pour étouffer son rire. Un bruit de vaisselle cassée la fit se retourner ; le vieux n'aimait pas qu'on se moquât de lui , il venait de briser le berger rosâtre et la bergère mauvose » (p. 167-8) Au-delà de la scène de genre le barbon amoureux et la jeunesse tentante, avec la gouaille obligée dans ce type de situation, ce qui fascine c'est que les deux côtés se mêlent, tendresse et moquerie, de façon indissociable et réversible, comme le néologisme « mauvose » l'affiche, mot-valise qui condense morose, mauvaise, mauve et rose.

On retrouve cet art de l'ambivalence et du retournement jusque dans les fragments du *Petit Echo de X...* (p. 241-46), où Queneau pastiche les *Nouvelles en trois lignes* de Félix Fénéon[105]. On le retrouve encore dans l'évocation d'une Ernestine rayonnante, resplendissante, scintillante le jour de ses noces, et qui « sent croître dans son cœur une immense petite fleur bleue qu'elle arrose d'un pernod fils dont les soixante degrés d'alcool sont légèrement éteints par l'adjonc-

---

105 Jean Paulhan a édité en 1948 des *Œuvres* de Félix Fénéon, avec une très éclairante introduction qui décrit le ton sarcastique et complice à la fois de la plupart des écrits du « critique » , et il souligne son art éprouvé du contre-pied. Par exemple ceci : « Le chanteur Luigi Ognibene a blessé de deux balles, à Caen, Madelon Deveaux qui ne voulait pas laisser monopoliser sa beauté », ou « Plage Sainte-Anne (Finistère), deux baigneurs se noyaient. Un baigneur s'élança, de sorte que M. Etienne dut sauver trois personnes », ou encore « Catherine Rosello, de Toulon, mère de quatre enfants, voulut éviter un train de marchandises. Un train de voyageurs l'écrasa ».

tion de quelques centimètres cubes d'eau pure, mais non distillée » (p. 261). Dès son premier roman, Queneau donne le ton qui va s'entendre jusqu'aux *Fleurs bleues*. « A la terrasse du café, des couples pratiquaient le bouche à bouche, et la salive dégoulinait le long de leurs mentons amoureux ; parmi les plus acharnés à faire la ventouse se trouvaient Lamélie et un ératépiste… Lamélie fermait les yeux et se consacrait religieusement à la linguistique » (p. 48).

C'est dans *Le dimanche de la vie*, que cet art du contre-pied trouve son emploi le plus constant et le plus vif. Et ce dès la fameuse première phrase, dont l'organisation syntaxique en caricature de chinook donne la possibilité de fausses pistes, de leurres et de reprises malicieuses. Il s'agit d'un roman d'amour, étrange certes, mais où les sentiments constituent le centre autour duquel tout gravite. Et donc le sujet par excellence où le risque de ridicule évoqué par la chanson de Ducouillon est le plus menaçant. Queneau trouve mille et une façons pour faire sentir la tendresse, ce qui expose à découvert, tout en se préservant des atteintes toujours possibles de l'ironie. Avec l'impressionante maestria d'une femme qui connaît la vie, et à qui « on ne la fait pas », Julia mène sa barque sans illusions mais aussi sans cynisme ni rancœur. « Ayant distribué à Valentin sa dose bécotante, Julia se tourne vers sa cliente », et le discours à madame Panigère est un modèle de ce ton à deux notes, un côté « réaliste », cru et d'une verdeur roborative (« Meussieu Panigère l'a toujours bien raide ? ») et l'autre sentimental (« D'ailleurs, il m'aime tout plein, comme tout, comme tout, comme tout, mon Valentin. Pas vrai ? », p. 97). Le personnage de Valentin est bien sûr celui qui incarne le mieux cette ambivalence faite d'innocence et de rouerie, ce mélange qu'on perçoit chez Lehameau, Pierrot ou Cidrolin. Dans une scène particulièrement réussie, scène de famille comme on en trouve au moment des enterrements, les « Bratruga » profitent d'un instant où ils sont seuls pour commenter la performance de Valetin qui en six mois est parvenu à les priver de leur part d'héritage (« Ça, il faut reconnaître, il a embobiné la vieille, comme jamais j'aurais pu le faire », p. 105) ; mais une vague accusation d'assassinat (le bouillon d'onze heures) suscite une vive réaction de Chantal : « Tu crois-tu qu'il l'a tuée ou pas ?

-Je crois pas.

-Tu vois.

-Je vois quoi ?

-Que tu dérailles avec tes gourantes. Valentin ne ferait pas de mal à une mouche.

-Oh ! Toi, tu as le béguin pour lui.

-C'est nouveau » (p. 105). Comment interpréter le « c'est nouveau » ? faut-il comprendre « tu dis n'importe quoi, en voilà une idée, qu'est-ce qui te passe par la tête » ? ou bien « on le sait depuis longtemps, tout le monde est au courant, rien de nouveau » ? On peut très bien passer à côté de ce double sens, jusqu'à ce que, deux pages plus loin , Chantal déploie ses charmes sous le nez de Valentin : « Chantal se penche vers Valentin en montrant ses jambes jusqu'à mi-cuisse. Elle lui susurre :

-Vous n'avez pas été chic avec nous.

-Ca c'est vrai, dit Valentin avec aisance » (p. 107) Ces avances vont aboutir à un récit allusif tout à fait délectable, où il faut comprendre que Chantal et Valentin ont échangé un baiser sur la bouche dans la phrase dite « d'une voix brossée :

-Elle a un bon dentifrice » (p. 160), et où leur commerce intime se dit sous la formule « la gondole est entrée brusquement dans une salle éclairée où il y avait des tas de gens qui nous regardaient en se marant.

-Qu'est-ce que vous faisiez tous les deux ?

-Chacun prenait son pied.

-Eh bien, fit Bourrelier troublé » (p. 161). Décalage et allusion sont les masques sous lesquels s'avoue et se dissimule en même temps la confidence sur la relation sexuelle. On retrouve ce mélange de confiance et de retrait, de proximité et de distance, qui peut très bien ne pas être déchiffré clairement, jusqu'au moment où Julia met les points sur les « i » : « Il peut pas te blairer depuis que tu as tripoté Chantal à l'Expo.

-Il m'a vu ?

-Chantal lui a dit, bien sûr.

-Et toi, comment le sais-tu ?

-Elle me l'a dit bien sûr.

Comme on pouvait parler de lui ! » (p. 206)

Queneau encore une fois donne les éléments « techniques » pour déchiffrer son texte, il formule le mode d'emploi : selon la manière de Flaubert, les aventures sont vues et du dedans et de l'extérieur. D'où cette mobilité, cette vitesse qui sont le signe qu'il vaut mieux, pour comprendre, rester agile, en alerte. L'humour tient sans doute pour l'essentiel à cette rapidité, à cette présence d'esprit. Proche de la gouaille, le rythme vif tend à prendre l'autre (interlocuteur fictif ou réel) sur le fait de son somnambulisme habituel, celui qui ne prête pas assez attention aux mots, celui qui s'englue dans une signification unique. « Qu'est-ce que tu as derrière la tête ? lui demanda Valentin.

-Le dos de ma chaise, répondit Julia qui n'était pas bien grande et qui

était assise dans un fauteuil » (p. 138). Double réveil, celui d'une métaphore prise au pied de sa lettre, celui d'une formule toute faite prise en défaut
chez celui-là même qui prétendait en faire un trait d'esprit. C'est tout l'art du
contrepoint qui ouvre des sens négligés, refermés.

Un dernier exemple : Julia accompagne à la gare son Valentin qui part
pour cet étrange et logique voyage de noces en solitaire. « Elle le regarda.

-Tu n'as pas l'air bien gai, remarqua-t-elle.

Il ne répondit pas tout de suite, il hésitait entre trois propositions également vraies : « Si, je suis gai, mais ça ne se voit pas », « Pas trop puisque tu
ne viens pas avec moi » et « J'ai peur qu'on me chipe ma place » » (p. 61). Les
énoncés diffèrent, pourraient sembler s'exclure les uns les autres, et pourtant
ils coexistent avec autant de validité les uns que les autres, et plus de validité
encore d'être réunis dans une circonstance unique et singulière. D'où un effet
de décalage, par quoi nous sommes sollicités de nous déprendre d'une courte
vue, d'une logique binaire qui opposerait vérité et mensonge comme deux versants antagonistes et irréconciliables.

On peut remarquer qu'un tel parti d'équivoque concerne de préférence les
allusions sexuelles, et plus encore les situations sentimentales, comme par un
effet de brouillage qui viendrait ruser sur les lieux de la censure. Le jeu de mots
neutralise le risque d'obscénité, comme dans les chansons de Boby Lapointe,
par exemple la délectable et coquine « Comprend qui peut », où l'on apprend
que « Marcel n'est pas ce qu'on appel'/ Un intellectuel… » ce qui ne l'empêche
pas, Marcel, de fort bien comprendre ce qu'il faut faire pour le contentement de
sa belle, et le poète de le dire sans le dire, avec esprit. A dire vrai, les allusions
coquines ne paraissent pas si difficiles, il y a une tradition grivoise et bon enfant, gauloise, rabelaisienne et populaire, qui se donne libre cours. Ce genre de
réaction est aussi très codé, daté pourrait-on dire, comme l'accent d'Arletty, le
parler des « faubourgs »[106]. Ce qui relevait d'une audace face à la censure paraît
cinquante ans plus tard bien innocent. Les frontières se sont déplacées.

En revanche, les sentiments semblent obstinément requérir plus de prudence, d'ombre et de secret. C'est une question d'accent, et Henri Godard n'a

---

106 Luc Etienne donne une très éclairante préface à *L'art du contrepet* (1957) où il écrit notamment : « Et pourtant, ces horreurs que le contrepet ne dit pas, il est bien vrai qu'il les dit tout
de même. C'est justement par là qu'il participe à la vertu purificatrice de l'Obscène » (p. 15),
et il précise un peu plus loin : « Et il est vrai qu'il est une école d'irrespect. Les choses réputées vénérables sont accouplées par lui aux choses réputées basses ou infâmes. Mais est-ce
donc un mal ? » (p. 17). Cet art subtil ou grossier selon les jugements peut aussi produire
des petits chefs d'œuvre comme : « On se veut/On s'enlace/On se lasse/On s'en veut ».

pas tort d'écrire, avec un optimisme roboratif, que « Le Chiendent est cette mauvaise herbe aux racines si proliférantes et ramifiées que, quand on croit les avoir toutes extirpées, il en reste encore assez pour réinvestir tout l'espace qu'on espérait avoir nettoyé. Que peut-il représenter dans le monde, si ce n'est la perpétuelle renaissance du Mal ? [...] La suite de l'œuvre romanesque aura beau ne pas revenir sur ce sujet et multiplier les figures de bénévolence, elle n'en restera pas moins, plus ou moins secrètement selon les romans sous le signe de ce chiendent qui aura été son premier mot » (Introduction au premier tome des romans dans la Pléiade, p. XXXVI). Bien sûr, l'horreur fasciste, la montée du nazisme, l'exploitation capitaliste, le 6 février 1934, la montée des Ligues, la misère ouvrière, la tentation anarchiste font incontestablement partie de l'univers de Queneau. Bien sûr il existe un espoir de changement, de rédemption, une attente de l'homme nouveau sensible aux malheurs des hommes et prêt au partage, exempt d'ambition, d'orgueil ou de rancœur (selon les propres termes de Godard, p. L-LI). Mais, en même temps, persiste une veine malicieuse, revenue de toutes les illusions, dont celle d'un homme meilleur, et qui trouve à s'exercer justement sur les doux rêves bleus. Il y a ces lignes de Huysmans, dans *Là-bas* (G-F, p. 158) où se trouvent réunis dans la même séquence rageuse le chiendent et la petite fleur bleue, et c'est de sa repousse à elle, la fleur bleue, que Durtal s'irrite, comme de ce qu'il y a de plus inavouable dans les sentiments humains, la tendresse. « Non, il n'y a pas à dire, la petite fleur bleue, le chiendent de l'âme, c'est difficile à extirper et ce que ça repousse ! Rien ne paraît pendant vingt ans et soudain, on ne sait, ni pourquoi ni comment, ça drageonne et ça jaillit en d'inextricables touffes !

  -Mon Dieu, que je suis bête !

  Il bondit dans son fauteuil. Doucement on sonnait. Il n'est pas encore neuf heures, ce n'est pas elle, murmura-t-il, en ouvrant.

  C'était elle ».

  Ce qui frappe dans cette rage de Durtal, personnage au reste assez déconcertant par sa posture acrobatique de jouteur cynique, exalté chaste, concupiscent vertueux, et lyrique sceptique, c'est une coexistence trouble de termes antagonistes. En cela, il est emblématique des rapports complexes entre la pudeur et la honte, rapports qui semblent au cœur de l'entreprise de Raymond Queneau. Comme si le lyrisme par exemple était synonyme de sottise, comme si l'effusion sentimentale était encore plus interdite que les scènes sexuelles.[107]

---

107 Alain-Didier Weill a publié dans "Patio" n° 3, décembre '84, un bref et remarquable texte intitulé « la honte et la pudeur : les deux voiles ». Je me permets d'en recommander vivement la lecture ; s'agissant des textes de Queneau, son propos est très éclairant.

Il ne s'agit pas seulement de pudeur et de honte concernant les relations amoureuses. Il y a plus difficile à dire, encore. Et, comme par nature, secret. L'article intitulé « Technique du roman » se termine sur quelques lignes énigmatiques : « Il n'y a plus de règles depuis qu'elles ont survécu à la valeur. Mais les formes subsistent éternellement. Il y a des formes du roman qui imposent à la matière proposée toutes les vertus du Nombre et, naissant de l'expression même et des divers aspects du récit, connaturelle à l'idée directrice, fille et mère de tous les éléments qu'elle polarise, se développe une structure qui transmet aux œuvres les derniers reflets de la Lumière Universelle et les derniers échos de l'Harmonie des Mondes » *Bâtons, chiffres et lettres*, p. 33). Comment les interpréter ? Il ne manque pas d'indices, semés tout au long du parcours comme les cailloux du Petit Poucet, montrant sans le dévoiler tout à fait, et même en le taisant obstinément, que Raymond Queneau est occupé par une quête d'ordre spirituel, que ses textes en témoignent, même s'il s'en moque parfois ouvertement. Le duc d'Auge interroge l'astrologue de Russule : « Tu as regardé les étoiles cette nuit ? », et il s'entend répondre après quelques marmonnements liturgiques : « J'ai entendu la musique des sphères.

-Et ça faisait quel bruit ?

-Divin mon seigneur. Divin.

Le duc écœuré, se tourna vers Russule.

-Il est tout à fait idiot » (p. 149) L'échange attire l'attention : bien sûr l'astrologue est un charlatan, il va d'ailleurs d'ici peu se faire secouer d'importance, mais ce qu'il dit, Auge aimerait bien pouvoir le dire après en avoir fait lui-même l'expérience et la découverte. S'il recourt à l'alchimiste Timoleo Timolei, c'est moins par soif d'or que par désir de savoir, d'accéder au chiffre secret des choses, qui permettrait de « converser avec une personne éloignée de mille lieues, entendre l'harmonie des sphères célestes, lire sans difficultés toutes les écritures secrètes, savoir par cœur le contenu de mille et trois ouvrages... » (p. 138). Evidemment on ne peut proclamer à son de trompe à tous les carrefours qu'il doit exister quelque part un ouvrage d'accès réservé mais accessible pourtant si l'on se prête à une initiation. Mais à supposer qu'on le connaisse, le « mot » ne peut être prononcé, il doit rester secret. Cela n'empêche pas d'entreprendre le cheminement. Emmanuel Souchier accentue peut-être à l'excès lorsqu'il décrit la lente rédemption de Lehameau et ses étapes gnostiques depuis l'erreur jusqu'à la Connaissance (voir les notes de « Pour une lecture initiatique... » Pléiade, p. 1648-1659), mais ce qu'il dessine est peu critiquable. D'autres personnages (en fait dans presque chaque roman, au moins un, Jean dans *Gueule de Pierre*, Jacques l'Aumône dans *Loin de Rueil*, Pierrot, Auge ou à sa façon Cidrolin…) pressentent cette connaissance étrange dont on ne peut parler. Une fois encore, c'est Valentin qui s'en approche le plus, grâce à son mélange émouvant de naïveté innocente et de malice aux aguets. Face à l'horloge de meussieu Poucier, il s'exerce (au sens d'exercice spirituel) pour tenter de voir comment le temps passe. « Assis à sa caisse, il regardait la grande horloge fixée au-dessus du magasin de meussieu Poucier, et il suivait la marche de la grande aiguille. Il réussissait à la voir sauter une fois, deux fois, trois fois, puis tout à coup il se retrouvait un quart d'heure plus tard et la grosse aiguille elle-même en avait profité pour bouger sans qu'il s'en aperçut. Où était-il allé pendant ce temps-là ? Parfois il était retourné à Madagascar… »[108] (p. 163-4). Deux versants, sans doute, un pauvre innocent infantile qui fasciné par le mouvement lent de la grande aiguille s'assoupit dans une sieste d'après-déjeuner, mais d'un autre bord, un expérimentateur tenace qui se prête à l'hypnose pour atteindre une parcelle de temps pur[109]. Quelques temps plus tard, Valentin a progressé, « Couché sur le dos, il essayait maintenant de découvrir la différence qu'il y a entre penser à rien les yeux fermés et dormir sans rêves. Comme d'habitude, cet effort l'amène à se réveiller aussitôt, neuf heures plus tard, et toute la matinée, il se retrouve balayant, astiquant, nettoyant, et même quelquefois vendant » (p. 170). Et poursuivant assidûment ses exercices, il parvient enfin à un état extatique : « Je sais lire ce qui n'est pas écrit sur le cadran du temps » dit-il à Julia, au moment même où il devient « clairvoyant », ou plutôt « cartomancien ». (On le voit enfin aux côtés du curé Foinard, parvenir à quelque chose qui ressemble beaucoup à la sainteté : « Et lorsqu'il découvrit qu'il prenait un vif plaisir à tracer un chemin dans la neige ou à vider les ordures, il estima justement n'y avoir aucun mérite et par conséquent n'avoir même pas fait un pas dans le chemin de la sanctification », p. 241).

Or cette connaissance est d'un type tout à fait particulier, elle ne peut

---

108 Relevons qu'une fois de plus, Queneau inclut Paulhan dans son roman, les Hain-Tenys, et les transferts de sépultures, le « on peut communiquer avec les morts » (p. 123), et autres. Non sans raison, avec des moyens différents, des dispositions dissemblables, les deux hommes ont des préoccupations analogues.

109 Il est très remarquable qu'un chapitre de Chertok et Stengers, dans leur ouvrage *Le cœur et la raison* (Payot, 1989) justement consacré à l'hypnose, s'intitule « L'oignon et l'artichaut » : « On pèle un oignon, on enlève une peau après l'autre, et finalement il ne reste plus rien. L'artichaut, lui, cache un cœur, une essence » (p. 238). Les lecteurs de Queneau apprécieront.

s'énoncer dans un mode ordinaire, sous peine de se réduire à une tautologie (le temps est le temps, et autres semblables), en revanche on peut s'y offrir, en tous cas en faire l'expérience. C'est ce que note Queneau dans son étrange Journal, le 19 juillet 1940, à propos du livre du père Jaegher, « « Cela » se passe dans la pointe de l'esprit » (p. 207).

Et, justement, dans un de ses derniers textes, Jean Paulhan réfléchit nommément à la pudeur, dont j'essaie de comprendre de quoi elle est faite. « Qu'est-ce que la pudeur ? » écrit-il dans *Le clair et l'obscur* (Le Temps qu'il fait, p. 99-100), « C'est d'abord un refus. Est pudique l'homme qui tient à distance ses émotions, sa volonté, ses désirs. Qui les traite par le mystère : étant beau, dissimule son corps ; fort, sa puissance ; amoureux, son désir. Qui leur concède du premier instant le même éloignement et le relief, que le souvenir leur donne parfois – et que nous imposaient brutalement le bris d'une glace, le heurt d'une porte d'armoire, la gifle du zéniste ou la jambe cassée.

Mais il faudrait ici revenir aux mystiques. Aussi bien sont-ils, entre tous les philosophes, les seuls qui mettent ouvertement à l'épreuve et à la fin *réalisent* leur philosophie : les seuls que cette philosophie transforme. Or leur démarche est si cohérente et si régulière que la pudeur, l'écart, la dissimulation n'apparaissent plus, au prix de cette conduite, que comme de simples expédients ».

Voilà une sorte de secret, plus réservé encore que celui des relations amoureuses, et dont il est semble-t-il encore plus difficile de faire l'aveu ; c'est même impossible puisque sans contenu énonçable, accessible par la seule expérience. De la même façon, le roman ne peut dire ce qui est conception du monde, pensée de l'univers, il ne peut qu'y faire allusion, l'évoquer de biais, par allusion et double entente. Pudeur (au sens psychologique), prudence (au sens social), réticence (au sens rhétorique) et mesure de soi (au sens existentiel), cet accent paraît coïncider avec l'énigmatique entreprise d'écriture menée pendant cinquante ans, avec une constance de volonté et une puissance d'interrogation peu communes. Le tout sans avoir l'air d'y toucher, et le souci de ne pas paraître se prendre au sérieux.

Bibliographie

Chertok et Stengers (1989) : *Le Cœur et la raison*. Payot, Paris.

Dubuffet, J. (1967) : *Prospectus II*. Gallimard, Paris.

Etienne, L. (1957) : *L'Art du contrepet*. Editions Gallimard, Paris.

Godard, H. (2002) : Introduction, in : Queneau, R. (2002) : *Œuvres complètes II*. Gallimard, coll. Bibliothèque de la Pléiade, Paris.

Huysmans, J.K (1993) : *Là-Bas*(1891). Flammarion, coll. G.F., Paris.

Paulhan, J. (1983) : *Le Clair et l'obscur*(1958). Editions du Temps qu'il fait, Cognac.

Paulhan, J. (1948): Introduction. In : Fénéon, F. (1948) : *Œuvres*. Gallimard, Paris.

Proust, M. (1952) : *Contre Sainte-Beuve*. Gallimard, coll. Bibliothèque de la Pléiade, Paris.

Queneau, R. (1994) : *Bâtons, chiffres et lettres* (1965). Gallimard, coll. Folio, Paris.

Queneau, R. (1933) : *Le Chiendent*. Gallimard, Paris.

Queneau, R.(1965) : *Les Fleurs bleues*. Gallimard, Paris.

Queneau, R. (1952): *Le Dimanche de la vie*. Gallimard, Paris.

Queneau, R. (1986) : *Journal*. Gallimard, Paris.

Queneau, R. (1939) : *Un Rude hiver*. Gallimard, Paris.

Queneau, R. (2002) : *Œuvres complètes II*. Gallimard, coll. Bibliothèque de la Pléiade, Paris.

Souchier, E. (2002) : Pour une lecture initiatique in : Queneau (2002) : *Œuvres complètes II*. Gallimard, coll. Bibliothèque de la Pléiade, Paris.

Weill, A.-D. (1984), La honte et la pudeur. Les deux voiles. *Patio*, n° 3, Paris.

Le travail du sujet.
Mise en scène du *je* dans
L'Immoraliste

par Reidar Due

Sujet et Alterité

L'œuvre de Gide se structure autour d'une interrogation inlassable, maintes fois réitérée, concernant l'*être du sujet*. Ce sujet se compose de plusieurs figures textuelles et morales distinctes : un sujet de désir et de sensation, un sujet de réflexion et de mensonge envers soi; un sujet biographique transformé par l'écriture en une série de personnages et d'instances d'énonciation. Or, y a-t-il, dans l'œuvre de Gide, une *instance* subjective, morale ou textuelle, à même de commander le *sens* de toutes ses figures de subjectivité diverses ?

Pour répondre à cette question il faut identifier le rapport exact qui s'institue entre des formes de subjectivité hétéroclites que l'œuvre engage, au niveau textuel (sujet d'énonciation), au niveau du récit (le « moi » et le personnage) et au niveau de la référence biographique (l'écrivain, André Gide). Dans cette étude, nous proposons une grille d'analyse pour saisir l'*organisation textuelle* de ces formes de subjectivité. Compte tenu du caractère souvent autobiographique de l'œuvre gidéenne, l'enjeu principal de cette interrogation sera le *statut* de l'objet littéraire par rapport au matériau biographique.

Dans son livre *Fiction et vie sociale dans l'œuvre d'Andre Gide*, Alain Goulet applique à cette question une grille conceptuelle qui est à la fois morale, esthetique et psychologique (Goulet, 1985). Selon cette lecture, les textes de jeunesse seraient l'élaboration semi-fictionnelle d'un probleme moral du jeune Gide, ancrée dans les catégories parallèles du « moi » et de la « sincérité ». L'esthétique romanesque du ludisme et du perspectivisme narratif, qui definit l'œuvre de la maturité, répondrait à une exigence de sortir de ce champ trop intime de l'auto-analyse. L'œuvre romanesque garderait en même temps, comme sa préoccupation essentielle, la question intiale de la *sincérité* : le perspectivisme et le ludisme seraient ainsi des ruses pour dévoiler les masques du moi et l'hypocrisie du bourgeois.

La continuité entre vie et œuvre, entre l'ordre de l'écriture et l'ordre du vécu que cette lecture présuppose laisse pourtant ouverte la question de la *différence* entre les deux registres, autrement dit la question de la création ou de l'*effectivité esthétique de l'œuvre*.

Un autre critique a conçu l'autonomie relative de la création litteraire chez Gide comme la transformation d'*idées* préalables en problèmes littéraires immanents aux textes et qui constituent ce que cet auteur appelle la « vérité » de l'œuvre (Moutote, 1993).

Pour désigner l'autonomie textuelle de l'œuvre et la puissance créatrice à laquelle elle renvoie nous préférons au terme de « vérité » esthétique celui de « travail » dans le sens donné à ce terme par Claude Lefort (Lefort, 1972). Pour Lefort le terme « travail » renvoie à une médiation de l'œuvre par sa réception. Nous allons employer ce terme dans le sens plus restreint de la circulation d'une problématique à l'intérieur de l'œuvre d'un écrivain. Le « travail » est un mouvement qui traverse les textes fictionnels de Gide. C'est un mouvement de *configuration* par lequel un sujet moral et esthétique prend forme et consistance dans le texte. Ce sujet est une création à part entière. C'est-à-dire qu'il ne se laisse pas *inférer* d'un présumé vécu ni circonscrire par les catégories que Gide lui-même voit incarnées dans sa biographie : l'homosexualité, la bourgeoisie, la famille, Les goûts et le jugement esthétiques.

Cette figure du sujet s'articule au sein d'un *rapport à l'autre*. Dans l'œuvre de Gide l'autre se donne à sentir pour le sujet dans des états d'esprit de *trouble* : le trouble sexuel qui lie Jérome et Aliça, la gène qu'éprouve le pasteur dans *la Symphonie Pastorale* devant le regard perçant de sa femme, l'embarras d'Edouard dans *Les Faux Monnayeurs* en compagnie de son futur amant, Olivier.

Nous concevons cette structure morale du rapport à autrui comme un *effet de sens et de structuration*, un effet précisément de ce travail qui traverse et organise l'œuvre dans son ensemble. Ce travail textuel a ses racines dans une *scène primitive* de la subjectivité et cette scène est antérieure au rapport du sujet à l'autre. La scène primitive ressemble à la scène primitive freudienne, ayant son origine dans un désir sexuel, mais elle en diffère par la place accordée au *sujet* du désir.

Le « sujet du désir » ainsi que cette notion a été theorisée par Jacques

Lacan, naît d'un rapport entre le langage et le narcissicme, entre l'intersubjectivite symbolique et l'imaginaire égoïque. L'articulation de l'imaginaire et du symbolique suppose chez Lacan que l'ordre imaginaire ne s'étende pas *infiniment*, donc qu'il se délimite à travers son articulation dans l'ordre social et symbolique. Or, Gide conçoit un sujet de désir fondé sur le *refus* de dépasser un rapport à soi primordial vers un réseau de rapports sociaux et symboliques. Il s'ensuit que l'autre en tant qu'objet de désir ou en tant que subjectivité reconnue dans son altérité avec le sujet, doit trouver sa place dans un champ signifiant et perceptible défini par le sujet lui-même. Ainsi, l'autre aura à *s'inscrire dans l'imaginaire du sujet pour lequel il est autre*. De là le trouble que produit la présence effective de l'autre. Par ce trouble, les textes gidéens *reconnaissent* les limites du sujet imaginaire, mais cette limite n'est pas dépassée dans le texte gidéen. Car le sujet imaginaire gidéen ne cède jamais la place à une quelconque subjectivité morale ou sociale.

C'est par la constance de ses répétitions que l'œuvre de Gide fait preuve d'un travail textuel sur le sujet. Dans l'étude qui suit nous voudrions entamer l'analyse de ce travail en identifiant la scène primitive de ce sujet.

Le *je* d'énonciation

Le sujet de la scène primitive s'articule dans un rapport entre sensation et langage, entre un sujet de désir et un sujet d'énonciation. Ce travail d'articulation se produit dans la première partie du récit *L'Immoraliste*. Pour entrer sur la scène textuelle où ces deux instances subjectives vont se composer, considérons le passage suivant :

> J'avais oublié que j'étais seul, n'attendais rien, oubliais l'heure. Il me semblait avoir jusqu'à ce jour si peu senti pour tant penser, que je m'étonnais à la fin de ceci : ma sensation devenait aussi forte qu'une pensée. (Gide, 1902, p. 390)

Un *je* d'énonciation se met en scène comme l'observateur scrupuleux des sensations d'un autre sujet, un sujet psychologique et temporel. Quel est le rapport entre les deux sujets, ou les deux instances subjectives, le sujet qui dit « je », et le sujet qui « jusqu'à ce jour [avait] si peu senti » ? Ici s'ouvre la question centrale et dominante de *L'Immoraliste*, la question qui motive aussi l'organisation du récit et sa présentation narrative. Nous allons suivre la mise en scène de ce double sujet à travers quelques passages clés du texte. Le concept de la mise en scène d'un sujet d'énonciation est formulé par Barthes dans ses *Fragments d'un discours amoureux*:

> On a rendu à ce discours [amoureux] sa personne fondamentale, qui et le *je*, de façon à mettre en scène une énonciation, non une analyse. C'est un portrait ... mais ce portrait n'est pas psychologique il est structural... (Barthes, 1977, p. 365)

En phénoménologue et en auteur autobiographique, Barthes décrit la situation d'énonciation d'un sujet désirant et malheureux, un sujet amoureux pour qui l'autre est toujours absent, situé en dehors de toute maîtrise imaginaire de la part du sujet amoureux. Cette situation affole le sujet et le pousse à se livrer à d'interminables spéculations sur l'absence de l'objet de son désir ; ainsi, face au retrait de l'objet désiré, le sujet se retire dans un espace imaginaire d'où l'autre a toujours déjà été banni.

L'instance qui dit « je » chez Gide n'est pas un amoureux, mais nous allons voir que pour lui aussi le désir et le rapport à soi se composent dans un espace de réflexion qui s'ouvre, dans le texte, à partir d'une mise en scène du « je » d'énonciation.

Dans l'œuvre de Gide considérée dans son ensemble, le « je » est une figure centrale à cause de ses fonctions sémantiques, voire philosophiques, multiples : sur le site du *je* des sujets très différents peuvent s'articuler : un sujet d'écriture, un sujet de plaisir, un sujet moral de la culpabilité ou bien un sujet capable de se mentir à soi-même.

Si nous concevions les textes littéraires gidéens comme des transpositions d'un réseau de questions et de thèmes dérivés de sa biographie, *le statut du je dans les textes se réduirait à l'état d'une fonction derivée*, un être de projection, le lieu où s'investirait, textuellement, une structure subjective vécue avec son contenu moral spécifique – hypocrisie, hédonisme etc. – en une structure subjective littéraire fondée dans chaque cas sur un procédé narratif original : la double voix narrative dans *La Porte étroite*, le *je* menteur dans *la Symphonie Pastorale*, le *je* du journal fictif intercalé dans l'espace romanesque des *Faux Monnayeurs*. Or, la mise en scène du sujet d'énonciation obéit à une autre logique que celle du perspectivisme narratif et de la construction de personnages dotés de propriétés psychologiques. Libéré ainsi de la détermination narrative, le *je* va pouvoir s'affranchir aussi de la tutelle du *moi* pour se poser en sujet souverain. C'est par ce mouvement d'autoconstitution que commence le travail textuel sur le sujet dans l'œuvre de Gide et c'est autour de cette figure du *je* se posant soi-même que s'organise *L'Immoraliste*.

Le sujet absolu

Dans le cas de *L'Immoraliste*, l'enjeu moral de la responsabilité se développe à partir d'une situation d'énonciation et d'expérience définie par le récit : le narrateur Michel qui est en voyage de noces tombe malade en traversant l'Algérie avec son épouse. Craignant de mourir, il vit sa convalescence comme une renaissance. Cette situation narrative donne lieu à une "mise en scène du *je*" assez particulière. Nous définissons la « mise en scène du *je* » initialement comme l'organisation textuelle de l'instance énonciative par rapport au moi du personnage du récit. Le projet textuel de *L'Immoraliste*, précédant l'analyse psychologique de la velléité du protagoniste qui constitue la trame et le thème dominants du récit, est la construction préalable d'un sujet d'un certain type, un sujet qui correspond à des critères moraux et à des fantasmes que nous retrouvons dans d'autres textes gidéens. Ce sujet sera qualifié d'*absolu*.

Le sujet est absolu dans le sens où il est l'origine de sa propre gestation, un sujet qui se produit lui-même. L'analyse va montrer que cette autoproduction est à entendre dans les deux sens du terme « production ». Le sujet se produit, donc se crée, et il le fait en se produisant, c'est-à-dire en se *manifestant* sur la scène textuelle. La mise en scène du « je » signifie alors ceci : une structure énonciative et narrative définit un espace où un *je* peut paraître sans déterminations sociales, psychologiques, familiales. Ce *je* largement indéterminé aura par la suite à se créer non pas en tant que *moi*, se donnant des déterminations fixes en se situant socialement selon les critères de l'âge, de la profession, de l'appartenance familiale. Le *je* se détermine, se fixe une orientation dans le monde en suivant la trame subjective et spatiale de ses sensations, sans pour autant se doter d'une identité et d'une place sociales qui définiraient ses actions et ses buts. Cet acte d'autodétermination produit ainsi un sujet qui n'est pas un moi. Ce sujet se définira par ses sensations. Le mouvement d'auto-création a pour origine un *je* d'énonciation abstrait. Dans l'univers de la fiction, ce *je* d'énonciation renvoie, au personnage de Michel. Or à cause d'une maladie grave Michel a été comme dépouillé de ces traits distincfs : l'ensemble d'habitudes qui avait constitué ses goûts, sa personnalité, sa façon d'agir *avant* a été interrompu et presque annulé par cette maladie. Schème de rupture, la maladie est ici figurée en même temps comme condition d'un renouvellement radical et d'une seconde adolescence.

Pour saisir la nature de cette seconde adolescence nous devons nous attarder au récit familial précédant la maladie. Michel avait vécu son enfance et sa première jeunesse près d'un père archéologue dont il avait imité les goûts. Ce père lui avait légué un penchant pour la vie séquestrée d'un érudit fermé au monde des sens. Michel avait ainsi appris à sublimer ses désirs dans le travail, déposant pour ainsi dire sa sexualité parmi les ruines qu'il étudiait :

> Ainsi j'atteignis vingt-cinq ans, n'ayant presque rien regardé que des ruines ou des livres, et ne connaissant rien de la vie ; j'usais dans le travail une ferveur singulière. (Gide, p. 374)

Cette « ferveur », qui dans le passé l'a fait admettre dans les cercles les plus élevés des érudits, est en même temps révélée par la maladie comme la source et le sceau d'une séparation foncière par rapport à la vie des sens. La maladie et surtout la convalescence qui la suit met en évidence cet aveuglement antérieur. Ce regard nouveau sur sa vie passée coïncide dans le récit de convalescence avec la découverte par Michel d'une toute autre modalité d'expérience naissant de la sensation. Le *je* qui énonce ses sensations n'est pas fortement déterminé par un moi, mais il renvoie à un sujet en gestation qui, lui, subit une détermination du passé, mais cette détermination est presque entièrement négative. Puisque les goûts, les habitudes et les traits de caractère qui ont caractérisé Michel avant la maladie sont présentés comme des traits superficiels, issus d'une sorte de malentendu, la maladie et le regard sur le passé qu'elle entraîne pèsent sur le présent de la convalescence comme l'*attente* d'un autre monde ou d'une autre vie. Le rapport de proximité avec le père, l'éloignement de la vie, la méconnaissance du désir ne constituent ainsi qu'un ensemble de données négatives, définissant en *contrepoint* une modalité d'expérience nouvelle, à venir. Le *je* d'énonciation renvoie ainsi à un sujet qualifié par cette attente d'un rapport au monde nouveau, comme un sujet radicalement ouvert, réceptif, sans préjugés, et en même temps en quête d'un nouvel horizon, d'une autre forme d'expérience. Dans le creux laissé entre la destruction du moi ancien et le sujet à venir, l'expérience sera donc le lieu ambigu d'une attente, d'une ouverture et d'une recherche.

La genèse d'un sujet nouveau

Il incombe au *je* d'énonciation de délimiter l'espace de cette attente en se posant comme sujet libre. Ce *je* sans moi se présente comme une instance de jugement indépendante et souveraine, n'ayant pas à obéir un ensemble structuré d'attitudes établies. Il affiche son indépendance non seulement par rapport à son moi passé mais par rapport aux jugements proférés par autrui, les jugements sur sa maladie et sur sa convalescence énoncés par les médecins ou par sa femme. Il s'agira ainsi pour Michel de se soustraire à toute autorité externe, de se rendre indépendant de tout conseil, de n'accepter une opinion ou un point de vue que s'il les a pleinement choisis lui-même.

A partir de cette prémisse, le récit de la convalescence construit, en parallèle, la formation d'un sujet de sensation et l'affirmation progressive de soi de la part d'un sujet d'énonciation. Les deux instances subjectives ne sont pourtant pas nettement séparées. Car le *je* sensuel qui se découvre s'articule et s'affirme textuellement à travers la puissance de jugement et la souveraineté du *je* d'énonciation. D'un point de vue narratologique, le *je* d'énonciation occuperait une fonction toute différente de celle d'un personnage du récit, même quand, dans l'univers de la fiction, les deux sont identiques. Mais ces distinctions sont peu pertinentes ici car il s'agit pour Gide de configurer le lieu d'une *convergence* entre deux types de subjectivité – une subjectivité linguistique et une subjectivité de sensation – et de démontrer la présence croissante dans l'espace textuel de ce *je* composé, sans que le *je* ni son évolution ne se *déduisent* des traits d'un personnage de récit déjà constitué.

La mise en scène du *je* désigne ainsi l'articulation textuelle de la convergence entre le *je* d'énonciation et le *je* sensuel, ainsi qui la présence croissante de cette double subjectivité dans le texte. Autrement dit, le *je* d'énonciation jouant de sa liberté, de son statut indéterminé par rapport à un moi à venir, stipulera de son propre gré les paramètres qui définiront son expérience présente et future. Ces paramètres sont des lignes d'orientation dans le champ perceptif et des critères de valeur dans le champ de jugement.

La scène primitive de cette auto-constitution est un circuit d'énonciation par lequel le *je* d'énonciation s'arroge le pouvoir d'être la seule source d'autorité pour les prédicats qui lui sont attribuables en tant que sujet corporel. Dans le contexte médical du récit, cela signifie que le sujet s'attribue l'autorité du médecin. Le sujet se définit comme l'unique instance capable de proférer un discours sur son être corporel à lui. Il établit ainsi un jeu circulaire. Il produit un discours dont il est à la fois l'origine est le seul objet, stipulant une singularité irremplaçable de son être et réclamant le privilège d'être lui-même la seule instance capable de connaître cette singularité en vue du rapport intime et subjetif qu'il entretient avec elle. Ce circuit n'est pas seulement discursif mais *productif*. Car le discours que le sujet produit, les prédicats qu'il s'attribue ne sont pas seulement d'ordre descriptif, n'ont pas seulement une valeur déterminative. Ce sont des attributions pragmatiques et instrumentales qui servent à fixer un cours idéal de convalescence pour lui en jugeant quelles mesures et quels remèdes favoriseront la guérison dans son cas particulier.

Dramatisant la découverte de cette puissance de jugement comme un acte de *conversion*, le *je* d'énonciation se met en scène comme un sujet qui se constitue lui-même par une découverte soudaine et inexplicable. *Avant* et *après* la découverte renvoient à deux situations différentes dans le récit selon l'aptitude de Michel à se laisser soigner par autrui ou non.

> Je ne me croyais pas tuberculeux. Volontiers j'attribuais ma première hé-moptysie à une cause différente ; ou plutôt, à vrai dire, je ne l'attribuais à rien, évitais d'y penser, n'y pensais guère, et me jugeais, sinon guéri, du moins près de l'être... Je lus la lettre [du médecin], je dévorais le livre, les traités. Brusquement, avec une évidence effarante, il m'apparut que je ne m'étais pas soigné comme il fallait. (Gide, p. 384)

Avant, le *je* affaibli évitait de prendre soin de sa guérison et de se poser en juge de l'opinion médicale. *Après,* il se situera face à sa guérison comme le pilote qui guidera son corps vers la santé. Ainsi, les attributs médicaux n'auront de portée et de signification qu'en fonction d'un acte subjectif souverain par lequel le *je* se les approprie en en faisant les éléments d'une stratégie inventée et choisie par lui seul. Cette stratégie sera réflexive, c'est-à-dire qu'elle se déploie comme auto-observation, voire comme examen soutenu des moindres sensations et altérations dans l'état du corps propre tel qu'il est ressenti.

Sujet et Sensation

Le regard d'auto-observation vise le plus éphémère ; les changements d'air et de température : « J'étais sensible au froid à ce point qu'un peu d'eau tombée sur mon pied, lorsque je faisais ma toilette, m'enrhumait; sensible au chaud de même. » (Gide, p. 386) Cette sensiblité n'est pas seulement une donnée d'expérience mais sera une donnée subjective dynamique de la guérison et de la cure que Michel s'impose :

> Je ne sais comment j'avais fait jusqu'alors pour dormir avec les vitres closes ; sur le conseil de T... j'essayai donc de les ouvrir la nuit; un peu, d'abord; bientôt je les poussai toutes grandes ; bientôt ce fut une habi-tude, un besoin tel que, dès que la fenêtre était refermée, j'étouffais. (Gide, p. 387)

L'exemple privilégié de l'extériorité est donc l'air. Les deux axes de détermination qualitative de l'air sont le chaud et le froid, et le renfermé et le frais (venant du dehors). Ces deux axes de détermination sont relatifs a un jugement subjectif, un jugement qui porte sur la sensation que le sujet a de son propre corps. Ces sensations synesthésiques n'ont pas, en tant que sensations, un corrélatif objectif intentionnel et déterminé dans le monde. La sensation du chaud ou du renfermé et leurs contraires ne renferment aucune perception d'objet externe.

Il est significatif que ce soit par de telles sensations que le sujet de la convalescence fasse ses premières expériences de l'extériorité et que ce soit à partir d'elles qu'il commence à se réorienter dans le monde. Car les critères de jugements qui sont dérivables de ces sensations ont pour centre le plaisir et le bien-être ressentis par le sujet lui-même. A force d'être une matière qui n'est pas individuée et qui donc n'est pas localisable, l'air possède une qualité que l'on pourrait qualifier de pré-symbolique, à la manière des parfums dans *Les Fleurs du mal* de Baudelaire. Car tout comme le parfum ou l'odeur font l'objet de sensations qui se traduisent immédiatement en pensée, l'air est l'élément physique le moins matériel, la matière sans matière, si l'on peut dire : si on entend par matière une extériorité qui fait résistance au corps humain en le contraignant dans ses mouvements l'air, étant un élément matériel non-contraignant, est donc au bord de l'immatériel.

C'est parce qu'il constitue un corrélatif extérieur qui ne le contraint d'aucune façon que l'élément de l'air prend une importance aussi prépondérante dans le récit de convalescence de Michel. Cette absence de contrainte a même une valeur et une signification plus amples. Car il ne s'agit pas tant de la marge de mouvements corporels de Michel qui, à cause de sa maladie, est de toute manière restreinte, mais de la contrainte logico-perceptive que pose l'objet individuel à la pensée et à la subjectivité.

L'objet

Prenons pour guide l'argument de Kant concernant la symétrie entre conscience subjective et la structure du monde phénoménal dans *La Critique de la raison pure*. Selon Kant, la pensée et la perception deviennent rationnelles seulement dans le cas où la conscience est capable de corréler ses actes de perception et de jugement portant sur un phénomène avec la structure de ce phénomene en tant qu'*objet*, c'est-à-dire en tant que chose isolée, identifiable, nombrable, auquel des prédicats sont attribuables. Autrement dit, il est impossible de caractériser la perception et le jugement intellectuels indépendamment de leur renvoi à des phénomènes possédant une structure d'un certain type. En tant qu'il entre dans notre champ d'expérience, le phénomène est individué dans le temps et l'espace ; il est de même comptable et identifiable, c'est-à-dire que le phénomène possède la structure d'*objet*. Ce n'est que sous cette condition de corrélation ou de symétrie entre les actes de conscience et la structure observable du phénomène que nous sommes en mesure de dire que nous avons des perceptions. Ainsi, le sujet d'expérience se constitue en se posant en face d'un objet qu'il est capable de reconnaître comme tel.

Cette conception kantienne du sujet est implicitement contournée et critiquée dans le récit de convalescence de *L'Immoraliste*. Le *je* qui est mis en scène ici est un sujet d'énonciation s'appuyant sur un sujet de sensation pour, enfin, se constituer en sujet de désir. Or cette triple subjectivité se constitue dans une extériorité qui n'est pas constituée comme objet ou comme un ensemble d'objets. L'objet de perception individué et reconnaissable est phénomène non seulement pour un sujet empirique particulier mais pour tout sujet rationnel, et donc *a fortiori* pour autrui. L'objet existe dans un monde social virtuel que le sujet partage avec d'autres qui, en tant que sujets, sont à même de produire des jugements sur lui. Pour le sujet de convalescence il s'agit au contraire de radicaliser la subjectivité de son expérience propre en la soustrayant à cet espace socio-épistémique de confrontation potentielle avec le jugement proféré par autrui.

L'espace

Si le monde physique peut se présenter à l'intérieur de la sensation, comme une continuation du sujet et de son corps propre et si l'extériorité se mesure avant tout selon les qualités subjectives ressenties, le monde qui entoure le sujet sera extérieur mais pas autre. Le monde se présentera comme une extériorité qui ne pourra pas contraindre le sujet au niveau de la pensée en le forçant à prendre en compte un point de vue externe au sien. Le grand projet du sujet convalescent va désormais être la configuration du monde du sujet la configuration du monde perçu selon le modèle de l'air, comme une continuation de son corps et de son esprit, constitué comme une extériorité qui ne lui pose aucune limitation dans son effort pour se laisser absorber par le monde en suivant la trame de la sensation. A cette fin, le monde extérieur sera conçu avant tout comme *paysage*. Dans le paysage, l'osmose entre le sujet et son milieu et la symbiose du corps et de l'esprit s'étendent potentiellement à l'infini. Le paysage est introduit dans le texte comme un *prolongement direct* de l'espace personnel du sujet :

> Le jour vint où je pus me lever. Je fus complètement séduit par notre home. Ce n'était presque qu'une terrasse. Quelle terrasse! Ma chambre et celle de Marceline y donnaient; elle se prolongeait sur des toits. L'on voyait, lorsqu'on en avait atteint la partie la plus haute, au-dessus des maisons, des palmiers ; par-dessus les palmiers, le désert. (Gide, p. 381)

Le monde se prolonge infiniment et en continuité à partir d'un lieu agréable et sûr. Ce lieu présenté comme une sorte d'extension du contexte spatial immédiat du sujet est ici la terrasse. A l'intérieur de ce milieu bienveillant, le sujet de sensation peut s'épanouir, croître, faire évoluer sa capacité à sentir. En constituant le lieu comme un site expérimental privilégié, comme un espace défini par les sensations qu'il peut y vivre, le sujet de sensation fait du lieu la base pour la construction d'une subjectivité nouvelle, fondée sur la seule capacité de la part du sujet à se laisser *absorber* dans le lieu :

> J'ai dit que le jardin touchait notre terrasse ; j'y fus donc aussitôt. J'entrais avec ravissement dans son ombre. L'air était lumineux. Les cassis ; dont les fleurs viennent très tôt avant les feuilles, embaumaient – à moins que ne vint de partout cette sorte d'odeur légère inconnue qui me semblait entrer en moi par plusieurs sens et m'exaltait. (Gide, p. 390)

Nous glissons ici de manière exemplaire du *je* d'énonciation au *je* de sensation et de là vers un mouvement de découverte de soi : « j'ai dit », mais ce que le « je » a dit se résume par son action. Il a « aussitôt » agi en vue de se rapprocher du jardin pour y retrouver la perception de l'ombre et les sensations que produisent l'espace ombragé. Ces sensations liées à la sphère de l'ombre établissent un espace olfactif et visuel dont le mélange de qualités des sens distincts, de la vue et de l'olfaction, produit sur le sujet qui se laisse absorber par et dans ces sensations, un effet d'étourdissement.

Ce sera dans un autre jardin que le sujet, parallèlement à ces exercices de sensation, entrera en contact avec l'objet de son désir : les jeunes garçons arabes. Avant que ces garçons ne soient individués et constitués comme objets de désir, leur présence et leur être pour le sujet ont été médiatisés par un tableau, une image qui esthétise, et donc *subjectivise* le jardin, en fait un lieu organisé en fonction des seuls goûts du sujet. Dans ce lieu-tableau l'objet du désir émerge en filigrane comme une composante de l'ombre – l'ombre qui est pour le sujet l'élément même de son osmose avec l'extériorité.

> Jardin public… une très large allée le coupait, ombragée par deux rangs de cette espèce de mimosas très hauts qu'on appelle là-bas des cassis. Des bancs, à l'ombre de ces arbres. Une rivière canalisée, je veux dire plus profonde que large, à peu près droite, longeaient l'allée; puis d'autres canaux plus petits, divisaient l'eau de la rivière, la menant, à travers le jardin, vers les plantes ; l'eau lourde et couleur de terre, couleur d'argile rose ou grise. Presque pas d'étrangers, quelques Arabes ; ils circulent, et, dès qu'ils ont quitté le soleil, leur manteau blanc prend la couleur de l'ombre. Un singulier frisson me saisit quand j'entrai dans cette ombre étrange ; je m'enveloppai de mon châle ; pourtant aucun malaise; au contraire. (Gide, p. 387)

« Au contraire », le bien-être ressenti se compose d'éléments hétéroclites qui n'entrent pas en conflit les uns avec les autres, mais qui forment un tout harmonieux dans lequel le sujet cherchera à s'intégrer. Les lignes qui délimitent l'espace du jardin, les couleurs de l'eau et de la terre, l'ambiance, culturelle et sociale, créées par les hommes déambulant se composent pour créer cet objet fantasmatique qu'est ici « le jardin arabe », lieu de repos, de méditation peut-être, il est aussi un lieu où les sens seront d'autant plus éveillés qu'ils ne sont nullement sollicités par des contrastes criants. Le champ perceptif se délimite par des lignes parallèles et transversales. La rigidité potentielle de cette composition de l'espace est atténuée par la forme légèrement ondulée que prend la rivière (« à peu près droite ») et par les couleurs fades de l'ombre, de l'eau et de la terre (« couleur d'argile rose ou grise »). Cet ordre symétrique affaibli crée une harmonie souple entre la ligne qui divise et le continu qui lie. C'est au sein de cette harmonie que la qualité continue de l'ombre peut servir à introduire l'objet du désir : « dès qu'ils ont quitté le soleil, leur manteau blanc prend la couleur de l'ombre ».

La scène primitive

Le désir se pose ici comme un projet précis au sein de la qualité ontologique du continu : ce que le désir désire est un glissement progressif, une intégration ou une absorption lente et sans rupture dans un milieu de douce volupté.

Ce milieu n'est pas une scène où s'affronteraient, de manière brutale et explicite, un sujet sexuel et l'objet qu'il chercherait à posséder, mais un milieu d'*osmose* où un sujet réceptif et passif qui perçoit l'objet désiré selon le mode de la contemplation érotique, se laisse absorber, en suivant le fil de ses sensations, par le lieu qui l'entoure. Le jardin est un paysage dont les qualités continues et harmonieuses semblent prolonger l'ambition qu'a le sujet de se laisser transporter hors de soi par les courants d'air qui l'enveloppent.

Un objet qui s'étend pour se configurer en espace ; un espace qui enveloppe le sujet pour l'absorber ; un sujet qui se laisse submerger dans un espace fait pour assouvir ses désirs : ce scénario fantasmatique et esthétique définit ainsi l'évolution d'un *sujet* sans *moi* constitué sur la base du *je* indéterminé de la convalescence.

La temporalité de cette autogenèse est strictement isomorphe avec la configuration spatiale et esthétique du jardin. Le jardin s'organise comme une harmonie complexe entre l'ordre et le continu. De même, le temps sera soumis au principe d'une progression controlée et surveillée vers la guérison (l'ordre) tout en se déroulant dans l'expérience consciente comme un mouvement ininterrompu (le continu).

Le narrateur rétrospectif qui s'est glissé dans la peau du *je* d'énonciation contemporain de la convalescence de Michel se met en scène comme un sujet *présent* tout en maintenant sa position *rétrospective* : nous suivons la convalescence du point de vue d'un présent en cours, mais la perspective narrative demeure rétrospective. D'un point de vue ontologique, la narration rétrospective est en contradition avec la perspective du présent en cours. Le narrateur connaît la fin de l'histoire et peut ainsi organiser le temps comme un mouvement téléologique. Le présent en cours, par contre, n'est tel que si l'avenir est inconnu. C'est l'ignorance de l'avenir qui distingue le point de vue présent du point de vue rétrospectif. Ici la synthèse entre les deux modalités du temps crée une qualité de *continuité* tout à fait particulière : le présent en cours se signifie comme *mouvement*, tandis que la téléologie s'exprime dans *l'absence de rupture* à l'intérieur de ce mouvement. Le résultat de cette synthèse est une continuité d'où l'altérité du temps, c'est-à-dire l'altérité que le déroulement du temps implique dans la mesure où nous ignorons l'avenir, a été occultée.

Ce procédé textuel de dissimulation est remarquable dans le contexte de la maladie et de la convalescence, puisque la notion de maladie grave implique l'idée de rupture tandis que le concept de convalescence implique une ignorance de l'avenir proche. Ici la rupture de la maladie a une fonction de simple prémisse négative. Elle permet au *je* de se constituer sans présupposés ou sans moi comme nous l'avons dit. La convalescence est, par contre, figurée comme un retour idéal et continu à la vie.

Sur la base de cette construction, donc fonde dans l'*élément du continu*, le récit de convalescence aura une valeur allégorique ; il sert à figurer le parcours allant d'un *je* abstrait à un sujet de désir qui crée un rapport symbiotique avec le monde qui l'entoure. Du point de vue du sujet qui se découvre et se crée, ce parcours est ambigu. Car tout en définissant sa subjectivité par ces capacités passives de sensation et de perception contemplative, le sujet ne peut entrer en osmose avec le monde que si le monde se prête à ce jeu. Le monde doit donc faire l'objet d'une sorte de *préparation*, d'une organisation préalable pour que le sujet puisse s'y fondre. Ce travail implicite est exercé très discrètement à l'intérieur de l'organisation textuelle tant que rien ne viendra perturber ou interrompre le trajet idéal menant de la sensation au désir. Le sujet d'énonciation a beau se présenter comme la simple voix du sujet de sentir, comme un sujet logé dans la contemplation passive et complice du monde-jardin ; toujours est-il que cette ouverture au monde présuppose une transformation textuelle préalable du monde en jardin. Le monde doit être organisé *par* et *pour* le sujet en milieu englobant, spectacle harmonieux, comme une extériorité qui le prolonge, pour que le sujet puisse s'épanouir dans son éloge de ce monde qui semble fait pour lui.

La qualité du continu structure la mise en scène du *je* et de son entrée au monde. De même, le continu constitue la trame de développement du sujet, le travail textuel primaire par lequel le texte insitue une configuration, morale et esthétique, nouvelle de la subjectivité. Cette subjectivité nouvelle naît à un monde qu'elle se représente comme un lieu absorbant, un lieu dans lequel il peut se glisser sans avoir à faire face à l'autre. Par ce travail, le texte constitue la figure morale et subjective d'une *extériorité sans altérité*.

BIBLIOGRAPHIE

Barthes, R. (1977) : *Fragments d'un discours amoureux*. Éditions du Seuil, Paris.

Gide, A. (1958) : *L'Immoraliste. Romans* (1902). Gallimard, Paris.

Goulet, A. (1985) : *Fiction et vie sociale dans l'œuvre d'André Gide*. Lettres Modernes Minard, Paris.

Moutote, D. (1993) : *André Gide : esthétique de la création littéraire*. Honoré champion Editeur, Paris.

Kant, I (1980) : *Critique de la raison pure* (1781/87). Gallimard, Paris.

Lefort, C. (1972) : *Le Travail de l'œuvre Machiavel*. Gallimard, Paris.

À l'épreuve des images. Utopie de la visualité dans l'écriture d'André Pieyre de Mandiargues

par Alexandre Castant

Dans *Visibilité*, quatrième chapitre des *Leçons américaines. Aide-mémoire pour le prochain millénaire*, Italo Calvino décline en les combinant les différents sens du mot image. L'écrivain italien ouvre son essai sur l'imaginaire du *Purgatoire* de Dante, cite *Les Exercices spirituels* d'Ignace de Loyola et les récits fantastiques et visionnaires de Gautier ou de Poe. Il conclut son chapitre, après avoir encore traité des images mentales, des figures et du cinéma, sur Frenhofer, le peintre du *Chef-d'œuvre inconnu* de Balzac. Ces références désignent, tout à la fois, la variété de sens du mot « image » et l'inventivité avec laquelle des écrivains ont de tout temps exploré la notion d'image. Pour Italo Calvino, la visibilité demeure donc l'une des interrogations du millénaire à venir après avoir été, dans l'histoire littéraire, l'une des utopies de l'art poétique. En effet, du *Coup de dés* de Stéphane Mallarmé à *Ulysse* de James Joyce, des *Voyelles* d'Arthur Rimbaud à *Locus Solus* de Raymond Roussel, des *Fils de la vierge* de Julio Cortázar qui inspira *Blow-up* de Michelangelo Antonioni à *La Bataille de Pharsale* de Claude Simon, une modernité littéraire se dessine dans l'exploration de l'image dans l'écriture. Et la notion de visibilité participe d'une littérature que l'auteur des *Leçons américaines* pressent comme une utopie, passée et future.

Or, les écrits du poète, romancier, critique d'art et dramaturge André Pieyre de Mandiargues font leur défi littéraire de cette exploration de l'image au cœur des mots qui, à l'instar d'autres pratiques croisées comme les correspondances entre les arts, les figures du ready-made en littérature ou encore la redéfinition de la notion d'œuvre produite par les avant-gardes historiques, expérimente les limites iconiques du langage.

André Pieyre de Mandiargues est né en 1909. Son grand-père maternel, le collectionneur Paul Bérard, défend ardemment les peintres impressionnistes avec lesquels il est intime, en particulier Auguste Renoir. Dès l'adolescence, Mandiargues se lie d'amitié avec le futur photographe Henri Cartier-Bresson, leurs familles respectives se connaissant et se fréquentant. Durant leurs années de formation intellectuelle, Mandiargues et Cartier-Bresson découvriront ensemble l'art moderne en général et le surréalisme en particulier. Ce mouvement artistique sera essentiel pour Mandiargues qui participe, comme on le dit également de Julien Gracq ou d'Octavio Paz, des surréalistes de la seconde génération. Il sera également un ami aussi fidèle que discret d'André Breton. La passion de Mandiargues pour la peinture du XXe siècle se manifeste aussitôt ; elle se traduit en fréquentations régulières et amicales des peintres surtout, des sculpteurs et des photographes parfois. D'emblée, il va ainsi écrire sur l'art. Sa production critique, souvent liée aux artistes qu'il côtoie dans le cadre ou parallèlement au mouvement surréaliste, reflète une constellation de formes que composent les styles de Leonor Fini, Max Ernst, Hans Bellmer, Jean Dubuffet ou encore Joan Miro. Quant à sa compagne Bona Tibertelli De Pisis, Mandiargues la nomme sa « peintresse » et publie en 1971 *Bona l'amour et la peinture*, un ouvrage passionné qui découvre, dans la compagnie de l'art et de l'écriture, le principe de l'existence : « Aimer, écrire, peindre ou regarder la peinture, voilà, pour l'auteur de ce livre, les façons de vivre apparemment les plus exaltantes ou les plus tolérables, les manières les plus efficaces de tromper la mort » (Pieyre de Mandiargues, 1971, deuxième de couverture). Ces écrits sur l'art manifestent constamment cette préoccupation pour une image picturale, photographique, pour la sculpture ou pour le cinéma que son œuvre de fictions explore également. Aussi, lorsqu'en 1990, un an avant sa mort, l'exposition *Le Belvédère Mandiargues, André Pieyre de Mandiargues et l'art du XXe siècle* réunit les œuvres des artistes sur lesquels il a écrit, une histoire de l'art contemporain n'est certes qu'en partie retracée, mais avec une fulgurante unité. Et il me semble qu'il y a là un contexte esthétique et historique qui va continuellement irriguer une œuvre dont l'originalité est d'être aussi loin qu'il se peut dans l'exploration de l'image dans le texte, et d'avoir marqué aussi finement que possible le défi de la visualité dans l'œuvre de fictions.

Car il faut préciser qu'il n'y a pas vraiment, dans l'œuvre d'André Pieyre de Mandiargues, de calligrammes comme chez Apollinaire, ou de collages comme chez William Burroughs. Pareillement, les expériences littéraires où la photographie illustre la fiction n'apparaissent pas chez l'auteur. (Par exemple, il n'y a rien qui peut s'apparenter à des projets comme *Bruges-la-Morte* de Georges Rodenbach, l'un des premiers romans accompagnés de photographies en 1892, ou à des œuvres surréalistes comme *Nadja* d'André Breton en 1928). Il n'y a pas, non plus, de traduction expérimentale d'une pratique artistique en récit ni, inversement, l'invention d'un personnage de peintre dans l'une de ses intrigues. De ce point de vue, l'artiste qui peint de mémoire dans *La Révélation* (*Mascarets*, 1971), est l'un des rares personnages d'artistes fictifs de ses récits et de ses nouvelles. L'image serait-elle donc la seule affaire des mots ? En 1971, dans un texte de la *Nouvelle Revue Française* intitulé *L'Imager*, André Pieyre de Mandiargues part d'un verbe qui, avec le XIXe siècle, signifie « orner d'images ou de métaphores » et le substantive. L'auteur présente alors l'image comme effet de langage (rhétorique), produit des rêves et des visions mentales (image mentale), reflet d'un miroir auquel est comparée la page blanche (poétique). Sans doute l'écriture surréaliste, qui se produit dans des interactions rhétoriques et mentales, éclaire-t-elle le sens de ces propos sur l'image de 1971. En effet, un jeu sur les figures rhétoriques (métaphores, métonymies, allégories, symboles, oxymores) irrigue continuellement le projet de l'écrivain pour produire, depuis le corps même de la langue, un effet de visualité. Et l'on songe à ce que Jean-François Lyotard expose dans *Discours, figure* : « Au niveau de la stylistique, écrit-il, la figure s'est immergée dans les mots : mais pour soutenir et régir l'articulation des grandes unités du récit. Plus rien de visible, mais le visuel hantant la narration » (Lyotard, 1971, p. 249).

Assimiler le projet de Mandiargues à un projet visuel sera d'ailleurs la première approche critique de son œuvre. Yves Berger écrit en 1959 : « Cet œil est bien un œil de peintre (…) qui ne s'intéresse qu'aux spectacles extérieurs » (Berger, 1959, p. 890). Si l'œil d'un peintre travaille ainsi l'écriture, le texte en retour en devient le miroir : « La poésie de Mandiargues, remarque le poète Salah Stétié, est de l'espèce ainsi décrite : elle est poésie de l'œil (…) » (Stétié, 1978, pp. 22-23). Et, pour le lecteur, des peintures se construisent alors : « [J]'accepte avec un plaisir infini ces successions de tableaux ambigus, galants ou féroces, de paysages luxueux, d'incantations mystérieuses, d'architectures à la Piranèse » (Jaloux, 1948, p. 595). Cette critique d'Edmond Jaloux du *Musée noir*, qui demeure l'une des premières analyses de l'œuvre naissante de Mandiargues, traite d'emblée la description en référence à l'art. Les critiques se développeront, dès lors, dans un champ lexical qui relève le caractère analogique de son écriture en ayant recours, pour cela, à des métaphores visuelles : « Le monde est avant tout pour [Mandiargues] un monde de choses à voir, de choses inépuisablement sondées par la vue et dont il dit "qu'à moins de les voir en aveugle on doit regarder jusqu'à se brûler ou se crever les yeux"(…) » (Selz, 1958, p. 103). Toutefois, se référer aux modèles classiques (débat sur l'imitation, relation de la poésie avec la peinture), puis à l'exploration poétique et romanesque des possibilités descriptives (conceptions réalistes de la narration considérées à l'aune de nouveaux modèles visuels, notamment photographiques) met en perspective une étude de l'écriture de Mandiargues comme peinture.

En effet, depuis le principe de l'imitation, objet de l'art selon Aristote, et le vers du poète latin Horace dans l'*Art poétique* : « Ut pictura poesis », la poésie sera citée en liaison avec la peinture pour imiter la Nature. Avec des figures de style comme l'hypotypose, ou des procédés comme l'ekphrasis, la valeur mimétique doit produire une qualité visuelle que la référence à la peinture a pour but d'augmenter. (En effet, l'hypotypose est, au XIXe siècle pour Pierre Fontanier, une figure de style par imitation qui « peint les choses d'une manière si vive et si énergique, qu'elle les met en quelque sorte sous les yeux, et fait d'un récit ou d'une description, une image, un tableau, ou même une scène vivante » [Fontanier, 1977, p. 390] et l'ekphrasis est bien sûr une description littéraire d'une œuvre d'art réelle ou imaginaire). Exposer littérairement une présence, résultant de la visibilité que développent des procédés langagiers, trouve donc son origine dans la mimésis : « [celle-ci est] la forme que très tôt la rhétorique confère au parallèle des deux arts, l'analogie du tableau et de la description : l'imitation du réel par l'un et par l'autre comme l'imitation de l'un par l'autre » (Vouilloux, 1994, p. 48). Dès lors, la peinture travaille l'écriture dans les traités de rhétorique dont le déclin, contemporain de l'acception moderne de la critique et de l'esthétique, se situe au XVIIIe siècle. À ce moment-là, d'autres repères historiques apparaîtront, créant de nouveaux enjeux, de nouveaux discours. C'est le crédit critique qu'Edmond Jaloux fait à Mandiargues, celui de voir dans ses récits une rupture avec la tradition descriptive, documentaire et réaliste du XIXe siècle. En effet, si l'écriture du *Musée noir* se réfère continuellement à la peinture, c'est pour déformer ses modèles : « Il y a aussi chez Mandiargues une certaine roublardise tératologique qui fait penser à Hieronymus Bosch, à Breughel l'Ancien ou à Salvador Dali. Qu'on le veuille ou non, c'est à ces traits que se marque notre époque, et non à l'imitation de Balzac » (Jaloux, 1948, p. 597). Cette imitation – dont Mandiargues s'écarte pour la redéfinir – fut la matrice du roman réaliste du XIXe siècle et d'une description qui se fonde dans la peinture : « Toute description littéraire est une *vue*, écrit Roland Barthes de *Sarrasine* de Balzac. (…) Décrire, c'est donc placer le cadre vide que l'auteur réaliste transporte toujours avec lui (plus important que son chevalet), devant une collection ou un continu d'objets inaccessibles à la parole (…) » (Barthes, 1970, p. 61). L'imitation, le modèle et le point de vue, les perspectives et les lignes de fuite, puis les techniques de reproduction visuelle offrent à l'écriture de nouvelles procédures qui renouvellent une constante interrogation : l'appréhension du monde visible avec des mots. Dès lors, en quoi l'œuvre de Mandiargues est-elle présentée comme distincte d'une histoire de la description lorsque nous lisons : « L'art de cet écrivain est un art visuel » (Berger, 1959, p. 888) ? N'est-ce pas moins le visible que sa structure et ses effets qui sous-tendraient un texte qui en expérimente les limites ?

Visions des œuvres d'art

Au point où nous en sommes, il me semble intéressant d'en revenir à la première interrogation que pose une esthétique de l'image, à savoir l'expérience même de la vision et sa possible traduction dans la langue. À ce titre, le processus d'écriture, produit par les expériences visuelles de Mandiargues dans ses écrits sur l'art, propose une précieuse introduction :

> En effet, le duo peintre-tableau, sur lequel toujours s'épuise la critique, n'est pas fermé ; c'est un trio que font ces deux-là, dans la réalité, avec l'observateur, et ce dernier, qui au musée par exemple, n'a presque pas d'existence, reprend chair, sang, et couleur à mesure que la peinture prend de la vie.(Pieyre de Mandiargues, 1958, p. 73.)

Des résonances phénoménologiques apparaissent dans ce commentaire du *Chant de la grenouille* de Max Ernst. Approche synchrone de la diffusion de l'œuvre de Maurice Merleau-Ponty, antérieure de presque dix ans à *L'Œil et l'esprit* auquel elle renvoie étrangement, cet extrait met en perspective l'union du percevant et du perçu, l'indivision du visible, l'avènement de la peinture qui résulte du regard : « Telle peinture [de De Pisis] est une écriture de la sensation (de la possession dirait-on parfois) » (Pieyre de Mandiargues, 1958, p. 94). Mais si l'œuvre se révèle et s'incarne, c'est que l'observation reste « littéraire » ! La figure de l'écrivain apparaît donc, dans un premier temps, comme celle de l'interlocuteur ultime et privilégié de l'artiste et de la peinture, de la sculpture ou de la photographie, dont elle explore les sensations produites.

L'œuvre d'art dialogue ainsi avec la littérature : « À propos de Jean Paulhan, dit-il encore, j'écrivais naguère combien je trouvais curieux les rapports affectifs que nous voyons se nouer entre des peintres et des écrivains (…). [L'occasion] se confond avec les deux gros tomes du superbe ouvrage que vient de publier Aragon, ouvrage auquel il a donné le titre d'*Henri Matisse, roman* » (Pieyre de Mandiargues, 1995, p. 121). Cette conviction que l'espace d'écriture, approprié à l'art, se révèle dans la littérature et dans la poésie s'affirme pour participer à une tradition décisive de la critique moderne : Diderot, Baudelaire, Benjamin ont intimement lié les notions d'art et de style littéraire. Or, ce dialogue entre les arts produit moins un échange de pratiques qu'une distinction des médiums. « [I]l est rare [que le peintre] aime l'écrivain que ses talents exaltent », dit-il encore (Pieyre de Mandiargues, 1971, p. 269). Apparaît alors une profonde interrogation sur le statut des œuvres, écrites et visuelles, et sur leur ontologie. Dans *Des dispositifs pulsionnels*, Jean-François Lyotard a montré comment les pulsions s'organisent en elles pour produire un sens, toujours nouveau, qui résiste à toute programmation politique : la pulsion devant et depuis l'œuvre d'art participe de ce dispositif. Car le tableau représente une situation absente, où, selon une approche psychanalytique, « la "réalité", la "nature", le "motif" alors même que le peintre est persuadé que toute la tâche est de l'*imiter*, n'est jamais qu'un objet hors d'atteinte (…) auquel son activité de peindre vient substituer l'objet que façonne son désir retravaillé » (Lyotard, 1994, p. 81). Chez André Pieyre de Mandiargues, une zone incertaine apparaît donc entre arts plastiques et littérature : elle se développe depuis cet « objet hors d'atteinte ». Sur la tentation de l'unité des arts se calquerait-elle celle de leur faillibilité ? Ce passage est fragile, improbable, et il constitue les prémices des opportunes expérimentations que produit l'acte même de voir.

Espaces linguistiques, espaces plastiques (à propos des peintures de Giorgio De Chirico)

Il y a dans la description d'espaces, de paysages, de villes, réalisée par André Pieyre de Mandiargues l'apparition de la peinture comme modèle. Elle initie, précisément, une réflexion sur les passages signes plastiques/signes linguistiques.

Par exemple, l'écriture de l'espace procède chez Mandiargues d'un temps immobile et du vide tels que les mettent en scène les peintures de l'École métaphysique italienne qu'initie, dès 1910, Giorgio De Chirico. Ses peintures exposent, en effet, un espace onirique où la perspective contraste avec l'incongruité des objets que le peintre représente clairsemés, comme dans *L'Énigme d'un départ*, huile sur toile de 1916. L'absence de figure humaine, ou bien son immobilité ou encore son sommeil caractérisent également ce style où l'espace et la représentation des lieux reflètent l'énigme du monde. Apparaissent aussi les figures de l'ensoleillement et de l'ombre, des villes d'Italie (Turin hante Chirico dans la période métaphysique du début de la décennie 1910), du théâtre, du spectacle et du regard du spectateur, autres motifs des peintures de Chirico.

Un peu comme Louis Aragon décrivant dans *Le Paysan de Paris* l'avenue Secrétan comme « équiva[lant] à un ou plusieurs tableaux de Chirico » et disant quelques années plus tard « de la juxtaposition des anciens Chirico doit résulter une ville dont on pourrait dessiner le plan » (Grossman, 1991, p. 175), Mandiargues s'inspire de ces peintures. Dans ses fictions, il les cite en tant qu'œuvres constituées, ou décrit des compositions spatiales qui se réfèrent à elles en suivant leur contour, avec minutie, au fil d'une ekphrasis dont les modèles restent secrets. L'auteur, qui les nomme parfois, écrit ainsi dans *La Marge* : « En redingote, un papier roulé dans la main, le bonhomme est à l'image de ces statues qui sont le point d'attraction des tableaux de Giorgio De Chirico, à l'époque dite métaphysique » (Pieyre de Mandiargues, 1967, p. 33). L'écart métaphorique, basé sur une analogie avec une œuvre picturale, participe de la concordance recherchée par l'auteur entre l'écriture et l'image, et l'expression « à l'image d[es tableaux de Giorgio De Chirico] » invite à voir en ceux-là l'une des grilles de lecture de l'espace. Au regard des perspectives vides chiriquiennes, de leurs statues monumentales et de leurs objets insolites, Mandiargues décrit encore dans *Marbre ou les mystères d'Italie* « [l]a main d'un géant [qui] se fût amusée de ces œufs, sans doute, comme de pions sur les cases d'un échiquier » (Pieyre de Mandiargues, 1953, p. 144). Cette phrase, dans les miroirs des citations, convoque et combine possiblement *L'Énigme de la fatalité*, huile sur toile de Chirico de 1914 (une main géante gantée de rouge est posée sur un échiquier) et *L'Énigme d'un départ* (où des formes ovoïdes reposent sur une figure rectangulaire). Mandiargues met en scène, décrit, copie, dans une ekphrasis secrète, détourne et perturbe également des peintures dont la représentation de l'espace reste la marque : le modèle bascule dans la peinture qui le représente et cette image tient lieu d'enjeu poïétique.

Enregistrements & inventaires

André Pieyre de Mandiargues, évoquant l'écriture de certains de ses textes, en précise la méthode :

> *Le Passage Pommeraye* a été écrit vers le temps de la déclaration de guerre, commencé un peu avant, achevé un peu après ; il est le fruit d'un séjour à Nantes, pendant l'été 1938, et d'une visite audit passage, à la suite de laquelle j'ai rempli un petit carnet de descriptions de ses vitrines et de leur contenu, de sa curieuse architecture et des statues qui la garnissent.(Pieyre de Mandiargues, 1975, p. 182.)

D'un récit comme *La Marge* il note également :

> [J]amais, avant *La Marge*, je n'avais poussé aussi loin ce genre de préparation ; jamais je n'avais recueilli, par les yeux et par les oreilles, autant de petites scènes curieuses dans les rues et les bars de Barcelone (…).(Pieyre de Mandiargues, 1975, p. 207.)

Mandiargues donne enfin, à propos d'Alain Robbe-Grillet, cette définition de l'écrivain :

> [L]e romancier est (…) [une] [s]orte de "vieux solitaire" autant qu'espèce de magnétophone ou d'appareil de prise de vues, il n'en poussera que plus loin l'observation et l'expérience de la vie.(Pieyre de Mandiargues, 1971, p. 356.)

L'écrivain, magnétophone ou appareil de prise de vues, qui recueille des petites scènes « par les yeux et par les oreilles », prélève et enregistre des informations, visuelles et sonores, afin de les restituer dans ses fictions. Ce procédé, qui s'inscrit moins dans le champ de l'imitation que dans celui du prélèvement et de la reproduction, renvoie à une notion d'enregistrement importante pour la modernité littéraire. Or, avec l'invention de son appareil de prise de vues, la photographie, avant la création du phonographe ou la cinématographie, contribue à la modernité technique de l'enregistrement et à sa radicalisation poétique. En effet, la recherche de l'inventaire encyclopédique du monde, possiblement transcrite en images, produit une classification utopique qui ne révèle que l'inachèvement et son impossible totalisation toujours réitérée. Dans ce cadre, un certain nombre de projets photographiques ont été inscrits.

Dans *Le Musée noir* ou *Marbre ou les mystères d'Italie*, Mandiargues, magnétophone ou appareil de prise de vues, recueille des petites scènes comme des enregistrements. L'écrivain y expose l'inventaire toujours inaccompli des mots. Dès lors, l'écriture se laisse-t-elle définir comme la tentation poétique des mots qui déferlent et glissent sur la surface du visible, en activant toujours le rapport infini existant entre eux, et dont Michel Foucault, dans *Les Mots et les choses*, a précisé l'utopie : « [Le langage et la peinture] sont irréductibles l'un à l'autre : on a beau dire ce qu'on voit, ce qu'on voit ne loge jamais dans ce qu'on dit, et on a beau faire voir, par des images, des métaphores, des comparaisons, ce qu'on est en train de dire, le lieu où elles resplendissent n'est pas celui que déploient les yeux, mais celui que définissent les successions de la syntaxe » (Foucault, 1966, p. 25). Aussi l'inventaire définit-il le langage comme une distribution de signes dont il est le miroir. Devenu espace spécifique au texte, il est investi d'une fonction diégétique visant à mettre l'écriture en abyme. Apparaît sa relation au visible : « Je remarquais et je retenais, avec une sorte d'avidité frénétique, aussi douloureuse que cette exaltation de la vue qui accompagne souvent les névralgies faciales, tous les objets, toutes les pancartes, toutes les inscriptions dans les vitrines de toutes les boutiques » confie le narrateur du *Passage Pommeraye* (Pieyre de Mandiargues, 1946, pp. 95-96). Tout voir et tout inventorier après produirait-il l'illusion de saisir enfin le monde ? Il y aurait alors, dans l'inventaire, le retour sans fin du langage sur le voir ? À rebours, l'inventaire ne s'impose-t-il pas comme le type de description qui exprime cet *infini de la tâche* à laquelle les mots, pour Michel Foucault, devraient se résigner devant la peinture ? L'inventaire de Mandiargues, à travers l'un de ses projets (inventorier le visible *par* l'écrit), et à travers son processus obligé (être un inventaire du visible *de* l'écrit), contribue à explorer ce dont l'écrivain parle parfois : « [Cette] image ultime à la suite de toutes celles que j'aurai englouties pour alimenter mon invention. » (Pieyre de Mandiargues, 1971, n. p.)

Mais il faudrait maintenant aller au cœur de la langue et voir comment l'expérience du visible défie le descriptif et le narratif pour créer de nouvelles modalités langagières qui produisent une synthèse de l'esthétique de l'image. À ce titre, une nouvelle du *Musée noir* résume ces questions.

Dans le corps iconique de la langue

Dans une nouvelle du *Musée noir*, *L'Homme du parc Monceau*, Mandiargues fait référence au Laocoon. Au regard du symbole de l'idéal antique que la

sculpture du *Laocoon* représente, son introduction dans une œuvre littéraire, constituée par et autour d'une interrogation sur l'écriture et l'image, cite
d'abord le débat théorique dont il est la référence. C'est en effet en 1766
que le critique et dramaturge allemand Gotthold Ephraïm Lessing écrit *Du
Laocoon, ou des frontières de la peinture et de la poésie* en prenant pour référence ce groupe sculpté. Lessing y remarque, notamment, les variables de la
description et distingue la ligne qui partage peinture et poésie en précisant
les qualités de l'une et de l'autre. Il concède à la poésie la durée et, à la peinture, l'instant et l'espace où elle est formulée. Contribuant dès lors à miner
le principe d'un art dévolu à l'imitation, *Du Laocoon* expose les signes avant-
coureurs d'une interrogation sur la spécificité des médiums que la modernité,
puis la contemporanéité, ont toujours explorée. Il recèle donc le symbole historique et esthétique du dialogue que les arts entretiennent entre eux.

L'*Homme du parc Monceau*, l'une des premières nouvelles de Mandiargues, publiée donc en 1946 dans *Le Musée noir*, présente ce personnage
étrange qui donne son nom à la nouvelle. Il est une onde plus qu'un corps, de
chair et de sang pourtant, l'homme du parc Monceau, pourvu d'« une élasti-
cité que l'on aurait cru le privilège de ces *Miss Caoutchouc*, que les artistes
japonais expédient à travers le monde », est un « malléable héros » nommé
« *Signor Molle* » qui, se déplaçant dans le parc Monceau, parvient finalement
dans une pyramide pour y contempler un étrange chat. L'intrigue se limite à
la description de ce personnage, proposée dès la phrase de mise en exergue :
« Certes l'homme ne peut éviter qu'il ne soit mol. » Et à son déplacement
dans le parc où, se mouvant et s'allongeant comme un serpent, l'homme croi-
se précisément une sculpture du *Laocoon* :

> Cependant, tout à côté de l'endroit où il a cessé d'être rond, un Laocoon
> attire ses regards, et les contorsions du groupe lui paraissent autant de
> défis à relever sur-le-champ (...).
>
> On dirait, par une curieuse illusion des sens, que le groupe s'est
> animé au contact de l'homme nu. Pourtant la pierre reste de pierre, et
> il n'y a toujours pas d'autre prodige que cette nature un peu bizarre qui
> permet à notre homme de briser son moule habituel pour se fondre en
> tous ceux qu'il désire, à la seule condition de ne pas changer de volume.
> (Pieyre de Mandiargues, 1946, pp. 116-117.)

La rencontre de l'homme du parc Monceau et du Laocoon évoque quelques
principes importants de l'histoire de l'art et de l'esthétique : l'imitation (le per-

sonnage désire soudain épouser les contorsions de la sculpture), l'illusion des sens (l'artifice et son désaveu : « la pierre reste de pierre ») ainsi qu'une référence au regard de Méduse, au regard pétrifiant, l'entrée en mouvement des formes qui s'animent à son contact, la question de la nature un peu bizarre, qui dialogue avec la définition baudelairienne du Beau, celle de la planéité du personnage et du volume de la sculpture (chacun ayant sa particularité physique) ; autant de données qui se résolvent alors dans l'espace du regard : « Veut-on contempler le plus rare des Laocoon, il faut se hâter, et l'on reconnaîtra peut-être, à l'extrémité d'un tentacule dressé sur le front du prêtre de Neptune, deux yeux que la roue humaine nous avait déjà montrés » (Pieyre de Mandiargues, 1946, p. 118.)

Ce développement propose donc trois principes d'opposition : pétrification/mouvement, nature/artifice, plan/volume dont Mandiargues institue la coexistence dans l'espace du regard : précisément parce qu'elles sont rendues visibles, ces oppositions peuvent exister ensemble. Mais, par-delà ce jeu sémantique, cette rencontre n'oppose-t-elle pas le langage au visible ? Le flux verbal, soit le temps du récit selon Lessing (dont l'homme du parc Monceau, telle une onde, représente peut-être l'allégorie fictionnelle), se distingue de l'instant plastique et de l'espace en tant que propriété du visible : la sculpture du Laocoon. Toutefois, chez Mandiargues, les limites sont des espaces hybrides, intermédiaires, perméables : si devant le Laocoon comme figure de l'expressivité visuelle, l'homme du parc se construit, au fil du texte, d'abord comme flux immatériel, développement temporel et allégorie du langage, il apparaît ensuite, paradoxalement, telle une image : « L'homme nu [est] tombé à deux dimensions » (Pieyre de Mandiargues, 1946, p. 120.)

La rencontre de l'homme du parc Monceau et du Laocoon reste en suspens, le personnage continue son parcours, son déplacement dans le parc, sans autre intrigue que celle du jeu sur les signes : ne finit-il pas sa course dans une pyramide égyptienne, rappel d'une civilisation des idéogrammes, de l'unité du sens et de l'image ? *Dans La Terre et les rêveries du repos*, Gaston Bachelard étudie l'imagination dynamique de l'image du serpent en se reportant à l'approche formelle que permet, dans cette nouvelle, les contorsions et les enroulements du Laocoon. L'écriture de Mandiargues lui apparaît alors, par sa richesse symbolique, ses allitérations et leurs miroirs sonores des sens des mots, comme un « art nouveau d'aller tout droit aux images » (Bachelard, 1948, pp. 283-284).

Plastique des mots

« [S]i l'on appelle image le système total de la conscience imageante et de ses objets, écrit Jean-Paul Sartre dans *L'Imaginaire* à propos du *rôle du mot dans l'image mentale*, il est faux de dire que le mot s'y ajoute extérieurement : il est dedans » (Sartre, 1940, p. 169). Aussi lorsque Mandiargues, décrivant l'imaginaire de ses personnages, y met en scène des mots, par exemple entre guillemets, ces mots se détachent sur l'axe syntagmatique pour interroger la qualité plastique de l'image mentale et du mot lui-même.

Dès lors, dans *La Motocyclette*, Mandiargues représente certains mots : « Et pour être sûre de ne pas l'oublier, [Rébecca] se mit à se répéter mentalement les quatre mots "architectes", "princes", "labyrinthes", "mollusques", autour desquels s'organisait la phrase » (Pieyre de Mandiargues, 1963, p. 68). Or cette phrase est celle que vient de rapporter le narrateur : « [L]a motocycliste fit la réflexion que les architectes œuvrant pour les princes s'inspiraient probablement des mollusques, quand ils construisaient ces bâtiments labyrinthiques (…) » (Pieyre de Mandiargues, 1963, p. 68). Dans un second temps, cette phrase a donc été déconstruite. Les mots ont été détachés, au sens propre, de la première phrase pour apparaître, dans la deuxième, séparés les uns des autres et entre guillemets. Défaits par deux fois, défaits de la phrase à laquelle ils appartiennent et défaits de la phrase qu'ils viennent d'intégrer, ils ont perdu leur qualité de syntagme. Rébecca peut alors se souvenir de ces mots, se les répéter mentalement, leur sens a été épuisé dans ces transferts. Ils apparaissent dans la phrase seulement comme des touches isolées de signifiant seul.

Le défi du style Mandiargues apparaît maintenant. En effet, différentes stratégies iconiques ont été mises en œuvre dans cette écriture :

-L'œuvre d'art comme expérience visuelle et ruine du rapport texte/image,
-La peinture en l'occurrence celle de Chirico comme modèle,
-L'enregistrement photographique comme principe poïétique,
-La fiction esthétique (l'exemple du Laocoon),
-Un travail poétique d'expérimentation plastique du langage…

Ces différentes stratégies iconiques visent, finalement, à désolidariser le langage du sens, et non seulement à épuiser pour cela le signifié dans une surcharge de signifiant, mais aussi à exploiter sans fin la potentialité iconique et plastique d'une langue dont le sens vole en éclats. Le mot est ainsi fait « images » (plasticité et mentalité) et il inscrit dès lors l'œuvre de Mandiargues dans une histoire de l'utopie de la visualité littéraire qu'elle nourrit. C'est là le premier défi de l'œuvre de cet auteur. Le second me semble-t-il étant l'ouverture et les passages qu'elle inaugure. Passage vers l'image, passage à l'image, car il aurait fallu parler d'autres procédures mises en œuvre dans ce style :

-L'importance du regard et des yeux dans la dramaturgie,

-La prolifération baroque de la phrase qui emporte dans son vertige le sens, et l'exténue dans une extension de signes construite autour de l'absence d'un personnage ou du vide d'un lieu qu'ils décrivent sans fin,

-Les différentes techniques sonores et visuelles mises en scène dans les textes (microscope, machine optique, tourne-disque, télévision…),

-Et puis les couleurs, la matière, le jeu des formes et du relief, bref autant de modalités venues du champ des arts plastiques qui, par toutes formes de stratégies narratives, descriptives, sémiologiques, rhétoriques, sont importées dans le champ littéraire… Il y a donc une méthode Mandiargues, implacable, mécanique, quasi-exhaustive, qui permet de redéfinir la notion même d'image. Dès lors, cette œuvre, qui travaille sans fin le corps du texte pour en aiguiser l'effet de sens, et, par là-même, ouvrir son propos, sa polysémie encore, et bâtir des passerelles, des passages, met en fiction une esthétique de l'image dont elle produit la synthèse. Et contribue aussi à une dématérialisation des supports de l'image (ses différents médiums volent en éclats dans l'effet-texte). Ici, l'écriture se transforme en une utopie de la visualité (le texte comme image peut ainsi devenir le texte avec l'image, et par voie de conséquences, le texte avec la plasticité, le texte avec le son) qui peut interroger les mutations transdisciplinaires de l'art.

BIBLIOGRAPHIE

Bachelard, G. (1948) : *La Terre et les rêveries du repos. Essai sur les images de l'intimité.* Éd. José Corti, Paris.

Barthes, R. (1970) : S/Z. Éd. Seuil, Paris.

Berger, Y. (1959) : Le Théâtre d'André Pieyre de Mandiargues. *Nouvelle Revue Française*, 83, pp. 886-892.

Fontanier, P. (1977) : *Les Figures du discours* (1821-1830). Éd. Flammarion, Paris.

Foucault, M. (1966) : *Les Mots et les choses.* Éd. Gallimard, Paris.

Grossman, S. (1991) : La Transcription d'une aventure visuelle : Le Paysan de Paris. *Mélusine. Cahiers du Centre de Recherches sur le Surréalisme*, XII, pp. 169-177.

Jaloux, E. (1948) : Analyses. *Psyché*, 18-19, pp. 594-601.

Lyotard, J.-F. (1971) : *Discours, figure*. Éd. Klincksieck, Paris.

Lyotard, J.-F. (1994) : *Des dispositifs pulsionnels*. Éd. Galilée, Paris.

Pieyre de Mandiargues, A. (1946) : *Le Musée noir*. Éd. Robert Laffont, Paris.

Pieyre de Mandiargues, A. (1953) : *Marbre ou les mystères d'Italie*. Éd. Robert Laffont, Paris.

Pieyre de Mandiargues, A. (1958) : Le Chant de la grenouille in : *Le Cadran lunaire*. Éd. Gallimard, Paris, pp. 68-74.

Pieyre de Mandiargues, A. (1958) : La Cité métaphysique in : *Le Cadran lunaire*. Éd. Gallimard, Paris, pp. 95-110.

Pieyre de Mandiargues, A. (1963) : *La Motocyclette*. Éd. Gallimard, Paris.

Pieyre de Mandiargues, A. (1967) : *La Marge*. Éd. Gallimard, Paris.

Pieyre de Mandiargues, A. (1971) : *Bona l'amour et la peinture*. Éd. Albert Skira, Genève.

Pieyre de Mandiargues, A. (1971) : Le Cœur de Jean Paulhan in : *Troisième Belvédère*. Éd. Gallimard, Paris, pp. 269-270.

Pieyre de Mandiargues, A. (1971) : Miroir du roman in *Troisième Belvédère*. Éd. Gallimard, Paris, pp. 354-359.

Pieyre de Mandiargues, A. (1971) : L'Imager. *Nouvelle Revue Française*, 226, n. p.

Pieyre de Mandiargues, A. (1975) : *Le Désordre de la mémoire*. Éd. Gallimard, Paris.

Pieyre de Mandiargues, A. (1995) : Matisse d'Aragon in : *Quatrième Belvédère*. Éd. Gallimard, Paris, pp. 121-125.

Sartre, J.-P. (1940) : *L'Imaginaire*. Éd. Gallimard, Paris.

Selz, J. (1958) : Pieyre de Mandiargues et l'esthétique de la représentation. *Les Lettres nouvelles*, 56, pp. 102-108.

Stétié, S. (1978) : *Mandiargues*. Éd. Seghers, Paris.

Vouilloux, B. (1994) : *La Peinture dans le texte, XVIIIe-XXe siècles*. Éd. CNRS, Paris.

Note sur les auteurs

Alexandre Castant

Professeur à l'École nationale supérieure d'art de Bourges ; enseigne l'esthétique et l'histoire des arts contemporains. Publications principales : *Esthétique de l'image, fictions d'André Pieyre de Mandiargues*, 2001 ; *Noire et blanche de Man Ray*, Scala, 2003 ; *La Photographie dans l'œil des passages*, 2004. En 2007, paraîtra *Planètes sonores, esthétique et histoire du son dans les arts visuels* aux éditions Monografik.

Michel Collomb

Professeur de Littérature Comparée à l'Université de Montpellier III. A bénéficié en 2006, d'une *Gastprofessur* à la Freie Universität à Berlin. A dirigé l'édition des nouvelles et des romans de Paul Morand dans la Bibliothèque de la Pléiade. Publications : *La Littérature Art Déco*,1987 ; *Critique de l'ornement de Vienne à la* postmodernité,1992 ; *Voix et création au XXe siècle*,1997 ; *L'Empreinte du social dans le roman depuis 1980*, 2005. Publiera prochainement *Paul Morand, petits certificats de vie*.

Reidar Due

Professeur de Littérature Française et d'Histoire du Cinéma à l'Université d'Oxford. Co-dirige actuellement un Master en Esthetique du Cinéma dans cette même université. Thèse de doctorat sur l'ontologie de Jean-Paul Sartre (Université d'Oslo). Son livre *Deleuze* parut en janvier 2007 chez Polity Press.

Steen Bille Jørgensen

Maître de Conférences à l'Université d'Aarhus, Danemark. Membre de la rédaction de la Revue Romane (Littérature Française). Publications : *Perec et l'Histoire* (éd), 2000 ; articles sur la théorie et la littérature contemporaine (Queneau, Perec, Durif). Prépare actuellement une anthologie (en langue danoise) sur la stylistique dans la théorie française contemporaine.

Andreas Kablitz

Professeur de Littérature Romane et de Littérature Comparée à l'Université de Cologne. Membre des Académies des Sciences de la Bavière et de la Rhénanie du Nord/Westphalie. Multiples publications sur les littératures italienne et française et sur la théorie littéraire. Prix Leibniz en 1998. Prépare actuellement un livre sur *La Montagne magique* de Thomas Mann.

Hans Peter Lund

Docent, dr. phil., Université de Copenhague. Thèse de doctorat : *La Critique du siècle chez Nodier*, 1978. Ouvrages principaux : *L'Itinéraire de Mallarmé*, 1969 ; *François-René de Chateaubriand : Mémoires d'outre-tombe*, 1986 ; *Gustave Flaubert : Trois contes*, 1994 ; *Aux antres de Paros. Néoclassicisme littéraire au temps de Chateuabriand*, 2005. Articles sur les romantiques français, collaborateur aux dictionnaires littéraires Bordas, etc. Traducteur littéraire.

Nikolaj Lübecker

Maître de Conférences aux Départements de Français et de Cinéma ainsi qu'à l'Institut de la pensée contemporaine (Centre for Modern Thought) de l'Université d'Aberdeen. Publication principale : *Le Sacrifice de la sirène* – « Un coup de dés » *et la poétique de Stéphane Mallarmé*, Museum Tusculanum Press, 2003) ; articles sur le rapport entre littérature et politique en France de 1924 à 1955.

Carsten Meiner

Bourse postdoctorale de 2002 à 2004, puis de 2005 à 2008 au Département de Français à l'Université de Copenhague. Responsable du réseau national de recherche « Classicisme et Lumières ». Publications principales : *Les Mutations de la clarté. Exemple, Induction et schématismes dans l'œuvre de Marivaux*, Honoré Champion, Paris, 2007 ; articles sur le dix-huitième siècle, sur l'esthétique et sur la pensée contemporaine française (Deleuze, Foucault, Barthes).

Jean-Yves Pouilloux

Maître de Conférences d'abord à l'Université Paris 7, et, jusqu'en 2006 à l'Université de Pau. 2007 Professeur invité à l'Université de Virginia, Charlottesville, Etats-Unis. Ouvrages principaux : *Lire les Essais de Montaigne* ; *Les Fleurs bleues de Queneau* ; *Fictions de Borges*; *Montaigne : Que sais-je* ; *Rabelais. Rire est le propre de l'homme.*

Axel Rüth

Enseignant de Littératures Française et Italienne à l'Université de Cologne. Publication principale : thèse de doctorat sur les structures narratives dans l'historiographie des Annales (de Gruyter 2005).

Derek Schilling

Professeur associé de Littérature Française à Rutgers University, Etats-Unis. Principaux ouvrages : *Mémoires du quotidien : les lieux de Perec*, 2006 et *Eric Rohmer*, 2007. Prépare une étude sur les représentations de la banlieue parisienne dans le roman français de l'entre-deux-guerres.

Zoltán Z. Varga

Enseignant de littérature française et hongroise du XXe siècle au Département de Littérature Comparée de l'Université de Pécs en Hongrie. Thèse sur le genre autobiographique (perspectives théorique et analytique ; corpus de littérature moderne hongroise). A soutenu sa thèse en Hongrie et en France (Université Paris 8, EHESS).

Adam Ægidius

Doctorant à l'Université d'Aarhus durant la période 2003-2006, dont un séjour d'un semestre à l'Université de Lausanne (2004). Obtention du titre de Ph.D. pour la thèse intitulée *L'énonciation dans la poésie moderne : approche linguistique des genres poétiques*. Depuis fin 2006, secrétaire et documentaliste à La Représentation Permanente du Danemark auprès de l'Union Européenne à Bruxelles.